Minerva Shobo Librairie

「無極化」時代の日米同盟

アメリカの対中宥和政策は日本の「危機の二〇年」の始まりか

川上高司［著］

ミネルヴァ書房

はしがき

オバマ大統領が「もはやアメリカは世界の警察官ではない」と宣言してから世界各地で「力の真空」が見られるようになった。ロシアはウクライナのクリミア半島を強制併合し、中国は南シナ海や東シナ海での海洋進出をよりアグレッシブに行い、中東ではイスラム国の誕生をみることになった。

世界システムの崩壊の大きな原因はアメリカの「内向き指向」にあるが、何故アメリカがそうなったのか。その原因はアメリカ国民の一〇年余にわたるテロとの戦争による「ウォー・フェティーグ（戦争疲れ）」なのか、それとも米国の衰退にあるのであろうか。筆者はその解はオバマ大統領自身にあると考える。オバマは過去四三人の大統領とは全く異なる肌の色、価値観をもった大統領であるのと同時に信念をもった政治家である。オバマの信念は建国の父達、中でも独立宣言の起草者であるジェファソンにある。その意味でオバマ大統領は真のジェファソニアン（孤立主義者）であり、今日のアメリカ外交の方向性は就任当初から予想されたことであった。

米国の独立宣言の起草者であるジェファソンは、大統領就任式演説で、「すべての国と友好を求めるが、どの国とも錯綜した同盟を結ぶできではない」とワシントン初代大統領の孤立主義政策を引き継いだ。アメリカのファンディング・ファーザーズ（建国の父達）は、アメリカ国内の繁栄を平和を優先したのである。

オバマ大統領は「建国の父達」の理念に戻り、就任当時から「米国を再生させる」と宣言していた。そのため、オバマは就任当初から米国の経済的危機を乗り切り米国を再活性化させるための策を展開し、大統領の二期目に入るやいなや米国の財政の健全化するためにこれまでは聖域とされていた軍事予算に手をつけ、今後十年間にわたる軍事費を削減することを決断した。また、それとともに国防総省は米軍の前方展開兵力を削減しその代わりに将来の技術力の優位に投資を行うことを勇断した。つまり、米国は、今後十年間は内政が優先され「力」を温存する決断を下したのである。このようにオバマの八年間の大統領時代で、米国内ではウィルソニアン（理想主義者）に取って代わりジェファソニアン（孤立主義者）が復権した。

アメリカが「内向き」になり「覇者」の座から降りた結果、当然ながら世界はパワー・センターがいくつも群雄割拠する「無極化時代」へと突入したのである。この新たな世界では、国家以外に、テロ集団やサイバー上のドメイン集団などの非国家主体もパワーとして登場する。

こうしたダイナミックな世界システムの転換によりアジアは不安定化し始めている。つまり、米国と中国のパワーの接近は、米国の拡大抑止の低下を引き起こしている。そして、そのことが、我が国およびアジア諸国周辺の不安定化を起こしているのである。覇者を目指す中国の影響力は南シナ海を覆いはじめ、東南アジア諸国は米中両大国のパワーの状況を見極めようとしている。韓国は中国へバンドワゴンし運命共同体となりつつある。我が国に目を転じてみても中国の軍事的脅威はひたひたと押し寄せている。

そして、米中のパワー・トランジッションが起こりつつある事態はパワー・パラドックスの現象を引き起こしている。この時代には米中双方の脆弱性が増し紛争の危機が高まる。米中は経済的相互依存が深化する一方で、軍事的競合関係が高まっている。しかしながら、国内優先を行うアメリカは中国に対して「宥和政策」を選択した。その結果、パワー・パラドックスの状況が醸し出された。この状況は、日本にとっては「危機の二〇年」（E・H・カー）に突入したといっても過言ではあるまい。

かつてE・H・カーは、第二次世界大戦の直前に、『危機の二〇年』を出版し、そこで第一次世界大戦から第二次世界大戦のまでの二〇年間の時代は、理想主義と現実主義の抗争の時代であったことを論じた。この時代には、第一次世界大戦の余波で「あらゆる戦争に対して無条件に反対する」平和主義が台頭した。ヒトラーはそれに乗じて領土を拡張したが、欧州各国はこれを黙認した。この宥和主義の結果、第二次世界大戦が勃発する。この歴史から我々は「宥和政策」は戦争の誘因となりかねないことを教訓として学ぶのである。

本書は、このような無極化時代の国際関係における日米同盟のあり方について考察した諸論文をまとめた書籍である。

本書の構成は、まず序章において近年の国際関係におけるパワー・パラドックスの状況について概観した後、第1章ではオバマ政権の国防戦略について検討する。次いで、第2章と第3章では、そのような戦略の遂行に伴うアジア地域における中国の台頭とサイバー戦の情勢が日米関係にどう及ぼしたか、その影響について考察する。また、第4章、第5章、第6章では、より広く軍事戦略を含む外交政策の視点から、日米中関係、日米同盟、パワー・シフト下の国際情勢などについて論じる。さらに、第7章と第8章では、長らく全世界の紛争に介入してきたアメリカの国際主義の先兵として活躍した海兵隊の組織や機能について検討する。さらに、第9章と第10章で、第2期オバマ政権の安全保障政策における日米同盟と中東政策について論じ上で、終章ではオバマの軍事戦略を総合的見地から検討しつつ、新しい時代の日米同盟の動向について提言をおこなう。

なお、末筆ながら、本書の刊行に尽力してくれたミネルヴァ書房の杉田啓三社長と浅井久仁人編集委員、また特に石井貫太郎先生に対して、この場を借りて御礼申し上げたい。

二〇一五年四月

筆　者

#「無極化」時代の日米同盟　目　次

序章　パワー・パラドックス時代の日米関係
――「危機の二〇年」を日本はどう乗り切るのか

現在、アジアは近い将来の米中のパワーの拮抗を予測したパワー・パラドックス（Paradox of Power）の時代に突入した。パワー・パラドックスの時期は、パワー・トランジッション（Power Transition）の直前に生じる現象である。この状況下では双方の脆弱性が増し紛争が最も起きやすく、米中両国には「脆弱性の窓（window of vulnerability）」が開く。米中は経済的相互依存が深まる一方で、軍事的競合関係が高まる関係に陥ってきているため、両者が賢明であれば紛争は回避される。つまり両国は、お互いに脆弱であるため相互に「戦略的抑制（strategic restraint）」の機能が働くと同時に包括的アプローチをとることになる。(1)

近年の米中関係では、二〇一二年の南シナ海における米中間の緊張の高まりを経て、「戦略的抑制」のメカニズムが働くようになったと考えることができよう。逆に言えば、この機能が必要とされるほど米中のパワーの拮抗状況が現実味を帯びてきたと言えよう。

また、米国の軍事費削減が削減される一方、中国の軍事費増大が発表された。(2) この傾向が続けば、米国家情報委員会（ＮＩＣ）が「グローバル・トレンド２０３０」で予測した二〇三〇年までの米中のパワー・トランジッションが加速化される可能性もある。(3)

また、戦略的抑制は抑止とは異なる概念である。抑止は恐怖の均衡であるが、戦略的抑制は、広い意味での協力関係が含まれる。両国は基本的に敵国ではなく戦略的脅威を相殺する以上の協調関係を作り出せる可能性がある。このシステム・レベルの変化がユニット・レベルに影響を及ぼし、オバマ政権の対中政策は第一期の対中封じ込めから第二期には対中協調へと大きく舵を切っていると言えよう。オバマ第二期政権の対中政策は「宥和政策」となり、アジア地域は米国覇権にとって代わり、パワー・パラドックスの世界へ突入していくかもしれない。その時代が到来すれば世界には六大国（米国、中国、ヨーロッパ、日本、インド、ロシア）の間には「複雑な均衡ゲーム（complex balancing game）」が展開されることとなろう。(4)

パワー・パラドックスの時代に突入した現在、今後の二〇年は日本にとって正に「危機の二〇年」（E・H・カー）となろう。本稿はオバマ第二期政権の安全保障戦略を、第一期政権とのユニット・レベルの変化、およびその日米関係に及ぼす影響を分析する。また、最後に中国を念頭に置いた日本独自の防衛大綱とそれにシンクロナイズした日米のガイドラインの見直しを行うことが日本の生き残りのためには不可欠となることを論じる。

1　オバマ第二期の安全保障政策——クリントン・チームからオバミアン（Obamians）へ

オバマ大統領は二〇一三年四月一〇日、強制歳出削減（sequestration）を発動する大統領命に署名した。これでアメリカの国防費削減が決定的となり、米国のアジア重視のピボット（機軸）戦略（pivot strategy）への影響は避けられなくなった。

ピボット戦略は、クリントン前国務長官が「米国の戦略機軸をアジアに移す」（二〇一一年一一月一〇日）とのホノルル・スピーチの直後、(5)オバマ大統領が「米国は太平洋国家として当該地域の戦略環境整備を行う戦略的決断をした」（二〇一一年一一月一七日）とオーストラリア議会での発言により明らかにされた。(6)この戦略は、対中ヘッジ（Hedge）として国防総省から「米国の全世界でのリーダーシップの堅持」（新国防戦略）として出された。(7)新国防戦略は、「米国は台頭する中国を睨みながら米国の軍事的軸足（Strategic Pivot）をアジアに移し、中国とのリバランシング（rebalancing）を目指す」と記した。

ところが、この強制削減措置により今後一〇年間で約五〇〇〇億ドルの軍事予算が削減される。そのため、国防総省は二〇一三年五月新国防戦略の見直しを発表し、それが「ＱＤＲ２０１４」（四年ごとの国防戦略の見直し）に反映されたのである。

オバマ大統領第二期政権の安全保障政策の転換は、オバマ・チームの総入れ替えに負うところが大である。オバマが大統領に再選され、第一期オバマ政権の外交・軍事戦略を率いてきたレオン・パネッタ国防長官、カート・キャンベル国務次官補やミッシェル・フロノイ国防次官たちのクリントン・チームは退陣した。ヒラリー・クリントン国務長官に率いられたオバマ第一期政権は、民主主義や人権などの価値観を重視し、リビア攻撃など大量虐殺などの可能性がある場合には軍事力の行使をためらわないリベラル・ホークであった。

そして、第二期のオバマ政権の外交・軍事戦略を牛耳る担当者に、ジョセフ・バイデン副大統領を中心として国防長官がチャック・ヘーゲルに、そして国務長官にジョン・ケリーがとって代わった。彼らはオバマ大統領とともにブッシュ政権時に上院外交委員会に属し、「対テロ戦争」に反対した〝戦友〟である。ベトナム戦争にもテロ戦争にも断固として反対してきたバイデン・チームは、(8) 軍事力行使よりも外交的解決を求めるリベラリストの集団である。これに加えて、オバマ大統領とバイデン副大統領を取り囲む「オバミアン（Obamians）」がホワイトハウスの要職に就いた。ジェームズ・マン（James Mann）によると、大統領主席補佐官のデニス・マクドノウ、上級顧問のバレリー・ジャレット、国家安全保障担当補佐官のトーマス・ドニロン、同次席補佐官のトニー・ブリンケンたちは、共通して若くベトナム戦争を知らない徹底した現実的で実利を優先するまさにオバミアンである。(9)

2　ピボット戦略からリバランシング戦略へ

オバマ第二期政権で外交政策を担当するドニロン国家安全保障担当補佐官は、二〇一三年三月一一日に米国のアジア政策を明確に説明した。オバマ第二期政権の外交・安全保障政策のお披露目である。ここでドニロンは、米国の対アジア政策はピボット（Pivot）戦略（対中ヘッジ）からリバランシング（rebalancing）にシフトしたこと、そして、その意味するところを述べた。

オバマ大統領は政権発足時からドニロンたちの安全保障チームに対して、米軍のプレゼンス（前方展開）と優先順位の戦略的アセスメントを行うように命じた。そこでは世界における「米軍展開状況」と「あるべき展開状況」を分析し、米国が追求すべき核になる安全保障上の利益（interest）を抽出した。そこでは世界のどこで米軍展開が加重で、どこが不足しているかを問うた。

その結果、グローバルな米軍の配置でアジア太平洋への展開にインバランスがあると判明し、それを是正することを大統領自ら決定した[10]。

そして、オバマ大統領は二〇一二年一月にオーストラリア議会で「米国は太平洋国家として当該地域を長期的に安定した戦略環境を維持する」ことを決意し、ここで「経済的な開放、紛争の平和的解決、普遍的な権利と自由の尊重」を重視するアジアへのリバランシングを述べている[11]。このオバマ大統領のヴィジョンを達成するために、①包括的で多面的な戦略の展開、②台頭する国家とのパートナーシップの強化、③中国との安定した生産的で建設的な関係、④繁栄をもたらす地域的経済アーキテクチャーの構築――の四つの履行が必要である。その上で、「（これら）四つの要因を達成できるよう、時間をかけて努力をしてリソースを投入することがリバランシングである」と、ドニロンは定義した。つまり、「リバランシング戦略」が米国の戦略の基礎となると論じたのである。

そして、ドニロンは「リバランシングとは中国を封じ込めることではないし、アジアを米国が支配することでもない」ことを強調した。そしてリバランシングを行うために、米軍のみならず、政治、貿易、投資、価値観の流布といった米国のパワーの要素を利用すると述べている。その一方、米国はアジア地域に軍事的なリバランシングを行う。その上で、ドニロンは「中国との対立することは望まない」と、さらに繰り返し述べた。歴史的にも理論上も勃興するパワーと既存のパワーの間には紛争が生じる可能性があるとされるが、そういったことはない。そして、米中は紛争を回避して共存するというモデルを新たに作ることが可能であると断じた。さらに、ジョン・ケリー国務長官も二〇一三年四月一五日に訪日し、東京工業大学で「中国は米国にとり必要不可欠（clitical）なパートナーである」とし、「米国は中国の成功にかけ（stakes）、中国は米国の成功にかける[12]」と述べ、米中共存（create synergy）を示唆した[13]。

3　「地域抑止」の時代

先述したように、オバマ第一期政権で二〇一一年一一月、クリントン国務長官は「米国の戦略機軸（Strategic Pivot）をアジアにシフトした」と述べたが、それはアジアを機軸（pivot）とした対中ヘッジを目指すものであった。しかしながらオバマ二期政権となり、ピボット戦略は世界各国での「地域抑止」として展開されるようになった。

機軸（Pivot）とはバスケットボール用語で、ボールを持ったプレーヤーが片足を軸（pivot）にして自由になる片足で体の向きを自在に変える動作を指す[14]。バスケットボールを好むオバマ大統領らしい表現であろう。ある地域に要となる国を定め、その国を中心に地域の諸国の安定を図っていくというオバマ外交の基本的なスタンスがこの言葉に集約されている。

オバマ第二期政権では、アジア以外に、ヨーロッパではドイツ、中東ではトルコ、アジア・ユーラシアではロシアといったような地域における機軸国を念頭に置いてその地域の外交が展開されると考えられる。つまり、地域の機軸国を中心に地域の脅威を抑止する地域抑止（リバランシング）が行われているのである。

オバマ大統領は第二期政権をスタートさせるとすぐに、バイデン副大統領をロシア、ヨーロッパに派遣した。バイデンは、国家安全保障担当補佐官のドニロンとともにロシアを二〇一三年二月一日に訪問し、翌二日にはドイツを訪問した。ヨーロッパ地域ではドイツを機軸として地域抑止（rebalance）を行う、というメッセージである。四月一六日にもドニロンはロシアを訪問してプーチン大統領と会談し、今後の米露の経済的分野の協力、ミサイル防衛などの軍事的な問題の解決を呼びかけるオバマ大統領の親書を渡した。プーチン大統領もそれに応じて協力の強化を約束した。

さらに二〇一三年四月一五日のボストン・マラソン大会での爆破テロを受けて、プーチン大統領は二一日、オバマ大統領に二〇一四年のソチ・オリンピックのセキュリティ分野の協力を仰いだ。対テロの分野で両国の協力が進めば、外交上もより緊密になっていく可能性が高い。ロシアとの関係の向上は、シリアの内戦やイランの核開発問題、アフガニスタン撤退に関しても大きく影響する。また、アジア地域での中国に対するバランサーとしても十分な役割を担うことがロシアは可能である。このことは、ユーラシア大陸の北部ではロシアを機軸としたいというメッセージかもしれない。この点、オバマ・チームは驚くべきリアリストである。

ケリー国務長官は二〇一三年二月二五日から意欲的にドイツをはじめとするヨーロッパ諸国から、トルコ、エジプト、サウジアラビアなどのイスラム諸国を周り、三月一九日にオバマ大統領とともにイスラエルを訪問した。ケリー長官が中東和平に懸ける意気込みは強い。とくにトルコとイスラエルの関係の修復と、さらなる向上には強いイニシアティブを持っている。そして、そのわずか二週間後の四月七日には再びトルコを訪問、その後イスラエルのネタニヤフ首相とも会談した。四月二〇日にはトルコのアンカラで開かれたシリアに関する国際会議に出席し、トルコの外相やアスハス大統領とも会談した。ケリー国務長官が、トルコが中東和平の取り組みの要になることを望んでいることは明らかである。したがって、中東ではトルコを機軸として地域抑止政策を展開することになるのかもしれない。

このように見ていくと、オバマの外交・安全保障チームは、ほぼ同じ時期に同じ国や地域を矢継ぎ早に訪問したことになる。その事実からうかがえることは、アメリカの外交政策はドイツ、ロシア、トルコといった地域に機軸（pivot）を置き、その地域のリバランシングを展開することが読み取れる。

4 アジアでの米国の「地域抑止」――日本にとってのリバランシングとは何か

アジアでの地域抑止として、オバマは二〇一二年一一月七日に大統領選挙で勝利を収めた後、アジアを歴訪した。まさに、アジア地域で中国に対するリバランシングを行うためにアジアを歴訪したのである。東南アジアでの機軸国であるタイを一一月一八日に訪れ、五〇年間にわたる同国との同盟関係を確認した。そして、一一月一九日に東南アジアでの地政学上の要地であるミャンマー、一一月二〇日はカンボジアで東アジア・サミット（EAS）に参加した(15)。

地域抑止に関して、ドニロン大統領国家安全保障担当補佐官は二〇二〇年までに米国は海軍の艦隊の六〇％を、五年以内に空軍の重点を移動させ、F‐22、F‐35などの第五世代の戦闘機を投入し、陸軍と海兵隊の能力も増強する、と対中リバランシングを具体的に説明した(16)。

一方、米国の新国防戦略では日本や韓国などの同盟諸国にいっそうの地域抑止の役割分担を求めた(17)。また、地域抑止に関してはすでにQDR2010で、米軍の前方展開を支える同盟国と友好国からなる地域のアーキテクチャー（Security Architecture）の構築が必要であることを述べた(18)。つまり、米国がアジア地域にどれほどセキュリティ・アーキテクチャーを強固に作り上げ維持できるかが今後のアジア情勢を左右することとなる。

しかしながら、米国がアジアでの中国との地域覇権競争に負ければ、もしくは中国との共存を選択すれば、米国はオフショア・バランサーとなり、アジア地域の米軍の展開を減少させていくことになる可能性が高い。そこに日本の懸念はある。

パネッタ前国防長官は二〇一二年一月二日のシンガポールでのシャングリラ会議で、アジアでのセキュリティ・アーキテクチャーを構成する第一のリスト（中核同盟国）に、韓国、オーストラリア、フィリピン、タイを挙げ、第二のリスト（中核パートナー）にインド、シンガポール、インドネシアを挙げた。また、第三のリスト（準パートナー）にベトナムとマレーシアを入れた[19]。

米国からすれば、中核同盟国と中核パートナーは中国に対して「万里の長城（Great Walls）」を形成する「防人（Guard, Watch Dog）」となる。そして、日本はアメリカから見れば中国へのヘッジを行う際に戦略上一番重要な中核同盟国であることは間違いない。

日本は米国の第一の「防人」として対中ヘッジをしているわけであるが、日本の懸念は米国が軍事費削減に追い込まれれば米軍の前方展開は困難になることである。その結果、安全保障アーキテクチャーを構築する国家への相応の分担が期待されることになるのではなかろうか。

また、オバマ第二期政権は、「核のない世界」を、追求し戦略核を米ロ間でさらに減らしていく可能性もあり、そうなった場合、米中間に核戦略レベルで相互脆弱性に基づく安定性が生じる「スタビリティ・インスタビリティ・パラドックス（Stability Instability Paradox）」がおきる[20]。その場合、通常兵器レベルでの挑発的行為が起こりやすくなる。そうなれば、中国は米国の拡大抑止が尖閣諸島には及ばないと錯覚し、尖閣諸島など日本に対する挑発行為が頻発する可能性がますます増えることになる。

5　尖閣諸島は「同盟の試金石」——同盟のジレンマ（巻き込まれる恐怖）に陥った米国

パワー・パラドックスの時代に入りつつある現在、尖閣諸島は日本が対中ヘッジをしている最先端の場所である。日本にとり尖閣諸島は紛れもない自国の領土であり、いま、日本は中国から領土が脅かされているのである。尖閣諸島には、米国政府と議会が繰り返し述べているように、「日本の施政下にある限り、日米安全保障条約第五条が適用される」[21]。しかし一方では、「主権をめぐる対立では特定の立場をとらない」と領有権では中立をとる。日米安保条約第五条は「日本国の施政下にある武力攻撃」があり、「自国の憲法上の規定および手続きに従って共通の危機に対処する」とある。したがって、いったん尖閣諸島が中国の実質的な支配下に置かれてしまった場合は、米国は介入しないということを意味する。となれば、日本は軍事力行使を辞さずという決意を持ち行動せねば、領土は守れないことになる。

しかしながら、アメリカは現在、尖閣諸島をめぐり「同盟のジレンマ」に直面している。すなわち、同盟関係にある「日本」と経済的相互依存が深化する「中国」との間に立ち、日中間の紛争に「巻き込まれる恐怖」を持つ。一方、もし日中間に紛争が勃発し、日本という米国にとり最も重要な同盟国を助けなかった場合は、同盟国から「捨てられる恐怖」にさいなまれる。言い換えれば、尖閣諸島は「日米同盟の試金石」となっていると言えよう。

日本にとり尖閣諸島をめぐる対中抑止は、米国の動向がカギとなる。日本は尖閣諸島をめぐる係争に「米国を巻き込む」ことが死活的となる。そうして初めて米国からの核を含む抑止力をリアシュアー（確保）することが可能となる。

オバマ政権の軍事力行使は、「アラブの春」におけるリビア国民に対する人道的支援の名の下に行われた。しかしながら、その軍事力行使は米国の同盟国であるフランスとイギリスが先に軍事力行使を行った後であったし、アラブ・リーグの了承を得て初めて行われた。これをオバマ政権の軍事力行使の基準として考えるならば、尖閣諸島をめぐり「米国を巻き込む」ためには、日本は自国の領土防衛という力強い意志と行動を見せて初めて可能となる。(22)「捨てられる恐怖」に陥った国家は、同盟国の支援を期待する一方、脅威国家に対してバンドワゴンをするか、独自の自衛力増強を行う自助努力の選択肢しかない。

6 安倍総理の参議院予算委員会での答弁——「捨てられる恐怖」に対峙する日本の立場

この状況が一番現れたのが、二〇一三年三月六~七日の衆議院予算委員会での安倍総理の答弁である。米国のリバランシング戦略に対しての日本の懸念がにじみ出ている。

まず、安倍総理は三月六日、二〇一三年の中国の国防予算が前年比一〇・七%増になったことを受け懸念を示し、中国に対して透明性の向上を求めた。日米中の軍事費は、中国六三三〇億ドル、日本五一二億ドル、米国六三三〇億ドルである。中国の国防費は日本の約二・三倍となり、中国の軍事力は今や日本を凌駕しつつある。たとえばTJ－10、TJ－10BやSu－30MKK、Su－11といった中国の戦闘機は、日本の主力戦闘機F－15Jに匹敵するか、凌ぐほどである。また、海軍増強も特筆すべきものがあり、かつては沿海向けの小型船しか保有していなかったものが、空母を就航させ、新型の駆逐艦、フリゲート艦や揚陸艦も急速に建造中である。(23)

次に三月七日に安倍総理は、野田前政権下で海上自衛隊の警戒監視について、「過度のあつれきを恐れる余り、我が国の領土、領海、領空を侵す行為に対し当然行うべき警戒警備についても、その手法に極度の縛りがかけられていた」というように承知をしているとし、「安倍内閣を発足させた直後から、この危機的な状況を突破するために、前政権の方針を根本から見直した」と述べた。(24)

さらに「相手方に誤ったメッセージを送り、不測の事態を招く結果になることすらあると判断した」と述べ、野田政権の対応に問題があったと断じた。産経新聞は複数の政府関係者の話として、野田政権が海自艦艇に対し、中国軍艦と一五カイリ（約二八キロ）の距離を置き中国側が近づくと後退することや、領海侵犯の恐れがあっても先回りして警戒するのを禁じること、中国軍艦に搭載のヘリが領空侵犯しても海上保安庁に任せることを指示していた、と二〇一三年三月五日付の紙面で報道した。これに対して安倍政権は、海自艦艇と中国軍艦の距離を約三キロまで縮めるなど、領域警備で対抗措置を強化している。

これは何を意味するか。「捨てられる恐怖」を感じる野田政権では、同盟国（米国）の支援を期待する一方、脅威国家（中国）に対してバンドワゴンする様相が存在していたことは否定できない。一方、安倍新政権では、同じく米国の支援を期待するが、自助努力（独自の自衛力増強）をして対処することを鮮明にしたのである。

7　防衛大綱の見直し

近年になり、北朝鮮のミサイル発射、核実験が行われ、一方、中国の尖閣諸島周辺の空海域における活動の急速な活発化、また、アルジェリアにおける邦人人質事件など、「複合事態」の常態化か起こるようになった。また、米国は新国防戦略の下、アジア太平洋地域でのプレゼンスを強調し、日本との連携・協力の強化を目指している(26)。なお、東日本大震災における自衛隊の活動でも、対応が求められる教訓がある。このような変化を踏まえ、二〇一三年一月二五日に防衛大綱を見直すことが閣議決定された。

今回の大綱は、二〇〇七年大綱以来、ダウンサイジングしてきた防衛力の趨勢を、パラダイム・シフトさせ、今後一〇年間の防衛力整備の指針となる。すなわち、日本領域に起こる可能性のある極地紛争に対して、日本独自で自立的に抑止し対処する態勢を構築するものである。前回の大綱では、多様な事態へ機動的に対応する「動的防衛力」を基本概念に据えて南西諸島防衛を打ち出した。今回の新大綱では、「動的防衛力」の基本的考え方を踏襲し、それを裏打ちする防衛力整備が焦点となる。

日本の防衛費は一〇年連続で減少していた。二〇一二年度の当初予算は四兆六五〇〇億円。それを安倍政権は、一三年度の概算要求では四兆六八〇四億円を計上し、前年度より三五一億円（〇・八％）増やし、一一年ぶりに増額とした。海上自衛隊は、新しい哨戒機Ｐ１を導入し、護衛艦、潜水艦計一六隻の艦齢を修繕により五～一〇年延ばす。航空自衛隊は、空中警戒管制機（ＡＷＡＣＳ）や早期警戒機Ｅ２Ｃ、沖縄・宮古島のレーダーなどの能力を向上させる。陸上自衛隊は、与那国島に沿岸監視部隊を配置し、米海兵隊との共同訓練を拡充する。いずれも部隊運用や機動力を重視する「動的防衛力」構想に合致したもので、中国にする抑止力の強化につながる。

また、具体的に尖閣諸島侵攻などのシナリオ想定が必要となろう。そこから陸海空の防衛力を一元化する「統合防衛戦略」が策定され、必要な装備や運用のあり方が導き出される。そこから、陸・海・空ＲＭＣ（任務・役割・能力）が明確化される。

論点として、尖閣での中国機の領空侵犯で弱点がさらけ出された警戒監視体制の強化や、人員・装備の迅速な展開を可能にする輸送力の確保、陸上自衛隊の水陸両用機能の強化などがある。とくに、自衛隊の島嶼防衛能力の強化である。とりわけ侵攻された離島を奪還する米海兵隊の持つ「着上陸能力」の向上が求められる。また、南西諸島防衛のための戦闘機二個飛行隊の増強（Ｆ－35Ａの導入機数増）も必要となる。また、海上保安庁や警察とのスムーズな連携のあり方も論点となる。

8　防衛大綱とガイドライン見直しのシンクロナイズの重要性

日本をめぐる最近のダイナミックな戦略環境の変化に対し、米国は二〇一二年一月の新国防戦略で、「台頭する中国をにらみながら米国の軍事的軸足（strategic pivot）をアジアに移し、中国とリバランシングを目指す」と述べた。[27]しかしながら、冷戦崩壊後に懸念された日米同盟の「漂流」から、日米同盟の「強化」へと再び大転換させた「ナイ・レポート」に匹敵するような、米政府からの公式文書は出されていない。

防衛大綱策定と日米ガイドラインの見直しは表裏一体である。両者はシンクロナイズされていることが重要となる。しかし、前回と異なるのは、防衛大綱の見直しが先行して行われ、それに続いてガイドラインの見直しが行われることである。つまり、今回は日本の国益に基づき日本の戦略（防衛大綱の見直し）が策定され、それに米国の国益が合致する点で、ガイドラインの見直しが策定される。そのプロセスが重要である。

日米同盟の試金石をどう乗り越えるかが、今日米にとっての喫緊の重大な課題となっている。そして、その回答は日米ガイドライン見直しにある。

日米ガイドラインは民主党政権下の二〇一二年八月、森本前防衛相がパネッタ前国防長官との間で見直し協議を開始することで合意し、二〇一二年末、安倍総理が「米国の新国防戦略と連携して自衛隊の役割を強化し、抑止力を高めるためにガイドラインの見直しを検討する」とし、小野寺防衛相が見直しを指示した。そして、日米両国は一月一七日、外務・防衛当局の課長級協議で日米防衛協力の指針（ガイドライン）の見直しの検討が開始された。

ガイドラインは冷戦時代の一九七八年、旧ソ連の上陸侵攻を想定して策定された。それ以降、過去二回見直され、今回は三回目の見直しとなる。

第一回ガイドライン改定は一九七八年（昭和五三年）に冷戦下で初めて行われ、「日本有事」を念頭に置いた共同作戦の研究がなされた。

第二回ガイドライン改定では、一九九七年（平成九年）に「朝鮮半島有事」を念頭に「周辺事態」で自衛隊が米軍を後方支援し、民間空港・港湾を軍事利用できる仕組みを盛り込んだ。そして、その後の有事法制や周辺事態法等が整備される契機となった。日本の国土が直接武力攻撃を受けた場合だけでなく、日本の平和と安全に重要な影響を与える「周辺事態」に際し、米軍に日本国内の基地や空港、公安などの公共施設を提供する。自衛隊は戦闘が行われていない「後方地域」で、物品の輸送、補給、修理などで米軍を援助する。九九年の周辺事態法で法的根拠が整備された、周辺事態（地理的には無限定）を、①平素から行う協力、②日本に対する武力攻撃に際しての対処行動、③周辺事態の協力――の三分野に分けて日米防衛協力を規定した。第二回ガイドラインの改定では中国の台頭は想定しておらず、尖閣沖の漁船衝突や中国公船による領海侵犯の頻発も起きていなかった。

今回の第三回ガイドライン改定では、南西諸島防衛（中国の海洋進出）や台湾海峡有事など主に「中国」を念頭に置いた日米協力、中国の宇宙やサイバー空間での新たな脅威への対処も焦点となる。また、北朝鮮の核・ミサイル開発などの戦略環境の変化を踏まえ、一年以上かけて見直し作業を行う予定とされる。また、対処範囲をアジア太平洋全域に拡大するとともに、自衛隊の役割をいっそう拡大するのが狙いである。

ガイドラインの見直しでは、公海上の自衛隊から米軍への補給（周辺事態法改正必要）、「平素からの協力」では、海洋監視や潜水艦探知などのＩＳＲ（情報・監視・偵察）能力の強化、グアムなどの基地共同使用などが課題となる。また、災害時の協力、サイバーテロ、宇宙空間での協力が必要となる。

また、尖閣諸島に関しては、平時でもない有事でもない、グレー・ゾーンでの軍事協力が必要となる。日米共同の警戒監視や情報共有、沖縄県・尖閣諸島などの「離島防衛」を想定した離島防衛・共同演習の拡大、日米共同基地の拡大、ミサイル防衛強化などが重要となる。

9　尖閣諸島をめぐる「ガイドラインの見直し」――シナリオ設定

日米によるガイドラインの見直しは、当然ながら中国を念頭に置いたものになると考えられるが、その場合、大きく分けて「尖閣諸島および領域・領海内」と「尖閣諸島近くの海域・空域（公海）」が検討する必要性があるが、以下、そのシナリオを列挙する。

まず、「尖閣諸島および領域・領海内」でのシナリオである。この場合の問題設定は、領有権を主張する中国の民間漁船が大挙して日本の領海内に入ったり、公船である海洋調査船が領海内を徘徊したりする事態をどのように考えるかとなる。この場合、第一のシナリオとして、中国の民間漁船一〇〇〇隻が大挙して尖閣諸島周辺の領海内に行った場合はどうするのかということになるが、この場合、海上保安庁で対処困難な場合、海上自衛隊の海上警備行動の発令となろう。第二のシナリオは、中国の公船である海洋調査船を立ち退かせようとして尖閣諸島周辺の日本海域で、日中間に小競り合いが勃発した場合であるが、これは現在常態化している事案であり、海上保安庁による警察活動で対応することになる。第三のシナリオとして、中国が尖閣諸島周辺の日本の領海内で軍事演習を行った場合、日本、そして、日米はどう対処するのかというものであるが、これに対しては日米も同海域で軍事演習、PSI（拡散に対する安全保障構想）活動、海賊取り締まりの日米共同パトロールで対処すると想定される。第四のシナリオは、尖閣諸島周辺空域に対する中国機の侵犯により日米で偶発的に戦闘が始まった場合には、米国はどうするのかということであるが、この場合、米国は日米安保条約第五条を履行することが期待される。第五のシナリオは、中国の民間機へリコプターが尖閣諸島に上陸した場合、さらに占領をした場合はどうするのかであるが、海上保安庁か警察による逮捕が行われる。第六のシナリオは、尖閣諸島に日本の警察もしくは自衛官が常駐し、それに対して中国の武力攻撃が行われるに至った場合の対処である。この場合、国連憲章五一条（自衛権）、武力攻撃事態対処法、自衛隊法等に基づき自衛権が行使され、さらには、日米安保第五条が適応されると期待される。

次に、「尖閣諸島近くの海域・空域（公海）」でのシナリオである。この場合の問題設定は、尖閣諸島にかかわる領有権を主張する中国の公船（軍艦を含む）による領海侵入や周辺海域（公海）における活動が活発化することに伴って、公海上において日中間または米中間において不測の事態が生じた場合、日本自身の対応や、日米同盟にかかわるガイドラインや周辺事態法に基づく後方地域支援の強化策、ひいては集団的自衛権行使について、どのように考えるかが問われる。

この場合の第一のシナリオは、尖閣諸島周辺の公海上において日本に対して武力攻撃が行われた場合、米国の対応である。日本は国連憲章五一条の個別的自衛権に基づき自衛権を行使するが、米国は、日米安保はなく国連憲章五一条の集団的自衛権に基づく共同防衛を行うのかが問われる。第二のシナリオは、公海上で中国軍から日本の海自護衛艦に対する威嚇攻撃（火器管制レーダー照射など）が行われ、そこから日中間の武力紛争に発展した場合、米国はどうするのか。二〇一三年二月の尖閣近海（日本領海内）で中国艦船から海自護衛艦に対して火器管制レーダーが照射された。日本領海内では日米安保の対象となるが、公海上ではどうなるのであろうか、また、米国はどういう対応をするのであろうか。第三のシナリオは、一九九六年の中台危機と同様に、中国が尖閣近海にミサイル発射訓練海域を設定した場合はどうするのであろうか。米国は米空母を航行させるのであろうか。

10　危機の二〇年

前述してきたように、パワー・パラドックスの時代に突入したとすれば、米中は戦略的制約関係に入る。その結果、米国が対中宥和政策に転じれば、今後日本にとっては安全保障面で「危機の二〇年」となるであろう。

かつてE・H・カーは、第二次世界大戦が始まる直前に、『危機の二〇年』を出版し、そこで第一次世界大戦後から第二次大戦までの二〇年間の時代は、理想主義（ユートピアニズム）と現実主義（リアリズム）の抗争であったことを提示した。この時期は、第一次大戦が終わり、第一次大戦による膨大な被害への反省と恐怖から、ヨーロッパでは「あらゆる戦争に対して無条件に反対する」という平和主義が台頭した。そして、ウッドロー・ウィルソン米大統領の主導で国際連盟が創設（一九二一年）され、二四年に「侵略戦争は国際犯罪」が明記されたジュネーブ議定書、そして不戦条約（二八年）が締結された。このユートピアニズムが現実化され、ヨーロッパの人々はつかの間の平和に酔いしれた。

しかし、ヒトラーはヴェルサイユ条約を一方的に破棄（一九三五年）し、その後もドイツはラインラント進駐（三八年）、オーストリアを併合（三八年）したが、平和主義を求める世論の声に押され、ヨーロッパ諸国はこれを黙認した。そして、三八年のミュンヘン会議（英仏独伊）で、ヒトラーのズデーテン地方割譲の要求をイギリスのチェンバレン首相は受け入れた。この宥和政策の結果、ドイツは三九年にポーランドに侵攻し、第二次世界大戦が勃発する。英国は宥和政策をとったがこの歴史上の教訓から、「宥和政策」は戦争の誘因となることが理解できよう。

オバマ第二期政権が中国との相互戦略的制約関係という対中宥和政策を選択したとすれば、今後は日本にとっての「危機の二〇年」を迎えることになる。

第二次オバマ政権が対中宥和政策をとることになれば、日本はいかに尖閣諸島を守るかが問われる。ドニロン国家安全保障担当補佐官は、「領土問題を強要的に、もしくは軍事力行使により解決しようとする試みには断固として反対する」と明言する一方、「領土権の主張の争いには関与しない」とも述べている。

最近、ワシントンでは「日本、イスラエル、英国（ＪＩＢｓ）といった米国の同盟国が地域の安定に貢献するよりも対立を煽っている」（イアン・ブレマー・米ユーラシア・グループ会長）という論調が見られる(28)。この論調は、まさに米国が「同盟のジレンマ」に置かれている状況を表している。「同盟のジレンマ」とは、「捨てられる恐怖」と「巻き込まれる恐怖」の間にさいなまれる国家の苦悩を言う（マイケル・マンデンバーム）。現在、米国は経済的に相互依存が深化する中国に対して宥和路線を追求したい反面、日米同盟の信頼性維持に努めねばならない。その結果、尖閣諸島をめぐる日中間の紛争に「巻き込まれる」ことを最大に恐れている。したがって、オバマ政権の日中政策は、米中間に武力紛争が起きないように軍事的バランスをとりながら、日中両国に政治的メッセージを送ることとなる。

「同盟のジレンマ」に直面する米国は、日中間の直接紛争に「巻き込まれる」ことを回避しようとするだろう。そうであるならば、日本は逆に米国を「巻き込む」戦略を立てねばならない。その手段として自衛隊は普段からの米軍との演習に加え、シームレスな共同戦略の策定、さらには中国を念頭に置いた日米新ガイドラインの策定が必要となろう。「危機の二〇年」に突入した今、安全保障で自助努力をせねば日本の生き残りは不可能である。

注

（1） David C. Gompert and Phillip C. Saunders, The Paradox of Power: Sino-American Strategic Restraint in an Age of Vulnerability, Center for the Study of Chinese Military Affairs, Institute for National Strategic Studies, National Defense University, Washington D. C., 2011.

（2） 中国政府は二〇一三年三月五日の全国人民代表大会で前年度比一〇・七％増の国防予算を発表した〈http://japanese.china.org.cn/jp/txt/2013-03/07/content_28161863.htm〉。

（3） Office of the Director of National Intelligence, National Intelligence Council Global Trends 2030: Alternative, December 12, 2012. Worlds〈http://publicintelligence.net/global-trends-2030/〉

（4） David C. Gompert and Philip C. Saunders, The Paradox of Power: Sino-American Strategic Restraint in an Age of Vulnerability, Center for the Study of Chinese Military Affairs, Institute for National Strategic Studies, National Defense University, Washington D. C., 2011.

（5） US Department of State, Secretary of State Hillary Clinton, On America's Pacific Century, November 10, 2011, East-West Center, Hawaii〈http://www.state.gov/secretary/rm/2011/11/176999.htm〉.

（6） Speech to the Joint Sitting of Australian Parliament in Honour of President Obama, Canberra, November 17, 2011〈http://www.pm.gov.au/press-office/resolve-and-confidence-our-two-nations-has-always-served-high-purpose-speech-joint-sitt〉.

（7） Department of State, Sustaining US Global Leadership: Priorities for 21stCentury Defense, January 2012〈http://www.defense.gov/news/defense_strategic_guidance.pdf#search='Sustaining+US+Global+Leadership%3A+Priorities+for+21stCentury+Defense'〉.

（8） Allen McDuffee, Joe Biden a more powerful vice president than Dick Cheney?, Washington Post, January 15,

2013 at 11 : 14am 〈http://www.washingtonpost.com/blogs/thinktanked/wp/2013/01/15/joe-biden-a-more-powerful vice-president-than-dick-cheney/〉.

（9） James Mann, *The Obamians : the struggle inside the White House to Redefine American Power*, Penguin Books Ltd., England, 2012.

（10） Remarks By Tom Donilon, National Security Advisory to the President: "The United States and the Asia-Pacific in 2013," The Asia Society New York, March 11, 2013 〈http://www.whitehouse.gov/the-press-office/2013/03/11/remarks-tom-doni1on-national-security-advisory-president-united-states-a〉.

（11） Remarks By President Obama to the Australian Parliament, Parliament House, Canberra, Australia, November 17, 2011 〈http://www.whitehouse.gov/the-press-office/2011/11/17/remarks-president-obama-australian-parliament〉.

（12） Remarks John Kerry Secretary of State, Remarks on a 21st Century Pacific Partnership Tokyo Institute of Technology, Tokyo, Japan, April 15, 2013 〈http:///www.state.gov/secretary/remarks/2013/04/207487.htm〉.

（13） CCTV Com, Kerry: US has a stake in China's success, April 14, 2013 〈http://english.cntv.cn/program/newsupdate/20130414/100713.shtml〉.

（14） Lin Liyao, US 'Pivot' in Asia-Pacific signals new, complex era, China. org. cn 〈http://www.china.org.cn/opinion/2012-02/26/content_24722893.htm〉.

（15） 詳細は、拙論「第二期オバマ政権下の日米同盟」、『海外事情』二〇一三年一月号参照。

（16） Remarks By Tom Donilon, National Security Advisory to the President: "The united States and the Asia-Pacific in 2013", The Asia Society New York, March 11, 2013 〈http://www.whitehouse.gov/the-press-office/2013/03/11/remarks-tom-donilon-national-security-advisory-president-united-states-a〉.

（17） Department of State, Sustaining US Global Leadership: Priorities for 21stCentury Defense, January 2012 〈http://www.defense.gov/news/defense_strategic_guidance.pdf#search='Sustaining+US+Global+Leadership%3A+Priorities+for+21stCentury+Defense'〉.

（18） The Department of Defense, Quadrennial Defense Review Report, February 1, 2010 〈http://www.defense.gov/qdr/qdr%20as%20of%2029jan10%201600.PDF〉.

(19) Shangri-La Security Dialogue As Delivered by Secretary of Defense Leon E. Panetta, Shangri-La Hotel, Singapore, Saturday, June 02, 2012 〈http://www.defense.gov/speeches/speech.aspx?speechid=1681〉.
(20) Michael Krepon, The Stability-Instability Paradox in South Asia, December 01, 2004 〈http://www.stimson.org/essays/the-stabilty-instability-paradox-in-south-asia/〉.
(21) Marklander, Leaving for Asia, Clinton Says China is Not an Adversary, *The New York Times,* October 28, 2010 〈http://www.nytimes.com/2010/10/29/world/29diplo.html?_r=1&〉.
(22) James Mann, *The Obamanians : the struggle inside the White House to Redefine American Power,* Penguin Books Ltd., England, 2012.
(23) 衆院会議議事録第十号　国務大臣の演説に関する件（第二日）、二〇一三年二月六日。
(24) 予算委員会議事録第九号、二〇一三年二月七日。
(25) 産経新聞、二〇一三年二月五日。
(26) 防衛省『平成二四年度版　防衛白書』、二〇一二年七月三一日。
(27) Department of State, Sustaining US Global Leadership: Priorities for 21stCentury Defense, January 2012 〈http://www.defense.gov/news/defense_strategic_guidance.pdf#search='Sustaining+US+Global+Leadership%3A+Priorities+for+21stCentury+Defense'〉.
(28) Ian Bremmer, *Every Nation for Itself : Winners and Losers in a G- Zero World,* Penguin Group, Inc, New York, 2012.

（初出：二〇一三年五月）

第1章　オバマ政権第一期の国防戦略（２０１０ＱＤＲ）と日米同盟

オバマ大統領は二〇一〇年二月一日、就任後初めてのアメリカの国防戦略を明らかにした。「四年ごとの国防計画の見直し（ＱＤＲ）」が発表されたことにより、アメリカの外交・安全保障政策の指針が明らかにされ、日本にとって最も関心の高い、米国の対中認識や普天間基地移設問題に関する方針も明確になった。ＱＤＲは合衆国規約の第一〇編一一八項（タイトル一〇）に基づいて「四年に一度（Quadrennial）」、国防長官が国防戦略（Defense）を包括的に見直（Review）して米議会に提出することが義務づけられている。ＱＤＲはクリントン政権のとき一度、ブッシュ政権で二度出されて、今回で四度目である。

1　２０１０ＱＤＲの策定プロセス

今回のＱＤＲは共和党政権から民主立政権へ代わって初めての国防報告であり、クリントン政権の国防戦略であるボトム・アップ・レビュー（ＢＵＲ）を担当したミッシェル・フロノイが再び、国防次官として担当した。フロノイは、「国防戦略は元来、政権の戦略を提示するものであり、予算獲得のためのものではない」と前回のラムズフェルド国防長官の２００６ＱＤＲを批評して、「自分がもう一度担当したら、本来の米国戦略のための国防戦略に戻す」と述べていた。

そのフロノイの言葉が、今回のQDRの冒頭部分で「(今回のQDRは)戦略重視」であると述べられている。そのうえで、QDRは二つの原則を説明している。第一は、国防総省の高官が中心となり米国の国防戦略が抜本的にレビューされ、シナリオに基づいて作成されたこと、第二は、国防総省のすべての関係者の専門意見と見解が包括的に取り入れられたことである。(1)

2010QDRは、二〇〇八年六月のゲーツ国防長官の国家国防戦略(NDS)、および二〇一〇年度の国防予算を基礎に、オバマ政権のスタート当初から、国家安全保障会議(NSC)を司令塔として開始された。QDR策定作業では、ゲーツ国防長官を中心にリン国防副長官、マレン統合参謀本部(JCS)議長、カートライトJCS副議長らが最高責任者となった。そして、QDR作成チームのコア・グループの責任者にフロノイ国防次官を任命して作業が行われた。(2)

そして、そこでは、①不正規戦能力(ゲイリー・レイド特殊作戦能力・対テロ対策首席部長)、②非対称型脅威への勝利(アマンダ・ドーリー戦略担当国防次官補代理)、③国内外での民間支援(クリスティーン・ウォーマース本土防衛首席国防次官補代理)、④世界規模での米軍態勢(ジェニー・デビッドソン計画担当国防副次官)、⑤国防計画コスト(ケビン・シェッド国防副会計監査官)――の五つの分野ごとのチームで作業が進められた。(3) その各チームで行われた結果は、デビッド・オシュマック国防次官補代理(軍再編資源担当)が統括を行い、QDRの草案をとりまとめた。その後、その草案は、防衛上級者会議で評価作業がなされ、問題点が指摘されて、その代替案や注文がつけられてまとめられていった。オシュマックは戦略、兵器システムの投資、軍事部門の構成の再編の提案を『労働の配分――イラク後の米国の安全保障上のチャレンジ』(RAND出版)で行い、(4) 二〇〇九年四月にランド研究所から国防総省に抜擢された。

さらに、今回のQDRは、核態勢の見直し(NPR)、宇宙政策の見直し(SPR)、弾道防衛の見直し(BMDR)

など米国の国家戦略のいろいろなレビューと関連づけられて行われ、QDRにその結果が反映された。また、国防総省はQDRの作業に、国務省の「四年ごとの外交政策と開発の見直し（QDDR）」と国土安全保障省の「四年ごとの国家安全保障の見直し（QHSR）」、「四年ごとの情報コミュニティーの見直し（QICR）」を関連させた。安全保障環境の評価に際しても、国家情報会議の「グローバル・トレンド2025」、統合部隊司令部の「統合作戦環境」などが用いられている。したがって、QDRを理解するためには、これらの関連した報告書を同時に読み合わせて初めてよりよい分析ができることになる。

また、QDRの作成過程では、QDRの担当官により米議会スタッフ、同盟国への定期的なブリーフィングが行われた。そして、イギリス、オーストラリア、カナダ政府からの国防総省への出向者はQDRの策定過程に参加し見解を反映する機会が与えられた。

（1）2010QDRの戦略分析と目標——シナリオ・ベースの戦略評価

2010QDRはまず、米国は「戦時にある」と定義したうえで、戦略環境の分析を行った。その戦略環境を分析するに当たり、国防総省はレッド・チームに依頼した。レッド・チームはアンドリュー・マーシャル米国防総省相対評価局長とジェームズ・マティス統合軍司令官を共同議長に、軍事高官、防衛専門家で形成された。

レッド・チームは二〇〇九年の春から夏にかけて、①イラクとアフガニスタンの作戦の検討、②北朝鮮の政権崩壊、③米国へのサイバー攻撃、④中台紛争、⑤ロシアのバルト諸国への威圧、⑥核を保有した場合のイラン、⑦パキスタンの核兵器コントロール不能、⑧ホームランド・ディフェンス、⑨米本土崩壊後のCQ（結果管理）——など「一一」のウォー・ゲームを行い、その結果に基づいて戦略環境を分析した。そのシナリオは四つに分けられて、今後二〇年間を見通した分析が行われた。

第一は、米国主導の安定化・再建作戦である。このシナリオには、イラクとアフガニスタンの作戦の検討、北朝鮮の政権崩壊、パキスタンの核兵器コントロール不能などがある。第二は、安定した国家からの要求である。短期的なミッションを持つ現地（安定した国家）の司令官から運用に必要な戦略的計画の提出を求めた。通常、現地の司令官は日々の活動に追われ作戦計画やプログラムを行ってきていないため、彼らの情報や意思を全体の計画に反映させることを狙いとしていると考えられる。第三は、敵（国家）に対する主要な紛争である。中台紛争、ロシアのバルト諸国への威圧、核を保有した場合のイランのケースがシナリオに基づいて分析された。第四は、米本土の防衛と民間支援である。これにはホームランド・ディフェンス、米本土壊滅後のＣＱ（結果管理）、米国へのサイバー攻撃でのシナリオが検討された。(5)

以上のシナリオに基づいて導き出された戦略環境の分析は、米国は、複雑で不確実な安全保障上のランドスケープに直面し、その主な要因は中国とインドの二大国の台頭および脅威の多様化にあるというものである。そして、それらの動向が今後の世界システムを形成すると結論づけられた。そしてそこで米国は、最も強大なアクターとして存続するが、もはや米国一国では現在のシステムを維持できず同盟国の協力は不可欠であると分析された。

そして、２０１０ＱＤＲは米国の二つの目標を掲げた。第一は、「今日の戦争」における米軍の能力と「将来の脅威」への対処能力とのバランスをとること。第二は、国防総省の制度改革と「いま」必要な兵器の調達支援である。第一の「今日の戦争」とは、アフガニスタンとイラクでの紛争を最優先課題に位置づけた。そして、アフガニスタンやイラクで紛争の結果と、そこでの戦争の性質がこれから数十年の戦略環境を作ることになり、将来の重要な紛争のスペクトル（傾向）となるとしている。「将来の脅威」とは、中国および多様な脅威のことであると考えられるが、ゲーツ国防長官は「今日の戦争」を重視する姿勢をとる。

その点と、第二の、「いま」必要な兵器の調達とは深く関連する。すなわち、ゲーツ国防長官は、優先度の低いプログラム・活動への資源配分を減らし、緊急な需要に措置を講じた。すなわち、Ｆ－22戦闘機の生産終了、ＤＤ

G―1000駆逐艦と次世代戦闘システム（Future Combat Systems）調達の再構築、新しい海上事前集積船の製造の延期、新しいクラスの空母の調達引き延ばしなどを決定した。空軍は、旧式の第四世代戦闘機を大幅に削減する。これらに加え、C－17輸送機については、計画済みの調達完了次第、生産を中止することを二〇一一年度予算案で提案している。また、指揮艦更新（LCC）プログラムの遅延、既存の指揮艦の耐用期間の延長、CG（X）巡洋艦の中止、ネット有効化指揮統制プログラムの廃止を決めた。

その代わりに、現場の兵士にヘリコプターや対地雷装甲車などの装備を十分に配備されるようにする。こうした行動によって国防省は、上記で述べた優先度の高い分野に資源を配分することを可能にした。そのために、二〇一一会計年度の国防予算七〇八〇億ドルのうち、アフガニスタンとイラクの戦費は一五九〇億ドルを計上し、これとは別にアフガニスタン増派経費三三〇億ドルを別途計上した。

（2）2010QDRの「四つの優先課題」――「1－n－2－1」戦略への転換

二〇一〇年のQDRの特徴は、ブッシュ政権の2006QDRでの「クアッド・チャート（四つ目）戦略」（壊滅的、崩壊的、伝統的、不正規的）を止め、新たに「四つの優先課題」（今日の戦争に勝利、紛争の予防と抑止、短長期的な広範囲紛争の準備、兵力の維持・強化）を設けた点にある。

国防戦略は、最初に目的を設定し、それに優先順位をつけ、作戦概念によってそれを達成するための手段を考えることにより策定される。2010QDRは、「今日の戦争に勝利」「紛争の予防と抑止」「敵の打破と広範囲な紛争勝利への準備」「全志願制軍隊の維持・強化」の四つの目的を設けた。

第一の「今日の戦争での勝利」は、イラク、アフガニスタンでの勝利のことであり、ゲーツ国防長官が最も力点を置くところである。短期的な対イラク戦争では、米軍のプレゼンスを縮小しイラク軍へ治安を移行する。そして短中期的なアフガニスタン戦争に米軍のアセットを集中させ、アフガニスタンおよびパキスタンのアルカイダを打倒する。ここでは同盟国や協力国の支援が必要不可欠と述べる。

第二の「紛争の予防と抑止」は、「脅威の増大（rise of threat）」に対するものであるが、名指しはしないものの暗に主に中国に対して警鐘を鳴らしている。そのための米国の抑止力は、敵の介入阻止（anti-access）戦術が使われる環境で、サイバー・宇宙戦力、弾道ミサイル防衛システム、対ＷＭＤ（大量破壊兵器）、インフラ、地球規模での前方展開などの能力で戦闘能力を備えた陸海空軍が担う。また、米国は自国のみでなく同盟国の拡大核抑止を維持すると述べる。

第三は「敵を打倒し、広範な有事対処に成功する準備」である。ここで、２０１０ＱＤＲは、有事には、本土攻撃または自然災害への対処、敵対国家による侵略の撃退、深刻な内部危機に瀕している脆弱な国家への支援・安定化、そして大量虐殺や海外での大規模な自然災害による人的被害の阻止など、幅広い対処を挙げている。しかも中長期的に、米軍は、同時期に複数の職域で行われる広範な軍事行動で勝利を収めるように備えるとする。本土防衛や文民当局の防衛支援から抑止、準備ミッションに至るまで、複数の予測不能な組み合わせで起こりうる最大限の軍事作戦に向けた計画立案の必要性を真剣に考慮している。

つまり、ここで従来の「１－４－２－１」本土防衛、四つの地域での前方抑止、二地域での同時作戦遂行、この一つでの決定的勝利を改め、「１－ｎ－２－１戦略」に転換することを述べているのである。「１」とは本土攻撃または自然災害への対処、「ｎ」とは同時期に複数の職域で行われる広範な軍事行動、「２」とは二つの能力ある侵略国に対処し、「１」とはそのいずれかでの勝利である。

ブッシュ政権下では能力基盤戦略に基づき、米軍の絶対的優位が追求されていた。つまり、あまり起こりそうではないが、起こる可能性のある紛争に焦点を当て、戦略を立て武器調達を行ってきたために、実際の戦闘にはあまり使用されない高額な最新兵器が調達されてきた。これをオバマ政権は改め、「今日の戦争」と「将来への脅威」

へと戦略を転換した。ゲーツ国防長官は「今日の戦争」と「可能性のある紛争」により焦点を当て、反乱鎮圧作戦（counter insurgency：ＣＯＩＮ）やその他の非対称戦といった、安定化作戦（Stability Operation）を中心にした兵器調達制度へと変更する。[6] この抜本的変革はＲＡＮＤ研究所にいたデビッド・オシュマック国防次官が行った。

第四の「全志願制軍隊の維持・強化」は、戦略目標ではなく目標達成のための手段である。長期戦争で米兵隊が弱体化し、その維持が急務となったところにある。戦闘では、一九八九年のパナマ侵攻作戦および一九九一年の湾岸戦争での勝利以来、徴兵による軍隊より志願兵（職業軍隊）のほうが優れているという認識が当たり前となった。[7] それ以降、志願兵のリクルーティング、維持、強化は国防総省の重要な目標となったが、州兵や予備役を相当数「今日の戦争」へ投入している結果、アメリカ本土での自然災害や緊急時の対処が手薄になる状況が出たり、イラクやアフガニスタンからの帰還兵のために米国社会が荒れたりする、といった状況が出てきている。そのため志願兵の維持・強化に向けた活動は、持続可能な交代ペースに移行し、軍隊の長期的健全性を守る点に焦点を置く。また、文民遠征部隊（Civilian Expeditionary Workforce：ＣＥＷ）を軍事活動補強のために拡大する。

（３）２０１０ＱＤＲの新たな戦略と米軍の兵力規模策定の基準

国防戦略と密接に関連しているのが、戦略を遂行するために必要不可欠な「兵力規模」の構成である。２０１０ＱＤＲは新たな戦略を採用したが、その戦略の概念や内容は詳細に説明されていない。そのために兵力態勢も明確に示されていない。

２０１０ＱＤＲは「過去と決別し……米軍は幅広い作戦を実行する能力がなくてはならない。国土の防衛や市民の権利を守ることから戦争の抑止や任務の準備、現在のあるいは将来起こるかもしれない紛争や戦争に対処することまでの能力が必要とされる」と述べている。

この点に関しては、2010QDRを実際に取り仕切ったオシュマック国防次官補代理が『労働の配分――イラク後の米国の安全保障上のチャレンジ』(8)で、明確に説明している。ここでオシュマックは、冷戦後QDR2001で定められた「1－4－2－1」戦略に基づく兵力規模構成については、米国がいま直面するテロリストの壊滅やCOINの遂行ができず時代遅れとなった。また米軍の四軍種に同じように適用する必要もない。それゆえ新しい人員の配分か必要であるとし、「1－n－2－1」戦略を提示した。

最初の「1」は、本土防衛である。今後米国が二〇〇一年九月一一日の米国同時多発テロ(9・11テロ)よりも規模の大きな攻撃に見舞われたとしても、十分な兵力、とくに陸軍(現役および州兵)は国内で任務につき、攻撃後の対処を行い二次攻撃を避けることを可能とする。さらにDODはある程度の兵力を予備兵にしておくこと、つまり予備制度を確立すべきであり、攻撃の規模に応じての予備制度は相当数の兵力の温存が必要となる。

次の「n」は、米軍が想定していた四地域(欧州、北東アジア、東アジア沿岸部、中東と南西アジア)を超えたものである。オシュマックは、現状では、米軍は四地域のみでなく、アフリカの角、サハラ、中央アジア、フィリピン、インドネシアなど多数の地域の「n」に対して対処せねばならなくなったとする。

貿易、資源や同盟関係など国益の重要度に沿って世界を分割する時代は終わりを告げたとオシュマックは述べる。かつての古典的な地政学では、アフガニスタンもスーダンにもアルカイダが増殖していたが、アメリカは戦略上の関心を払わなかった。しかし9・11テロ以後、その状況は一変し、世界はフラット化した。(9)アルカイダをはじめとするテロ集団は世界規模でテロ活動を行うようになったため、米国はQDR2001で想定した四地域以外のアフリカの角、サハラ、中央アジア、フィリピン、インドネシアなど多数の地域(n)で軍を展開し始めた。

現時点ではほとんどの兵力がイラクとアフガニスタンに投入されているが、本来ある特定地域に兵力を固定することは避けるべきである。国外での米軍展開規模は縮小すべきであり、任務は受け入れ国の軍隊が多く遂行すべきである。

「２」は、二つの戦争に勝利することであり、２０１０ＱＤＲもその継続を述べた[10]。その理論的根拠は五〇年以上も米軍の立案の基礎となってきた。多くの地域に重要な国益があり、それに対する脅威に対して、たとえ米軍が多数関与していようとも二つの主要敵国を抑止することができないという状況に陥るのは避けなければならない。軍の兵力規模の基準として「２」が残ることは、戦争に勝つための兵力構築において停滞を意味するものではない。地域の敵国や中国がもたらす問題は劇的に変化しつつある。このような敵と対峙するため、米軍は海軍力、近代的防空、生物化学兵器、そして弾道ミサイルや核兵器への投資が必要とされる[11]。

「１」とは、二つの戦争のうち一つで確実に勝利することである。米国は、二つの敵国のうちの「１」つを壊滅、占領し体制転換をする能力を維持することは、有力な「切り札」となり、維持されなければならない。

（４）２０１０ＱＤＲの評価と批判①――「二」つの戦争対処は変わらない？

２０１０ＱＤＲに対する批判を何点か列挙してみたい。

前述したように、２０１０ＱＤＲは「二つの戦争を戦う構成」を破棄するどころか、幅広い多数の紛争を予防し抑止し必要があればアメリカや同盟国や重要なインフラや他国の利益を防衛するための重複する作戦を指揮する能力を持つことができる程度の兵力規模の充実を強調している。そして、その遂行のため「多数の同時進行の任務、本質的に異質な戦域で大規模戦闘も含んだ任務の指揮が求められる可能性がある」ことに言及している。そうであれば戦力の縮小ではなく拡大となり、ブッシュ政権の兵力規模構成と何か変わるのであろうか？　一見したところ、現在の戦争を好転させることに重点を置いたこと以上の戦略転換を国防総省はどれほど具体的に考えているかが定かではない。

（5） 2010QDRの評価と批判②——長期的戦略分析の欠如

今回の2010QDRは、米国が未曾有の大不況に見舞われるなか、オバマ大統領がイラク撤退、アフガニスタン増派を決定した後に出された。ゲーツ国防長官が2010QDRの冒頭で、「QDRは継続中の戦争を予算、政策、プログラムのトップに置く」と述べているように、「今日の戦争」に比重を置き、米国が直面する問題を詳細に分析している。[12] しかし、一方で、国防総省の将来計画・プログラム、作戦に影響を及ぼす可能性のある長期的展望が記述されていない。[13]

その第一は、世界金融危機の後遺症に関して触れてはいるがほとんど分析が行われていない点である。二〇〇八年に始まった金融危機はアメリカだけでなく、ヨーロッパやアジアの同盟国の財政も弱体化させた。二〇一五年までには連邦の債務返済は史上初めて国防予算を超える見込みである。さらに国家債務はGDPの成長率を超え、「赤字財政からの脱却」はほど遠くなりつつある。この新しい財政難の時代の到来は国防総省にとって重大な意味を持つ。しかし、米国の悪化する財政事情は米国の主要同盟国にどのような影響を及ぼすのか、それが長期的に米国の防衛態勢にどのように影響を及ぼすかが2010QDRでは論じられていない。

第二は、イランの核兵器保有に関する点である。イランは国際社会の申し入れを無視し、着実に核兵器の取得に向かって進んでいる。イランの核兵器取得は時間の問題であり、それを阻止するためにイスラエルとアメリカは、イランの核兵器への野望を打ち砕くべく軍事行動をとるか、核武装後のイランとの均衡を図るため中東諸国へ拡大抑止を提供し地域のバランスをとるかの選択を迫られるかもしれない。

第三は、中国の台頭についてである。2010QDRは中国の台頭による地域軍事バランスの変化が起こり、そのために近隣諸国の認識に影響を与えていることをほのめかしている。前回の2006QDRでは中国との関与政策を展開する一方で、それが失敗した場合の対処策が明記されていた。しかしながら、今回の２０１０ＱＤＲでは、防衛策もバランスをとる戦略の必要性も不明確である。

第四に、技術的な変革の問題である。米国が可能性のある技術革新の分野で主導権を握ることは重要である。機械の自動化システム、ナノテクノロジー、バイオテクノロジー、次世代のナビゲーション、ステルスと対ステルス、新しい暗号システム、長距離精密誘導兵器の増量などは戦闘の性質を変革する可能性があり重要である。しかしながらこの分野への対応はほとんど明記されていない。

第五に人口問題である。ヨーロッパやロシア、中国、日本では急激に高齢化が進み競争力が低下する一方、途上国では若年層の膨張が見られるようになり紛争の勃発の可能性が高まり、この二つの傾向は、安全保障上大きな問題となる。これは、米軍の戦略の策定上、不可欠な要素であるが、２０１０ＱＤＲでは論じられていない。

（6）２０１０ＱＤＲの評価と批判③——「将来の脅威」への投資はしなくても大丈夫か？

オバマ大統領は、「二つの戦争を闘い、深刻な赤字を抱え、国防予算の無駄使いは許されない(14)」とし、ゲーツ国防長官はＱＤＲの冒頭で「現在の戦争が予算の最優先課題だ」と述べる(15)。それでは、将来への投資を次の２０１４ＱＤＲまで差し控えるのであろうか。２０１０ＱＤＲは「今日の戦争」に力を入れ、「将来の戦争」には重点をあまり置いていない。今回のＱＤＲはあまりにもアフガニスタンとイラク戦争という「今日の戦争」に比重を置き、そのために必要な回転翼機（ヘリコプター）や有人・無人航空機の供給拡大や特殊作戦部隊のロジスティクスや情報の強化を述べている(16)。しかしながら、アクセス阻止・拒否（Anti-Access Area Dennial：Ａ２ＡＤ）の脅威、宇宙・サイバーへのアクセス、核武装勢力、核保有国の崩壊への対処など「将来の脅威」への対処に関しては後回しにしている。イランの核保有は時間の問題であり、中国の宇宙・サイバー上の脅威の増加、さらにはヒズボラなどの非国家主体への誘導装置付ミサイルやなどが急速に拡散しつつある。現在、「将来の脅威」への備えも重要である。

これらの非対称的な脅威へ対する能力への対処[17]の必要性はQDRでも記述されていて、海軍の無人戦闘空域システムプログラムにも予算を充てている。しかしながら、新しいプログラムは延期され、追加研究のための予算は棚上げにしている点に問題がある。イラクとアフガニスタン戦争への対処のために、現れつつある危険への必要な投資を延ばす点には疑問がある。

イギリスは第一次大戦後の財政苦から最低でも一〇年は戦争にかかわらないとする「一〇年ルール」を一九一九年に採用した[18]。採用当時はまったく問題なかったが、その後、新たな脅威が現れても一〇年ルールは撤廃されず継続された。その結果、イギリスは「新たな形態」の戦争への備えがおざなりになり国防産業の基盤が落ち込み世界情勢に対応できなくなった。その結果、ヒトラーのドイツや大日本帝国と戦争をできない状況になったのである。QDRは、「今日の戦争」を重視し、「将来への脅威」を軽視すると、当時のイギリスと同じ状況を招きかねない。

(7) 2010QDRの評価と批判④——国防総省の兵力やプログラムを戦略と一致させているか?

2010QDRは、戦略目標を達成するために軍がどのように緊急事態を特定するのか、その作戦概念についての詳細を明らかにしていない。しかし、国防総省の兵力計画や資源配分に有効な「六つの主要任務」(①本土を防衛し市民の権利を支援する、②緊急事態、治安維持、対テロ任務への円滑な対処、③パートナー国の治安の安定、④アクセス阻止環境での攻撃を抑止・打破、⑤WMDの拡散予防、⑥サイバー空間での作戦)を挙げている。これらは、2006QDRで明記された四つの作戦分野(①テロリストのネットワークを叩く、②本土防衛、③戦略上の重要な国家の選択、④WMDの入手・使用予防)を強化する内容となっており、これらの任務はDODが直面している安全保障上の主要な問題に適格に合致している。

しかしながら、２０１０ＱＤＲはこれらの優先すべき任務と合致する国防プログラムをほとんど提供せず、「今日の戦争」の必要性を満たすことに焦点が当てられていて[19]、それ以外の活動と「六つの主要任務」に関しては何も述べていない。

たとえば、高額な調達プログラムであるＦ‐35にはＦＹ１１での全額予算が認められたが、「航空機は平均的な飛行距離が必要であり、より柔軟で多目的性が必要である。それはアクセスできない能力に対応する敵を撃破するために必要である」と述べている。しかしながらＦ‐35の三つの機種とも短距離である。長距離攻撃能力の必要性が向上しているとしつつも、プログラムでは述べていないのである。同じように、遠征戦闘車両が現在の戦争あるいは六つの主要任務分野で性能をどう向上させるかが説明されていない。

また、海軍の造船計画と支出計画との差を埋めていない。造船のＦＹ２０１０予算では一四〇億ドルであり、海軍の長期造船計画の三一三艦隊を構築するのに必要な年間二一〇億ドル予算より少ない。ＱＤＲはこのような戦略とプログラムとの不一致、プログラムと予算との不一致が述べられず、先延ばしされていることが懸念される。アメリカの財政状況の急激な悪化のためか、引き延ばされたプログラムと予算の不一致が生じている。

国家財政が衰退する中、必要とされる能力への投資を延期するなど、すべてを追求することがますます困難になる状況下で、その対処策が求められている。

2　オバマ政権のアジアでの脅威認識——中　国

日本にとっての最大の関心事は、オバマ政権が今回のＱＤＲで中国を潜在的脅威とするか、また、それに関して普天間基地問題がどう論じられているかの二点にあった。

まず、中国の取り扱いである。冷戦崩壊以後の米国の対中戦略は「関与」と「ヘッジ」（軍事的抑止）にある。[20]関与政策はクリントン政権以来の政策で、中国に対してはソフトパワー（人、物、金、情報）を使った関与政策を展開することにより、国際社会に組み込み、責任ある利害関係国にする狙いがある。一方では、中国の毎年二桁で増強する軍事力、およびその意図の不透明性から、軍事的にヘッジ（抑止）する「関与とヘッジ戦略」がとられてきたのである。

過去の国防報告でもこれまで中国を「不安定の弧」（２００１ＱＤＲ）、あるいは「戦略的岐路にある国」（２００６ＱＤＲ）として潜在的脅威としてヘッジを行ってきた。それに対してオバマ政権はＧ２体制（米中による共同覇権）の確立かと言われるまでに中国と接近し、中国をどう扱うかが最大の関心事であった。その回答が今回のＱＤＲで出された。

２０１０ＱＤＲでは、過去のＱＤＲに比べて表現をトーン・ダウンしたものの、中国を継続して潜在的脅威に位置づけた。すなわち、中国に関する「関与」の部分は、「アジア・太平洋地域だけでなく、地球規模で存在感を強めている。国際社会への積極的な関与を歓迎する」と述べ、良好な米中関係を維持するため、「さまざまな対話のチャンネルを維持し、相互不信と誤解を取り除いていかねばならない」とした。

しかしながら、「ヘッジ」の部分にも重きを置いた。２０１０ＱＤＲは中国の軍事力拡大に関して、「中国が大量の高性能中距離弾道ミサイル・巡航ミサイル、高性能兵器搭載の新型攻撃潜水艦、広域防空システムの向上、情報戦・コンピューター攻撃能力、高性能戦闘機、宇宙攻撃兵器を開発、配備している」と、中国の軍事力の質的・量的向上に懸念を示している。そして、中国の意図については「中国軍の宇宙・作戦範囲および軍近代化の究極の目的に関する情報が限られており、軍拡の長期的な意図に正直なところの数々の疑念が生じている」とその透明性の欠如を警戒している。[21]２０１０ＱＤＲでは中国の脅威に関しては、中国という言葉であまり名指しはしないものの、四つの優先目標のうち、二番目の「紛争の予防と抑止」において、「脅威の増大（rise of threat）」として暗に主に中国に対して警鐘を鳴らしている[22]。とくに、中国のサイバー攻撃能力および宇宙空間における反アクセス能力の向上に対して、戦略司令部内にサイバー司令部を創設し、ミサイル、戦略爆撃機などの長距離打撃力強化を行う対抗手段を表明した。

中国の軍事情勢に関しては、オバマ政権は三月二五日、国防総省の『中国の軍事力二〇〇九年』で詳細に論じている[23]。この報告書では、中国軍の空母建造計画と海南島の新潜水艦基地に警鐘を鳴らし、軍備費の伸びや装備近代化の意図の不透明性に懸念を示した。また同時に、中国海軍のソマリア沖の海賊対策への護衛艦派遣は国際社会の責任ある行動であるとして歓迎する一方、その遠洋作戦能力の向上は、紛争領域や海洋資源を獲得する投射能力にもなり得る、と警鐘を鳴らしたのである。とくに、中国は空母建造を目指し一〇年以内には完成できる能力を持つ。中国は旧ソ連空母「ワリャーグ」を元に自国製の空母建造を目指し、それを改修して練習空母とし、その後二隻の中型空母を建造し三隻体制とする予定である。また艦載機は最大でも六〇機以下と見られ、現在パイロット五〇人が空母艦載機の操縦訓練を始めている。さらに二〇〇八年四月には、中国は海南島の海軍基地に「巨浪２」（核弾頭搭載可能な射程八〇〇〇キロの潜水艦発射弾道ミサイル〈ＳＬＢＭ〉を一〇～一二基搭載可能な「晋」級ミサイル原子力潜水艦を配備し、さらに同原潜は二〇一〇年までに五隻を就役させる予定である[24]。

３　中国の遠方展開能力とエネルギー・資源戦略

国防総省は、中国軍の遠方展開能力の拡充に関して警告を発している。「中国が現段階で軍事力を国境を越えて行使する能力は限定的である」としつつ、中国の最近の軍備調達の状況を分析したうえで、中国の軍拡の目的は単に台湾海峡有事への備えだけでなく、「台湾海峡の範囲を超えて」アジアの別の地域での軍事作戦も可能にするものであり、資源や領土をめぐる紛争にも対応できる能力を構築しつつあると分析する。

中国はまた、近年の自国の経済発展に伴うエネルギー需要の逼迫[25]のため、海洋安全保障や海洋資源への関心を高めている[26]。

国防総省の分析では、中央アジアでのエネルギー権益のため当該地域の不安定化は、中国の軍事介入を招く要因となりかねないとする。また、領海をめぐる日本との確執や、南シナ海の南沙諸島の領有権を主張する東南アジア諸国に残る不一致は、この地域の緊張を再度高める可能性がある。朝鮮半島における不安定は、同様に地域的危機を生み出すかもしれないと分析する。その際に中国政府は「外交的対応」か「軍事的対応」かの選択に直面するであろう。

中国の公的文書や中国軍の戦略家の文書でも、中国政府は台湾問題に留まらず、それを越えた戦略的情勢についてますます研究を深めている。中国の戦略家は、中国の防衛範囲を拡大し当該地域の海上交通路に与える影響力を強化するに当たって、台湾の地政学的価値について検討してきた[27]。

国防総省は中国が、東シナ海から台湾を経て南シナ海にかかる「第一列島線」だけでなく、伊豆諸島からグアムを経てパプアニューギニアまで至る「第二列島線」まで展開可能な軍事力構築を目論むと論じる[28]。また、中国軍は西太平洋海域（第二列島線内側）への米海軍力展開を阻止するため、遠距離からの水上戦闘艦に脅威を与える能力（重層的防衛）の獲得に重点を置く。そのため、最近では中距離弾道ミサイル、指揮・統制・通信・コンピューター・監視・偵察（C４ＩＳＲ）システム、公海上の水上戦闘艦や沿岸支援施設攻撃のための誘導システムの強化を行っている。これは地域的危機の際に先制もしくは強制的なオプションをとるために重要である[29]。このことは、台湾海峡有事の際に米空母艦隊等の接近を阻止することを視野に入れたものと考えられる。

中国の武器購入の実態を見れば、中国軍が対台湾以外の事態を想定していることがわかる。具体的な軍備調達の例として、①移動式短距離弾道ミサイルと新型長距離弾道ミサイルの配備または開発、②空軍の南シナ海への展開を可能とする空中警戒管制機と空中給油機の開発計画、③新型対艦巡航ミサイルと防空システムを備えたロシア製誘導ミサイル駆逐艦の配備、④宋級ディーゼル潜水艦の一貫生産体制の確立とロシア製キロ級ディーゼル潜水艦の配備および次世代攻撃型原潜の就航、⑤国産空母と空母搭載可能な戦闘機の開発計画――等がある。

中国の様々な場所での通常型の戦域ミサイルを装備した新たなミサイル部隊は、対台湾以外の各種の有事に投入されるであろう。また、早期警戒管制機計画と空中給油計画は、南中国海への航空作戦の拡大を可能にすると考えられる。さらに最新鋭の駆逐艦と潜水艦は、中国の海上権益を防衛し拡大したいという中国の欲求を反映している。長期遠征軍[30]は、新たな装備や改善された部隊レベルの戦術、共同行動の調整の改善などによって強化されている。長期的には、宇宙にある水平線越えのレーダーを含む中国のＣ４ＩＳＲの改善によって、西太平洋の遠方まで軍事行動を識別、追跡、標的化することが可能になるであろう。

国防総省から見れば、潜水艦や対艦巡航ミサイルといった米第七艦隊の行動を牽制し得る兵器を急速に配備する中国の動きは[31]、これまで当該海域で圧倒的な軍事的優位を保持し続けてきた米国への深刻な挑戦と捉えられる面もあり、そのような中国軍の動きは米軍を含めた地域に展開する各国の軍に対して「確かな脅威」になる可能性があると指摘する[32]。

4　中国の軍事力増強が日米同盟に及ぼす脅威

中国の軍事力強化は著しく、その大半が台湾向けに使われていたが、次第に台湾から外部へ向かい、遠方展開能力が拡充するにつれて日米同盟に及ぼす影響も大きくなりつつある。

海軍戦力では、中国は「第一列島線」の内側である「近海」においてシーコントロール[33]を維持[34]し、「第一列島線」と「第二列島線」の間ではシーディナイアル[35]を持つことと、海洋権益の確保を目的とした島嶼争奪戦で勝利を収めることである。そのために中国軍は西太平洋海域（第二列島線内側）への米海軍力展開を阻止するため、遠距離からの水上戦闘艦に脅威を与える能力（重層的防衛）の獲得に重点を置く。その帰結として、最近では中距離弾道ミサイル、C４ＩＳＲ、公海上の水上戦闘艦や沿岸支援施設攻撃のための誘導システムの強化を行っている。このことは、台湾海峡有事の際に米空母艦戦闘群の接近を阻止することを視野に入れたものと考えられる。それと同時に、国防総省は中国がグローバル・パワーとして能力をつけ米空母戦闘群へ対抗するためであり、そうすることにより「第一列島線」と「第二列島線」の海域におけるシーディナイアルが達成されると判断している。

とくに、近年の中国の資源・エネルギーの海外依存度の増大とともに中東から中国までのシーレーン防衛を企図するようになった。その際の中国にとってのチョークポイントは「インド洋」である。「インド洋」に艦隊を展開するためには基地の確保が必要となることから、中国はミャンマー軍との共同使用が認められるシュトゥエ、ヘングィー、アキャブといったミャンマーの軍事施設の建設、拡張を行っている(36)。また、インド洋とペルシャ湾を連接する重要海域であるパキスタンのグワンダル港の使用を狙い、拡張工事の援助を行っている。

また、中国は前方展開基地を確保するまでは、シーディナイアルの対象としてきた「第一列島線」の外側海域においても、海上優勢を確保せねばならない。そのためには陸上基地から発進する航空戦力に依存せず、独立したエリア防空能力、制海のための潜水艦・潜水艦戦能力、水陸両用戦力が必要とされる。しかしながら、いずれも現時点では海上優勢獲得のために求められる水準に達していないと分析される。

しかしながら中国の空軍力で見るならば、急速に日米にキャッチアップしてきている。中国の近代化目標は三点、存在する。第一に、米軍に対する領域拒否および接近阻止能力の確保である。そのため、長距離艦艇群攻撃能力、長距離敵基地攻撃能力、継続的遠距離域監視能力および戦域制空能力を保有せねばならない。第二に、要域防空能力の獲得である。そのために第五世代戦闘機、ステルス攻撃機、巡航ミサイルに対する防空能力と弾道ミサイルに対する防空能力の保持が必要となる。第三に、統合部隊展開能力の保持である。第四に、統合指揮ネットワークを構築するためのC４ＩＳＲ能力の確保である。

このような近代化目標に基づき、中国は戦闘機など七種の新鋭機を同時に開発・装備化を図り[37]、最新の戦闘機を二〇一〇年末に少なくとも七二〇機保有する計画である[38]。そうなれば今後数年で台湾の空軍力を圧倒することになり、日米にとっても大きな脅威となる。このうちＳＵ－27ＳＫは日本のＦ－15に匹敵する戦闘機であり[39]、二〇〇五年から実践配備されたＪ－10（Ｆ－10[40]）は米軍のＦ－16に近い高性能が見込まれる。また、ロシアからバックファイア一〇機を購入し、ライセンス生産の交渉をしている。また、海軍用航空機では、空軍にのみ配備されていた第四世代機に属するＳｕ－30ＭＫＫを約二四機購入する予定である。さらに、ロシアから新型海上搭載巡航ミサイルＳＳＮ－12を購入する。このように中国海軍・空軍の空の能力は二〇一〇年度にはかなり拡充する見通しとなり、米空母戦闘群の運用にも影響を与えよう。

5　中国の軍事力増強が日本の安全保障に及ぼす影響

中国海軍がブルー・ウォーター・ネイヴィーとなるためには、海洋を自由に公道として利用することができねばならい。中国の周辺海域は、南シナ海は自由に航行が可能なものの、中国海軍が東シナ海から南シナ海へ抜けるためには台湾の横の北側の「台湾海峡」か、台湾の南のフィリピンとの間の「バシー海峡」、もしくは「ルソン海峡」を通らねばならない。「台湾海峡」は幅一三二キロで、海峡中には澎湖諸島（台湾統治）がある。「バシー海峡」は台湾南端からフィリピンのルソン島間の水域のうち、台湾とフィリピン領パタン諸島（バシー諸島）との間にある幅一五〇キロの海峡である。潮流が早く水深も深い。「ルソン海峡」は、南シナ海とフィリピン海（太平洋）を結ぶ海峡で、台湾とルソン島を通る幅二五〇キロの海峡である。また、中国海軍が東シナ海から太平洋に出るためには、南西諸島つまり「第一列島線」を抜ける必要があり、中でも幅三五〇キロの「宮古水道」を通過することが必要となる。中国からすれば、台湾、日本、フィリピンやマレーシア等の諸外国により包囲され、チョークポイントとなっているわけである。

とくに、中国海軍の最大のチョークポイントとなっている台湾をもし中国が支配することになれば、大規模な海軍艦隊を収容できる軍港、空軍基地を確保し、中国の海軍は外洋に展開可能となる。その結果、中国は太平洋に面した国家となり、南シナ海、バシー海峡、台湾海峡、東シナ海という日本のシーレーンの重要な拠点を抑えることになる。日本にとり台湾問題は死活的な問題である。

逆に対中国戦を考慮した場合、台湾は、鴨緑江まで約一五〇〇キロ、南沙諸島まで約一二〇〇キロの距離に位置し、航空機二時間以内ですべての中国の沿岸海域に到達可能であり、中国に対し優位な海空軍作戦が展開できる。もし台湾に有力な海空軍が展開され、大規模な中国封鎖が実施されれば、中国の海空軍は封じ込められてしまう。また、中国海軍は青島に司令部を置く北海艦隊、杭州湾の寧波に司令部を置く南海艦隊により編成されていて、台湾海峡は、北海艦隊および南海艦隊が相互に連携する重要な海峡であり、ここを通過できなければ中国海軍戦力は二分され、統合能力が発揮できなくなる。

中国は海軍力の強化とともに海洋権益の拡大を追求するようになってきた。中国の海洋戦略は「第一列島線」と「第二列島線」の間ではシーディナイアルを持つことであるが、その中間に日本列島および日本周辺の海域がすっぽりと入る。もし、中国が当該海域でシーディナイアル能力を確保することになれば、経済活動のほぼすべてを輸入に依存する日本は中国の隷下に下ることとなろう。したがって、中国海空軍が「第一列島線」を突破しないようにすることが日本の戦略的使命となるが、中国は海底ガスの採掘という既成事実を積み上げることにより、「第一列島線」から「第二列島線」へと活動領域を拡張しようとしている。

「第一列島線」上にある東シナ海での春暁ガス田[41]で中国は、二〇〇四年から天然ガスを採掘する施設建設を開始した。さらに、この地域で二〇〇五年一月海上自衛隊のP‐3C対潜哨戒機は中国海軍のソブレメンヌイ級駆逐艦が航行しているのを視認した。また二〇〇五年九月には、海上自衛隊のP‐3Cは、同じく春暁ガス田付近を航行中のソブレメンヌイ級駆逐艦、および二隻のヂァン級フリゲート艦さらには補給艦、情報収集艦を視認したが、その際フリゲート艦は一〇〇ミリ砲をＰ‐３Ｃに指向した。

ここで問題となるのが、東シナ海のガス田をめぐり日中間で紛争が生じた場合である。もし自衛隊が米軍の援軍を期待できない場合に単独で対処できるかどうかである。

自衛隊が中国軍に対してその能力が顕著に下回っているのは、潜水艦および水上艦搭載艦艇攻撃ミサイルである。海上自衛隊は攻撃力を強化することは専守防衛の観点から国是に反するとし、敵艦船の撃破は米空軍に依存する。したがって、東シナ海のガス田事案のように米海軍の支援が難しい場合は中国軍の水上艦搭載艦艇攻撃ミサイルは脅威となる(42)。さらに中国はＫａ‐31カモフＡＥＷヘリコプターを購入し、ターゲティング能力の向上を図っている。それに加え洋上での敵艦船を攻撃可能な弾道ミサイルを開発中である(43)。潜水艦に関しても数の上でも中国が七〇対一六で自衛隊を凌駕し、中国は今後年間二～三隻のペースで増強していくとされている。

また、空において、空対空ミサイルにおいて空自は中国に対して劣勢である。中国のスホイ30は二〇〇二年以降すでに自己誘導中距離ミサイルを装備しているが、空自のＦ‐15Ｊは同種のミサイルＡＡＭ‐４を二〇〇四年に装備し始めたところである。ＨＭＤ(44)に関しては、中国空軍は一九九三年から保有しているが、海自は二〇一〇年の短距離空対空ミサイルＡＡＭ—５の導入時点までこの能力は欠落する。また、保有する武器については劣勢であり、空自はＦ‐４Ｊの後継機について検討中であり、ＦＡ‐22ラプター、Ｆ‐35ＴＪＳＦ、ユーロ戦闘機が候補にあがっている。

また、春暁ガス田の事案以外にも二〇〇四年に中国は、「沖ノ鳥島は岩でありＥＥＺ（排他的経済水域）は認められない」と主張し始めた。「沖ノ鳥島」は「第二列島線」の近くに位置する。中国は、潜水艦の活動水域を拡大させるため海洋データ収集の海洋調査を活発化させている。これらの活動は西太平洋、「沖ノ鳥島」、グアム島近郊で行われており、有事における米空母戦闘群の行動を阻止するための潜水艦作戦を念頭に置いていると推測される。

他国のＥＥＺ内での海洋調査は事前通告をして、その国からの承認を得ることとされているが、中国艦船は無通告での海洋調査を多発していて、とくに、沖ノ鳥島近辺のＥＥＺ領海には事前通告がなされていない。

さらに「尖閣諸島」問題がある。中国は一九七八年に鄧小平が尖閣諸島の棚上げを提案したが、一九九二年に突然、中国は「領海法」を制定して尖閣諸島の領有を宣言した。そして、二〇〇〇年には尖閣諸島付近の日本海内で海底油田調査を実行した。さらに二〇〇三年には「無人島の保護と利用に関する管理規定」で無人島を民間人に開放するとし、二〇〇四年に中国の民間人七人が尖閣諸島に上陸したため日本が強制排除した。

中国海軍は今後、ガス田もしくはその他の海底資源や「尖閣列島」などの領土問題を解決するため、武力行使をする可能性が出てきている。中国は軍事的優勢を実現し、米国の介入の余地が少ないと判断すれば行動する。これに対して自衛隊単独では劣勢に立たされるため、日本は米軍の支援が確保されない限り領海・領土問題で中国との外交面で弱い立場に立たされる。

このように、すでに軍事増強された中国軍に対応することは日本は日米同盟なしでは不可能であることが理解できよう。

6　台湾海峡をめぐる問題

中国の長期目標はグローバルなパワーへの台頭であり、短期目標は、言うまでもなく台湾危機への準備であり、それが当面の中国の軍近代化の主目的である。

中台軍事力バランスは中国に有利にシフトし続けている。一方台湾は、過去一〇年間に比べて防衛支出を削減させたが、現在その削減傾向に歯止めをかけようとしている(45)。アメリカの台湾海峡問題に対する立場は、中台いずれかが現状を一方的に変更することに反対する立場を明確にし、台湾海峡の平和的解決を支持する。それと同時に台湾関係法後方九六条八項（一九七九年）[46]に基づき米国は台湾に武器を売却し、台湾は米国から二〇〇六年九月に台湾にキッド級ミサイル駆逐艦（ＤＤＧ）二隻（四隻のうちの最後の二隻）を購入した。[47]しかしながら、台湾野党の反対により、[48]二〇〇一年に米国から売却が許可された主要な防衛システムのうち、ＰＡＣ－３と、Ｐ－３Ｃ対潜哨戒機、ディーゼル潜水艦を獲得していないため、これを台湾は購入する必要性があると米国は警告していた。[49]

オバマ政権となり、２０１０ＱＤＲ発表直前の二〇一〇年一月二九日になり政権発足後初めて、台湾へＰＡＣ－３システム、[50]ＲＴＭ／ＡＴＭ－84Ｌハープーン／ブロックⅡミサイル一二発、ＵＨ－60Ｍブラックホーク・ヘリ×六〇機、オスプレイ級掃海艇×二隻、ＭＩＤＳ通信ネットワーク端末×六〇台など合計約六四億ドルを決め、米議会に通知した。しかしながら、米側が台湾へ売却するのは台湾の防御的兵器に限られ、Ｆ－16Ｃ／Ｄ戦闘機や潜水艦は含まれていなかった。

国防総省は、中国の軍事力行使が行われるレッドラインは、①台湾独立宣言が出された場合、「独立に向けての」動きがあった場合、②台湾への外国の干渉があった場合、③統一に関する海峡間の対話再開が無期限に遅延した場合、④台湾が核兵器を入手した場合、⑤台湾で国内騒乱が起きた場合――であると分析する。[51]

以上のレッドラインを越えた場合は、中国の台湾への軍事力行使の可能性は高まるが、中国が台湾に対して紛争コストが介入により得られる利益を上回ると計算する限り直接介入を行う可能性は低いと分析する。しかしながら、中国の軍事能力が改善されているため敷居は次第に低くなりつつある。ＤＯＤの分析する台湾海峡有事の際の中国の行動針路は、①米国（や他の諸国）の対応前に軍事的政治的圧力を加える、②迅速な解決ができない場合、米国の介入を阻止する、③それに失敗した場合には、介入を遅延させ、非対称的で限定的な即決的戦争によってアメリカの介入を打ち破るか、④戦争を膠着状態に持ち込み、長期化させることを追求する――と分析する。

国防総省は、このような中国の行動針路に次の四つのシナリオを概観している。[52]すなわち、①戦力の限定的投入：サイバー攻撃、特殊作戦部隊の破壊工作、短距離弾道ミサイル攻撃、空爆、②航空・ミサイル作戦：台湾の防空システムに対する短距離弾道ミサイルによる奇襲攻撃や精密空爆、③封鎖：演習宣言、ミサイル封鎖地域設置宣言、空域封鎖、ミサイル攻撃、機雷敷設、海上交通措置、④上陸侵攻：共同島部上陸作戦[53]──である。

7 「普天間海兵隊基地」移設問題と海兵隊の位置づけ

また、今回の２０１０ＱＤＲの策定作業で行われたシナリオの中でも中台紛争のシナリオが扱われ、米国の中国へのヘッジが明確化された。これと同じく北朝鮮崩壊のシナリオが検討され、北朝鮮の崩壊の時にいかに米軍が展開するかが課題とされた。

そのことが、沖縄の駐留米海兵隊の位置づけに「変化なし」という回答につながったのである。海兵隊は個別に航空戦力、輸送艦艇、補給部隊を持つ独立戦闘集団であり、その順応性、適応能力は高く、戦場においては最先鋒を務める。海兵隊は大西洋海兵部隊と太平洋海兵部隊とに分かれ、それぞれ実戦部隊を配置している。大西洋海兵部隊は、大西洋地域を担当し、ノースカロライナ州キャンプレジューン基地の第二海兵遠征軍（ⅡＭＥＦ）を持つ。太平洋海兵部隊は太平洋地域を担当し、太平洋海兵隊基地、艦隊海兵軍、中央海軍海兵隊部隊、在韓海兵隊部隊を統括し、二つの海兵遠征軍（ＩＭＥＦ、ⅢＭＥＦ）を持つ。第一海兵遠征軍（ＩＭＥＦ）は米西海岸のカリフォルニアのキャンプペンドルトン、第三海兵遠征軍（ⅢＭＥＦ）は沖縄にそれぞれ司令部を置いている。各海兵遠征軍（ＭＥＦ）は、遠征隊（ＭＥＵ）と呼ばれる「海兵遠征軍のミニチュア版」をそれぞれＩＭＥＦが三個、ⅡＭＥＦが三個、ⅢＭＥＦが一個それぞれ隷下部隊として保有する。ＭＥＵは総兵力約二〇〇〇人で一五日間の独立継戦能力を持ち、三隻以上の揚陸艦（ⅢＭＥＦは四隻）からの支援を受け、捜索・救難・市街戦・空港確保・警備・ＣＯＩＮ等の作戦に従事することが可能な独特な部隊である。

沖縄には第三海兵遠征軍（ⅢＭＥＦ）の司令部があり、沖縄に一万八〇〇〇人、岩国基地に三〇〇〇人、ハワイカネオへベイ基地に六二〇〇人がそれぞれ配備されている。ⅢＭＥＦに出動命令が出されると、国家を対象とする大規模戦闘、対テロの小規模紛争、対反乱作戦（ＣＯＩＮ）、津波や地震などの自然災害の救難支援など、任務の規模や種類に応じて必要な部隊を各基地から集めて機動展開部隊を編成する。

二〇〇六年五月に日米で合意されたロードマップでは、ⅢＭＥＦの指揮部隊、司令部、後方群司令部、第一海兵航空団司令部、第一二海兵連隊司令部の約八〇〇〇人およびその家族約九〇〇〇人がグアムに移転し、沖縄には戦闘部隊である31ＭＥＵの主力部隊等が残ることになる。

沖縄普天間基地をベースとする31ＭＥＵの伝統的脅威に対する主な役割は、朝鮮半島有事、台湾海峡有事、尖閣諸島有事への対処である。韓国外交安保研究院の尹徳敏教授が、「朝鮮半島有事では、沖縄の海兵隊が最初に投入される（米韓作戦計画「５０２９」）。もし普天間の移設先がグアムになった場合、韓国の安全保障に深刻な影響が出る。日本の考えを問いただすべきだ」と述べるように、在沖海兵隊が重要な役割を果たす。それと同様、台湾海峡有事においては台湾の米国人救出（ＮＥＯ）のために上陸し米軍のプレゼンス（存在）を確保する。そうなれば中国軍は米軍との戦闘を覚悟せねばならず、戦争は回避され、31ＭＥＵの持つ対中抑止効果はきわめて高い。また、中国が尖閣列島や宮古などの先島諸島に上陸を試みる場合には、自衛隊と共同して対処することになるが、自衛隊には単独で対処する能力も装備もないため、31ＭＥＵとの共同対処は不可欠である。

また、「沖縄県外、国外では支障をきたす」という「距離の専制」に関する論議がある。上記三つの役割を果たすためには31ＭＥＵが沖縄にいる戦略的価値が重要となる。31ＭＥＵは沖縄からは台湾、朝鮮半島、尖閣列島へ一日で展開可能であるが、たとえば、富士へ移設された場合には朝鮮半島へは二日、台湾へは三日かかる。その一～二日の遅れが致命傷となる。そのために31ＭＥＵの沖縄駐留は中国と北朝鮮という脅威がなくならない限り必要となる。

北朝鮮に対する米国の脅威認識は、「北朝鮮が完全かつ検証可能な形で核開発計画を放棄するなら、オバマ政権は（米朝）二国間関係を正常化」（ヒラリー・クリントン長官）することになり消滅する、あるいは金正日体制が崩壊し、民主的な政権が北朝鮮に現れて脅威が消滅するまではアメリカにとって北朝鮮の脅威は変わらず、31MEUの役割は継続する。

そのため、今回の2010QDRには普天間基地移設問題に関連して、「米軍の長期駐留を確保し、グアムを地域の安全保障の拠点とする在日米軍再編のロードマップを履行していく」と述べ、普天間基地の辺野古崎への移転の現行案を堅持することを謳った。さらにグアム関連予算もQDRと同時に発表された予算教書にも盛り込まれた。日本に関する記述は今回のQDRでは少ないものの、米軍基地の重要性はいたるところで強調されている。

8 中国の軍事力強化と日米同盟の今後のシナリオ

現在の米国の対中政策は軍事的にヘッジを行い、中国を「責任ある大国（Responsible Stakeholder）」にするものである（2006QDR）。しかしながら、今後とも継続すると予想される中国の軍事力増強はどうアメリカに影響を与え、またそれが、どのように日米同盟に影響を及ぼすであろうか。

この点、少々古くなるが二〇〇七年二月に出された第二次アーミテージ・ナイ・レポート[55]のロジックを用いて分析する。当レポートは、今でも現実的でありかつ論理的に有効である。第二次アーミテージ・ナイ・レポートは日米同盟のアジアにおける協力に関して論じ、米国のパワーの世界的優位性は当面は継続されるが、中国の台頭により将来的な「米国による単極管理」の維持は難しいとしている。同レポートは、過去三世代の間米国を中心とした二国間同盟関係がアジア地域の事実上の安全保障構造として効果を発揮してきたが、今後はそれと同様の効果をいかに維持していくかが課題であると指摘し、そのためにアメリカを中心とした二国間同盟システム（日米同盟）の変化の必要性を唱えている。アーミテージ・ナイ・レポートはさらに当該地域の今後の三つのシナリオを提示している。第一は、「日米対中」という地域における二極化である。第二は、「米中による共同覇権」である。第三は、米国が指導性を維持しながら、その下で日本、オーストラリア、インド、シンガポールといった諸国が秩序の維持や形成に参画する、米国主導の「リージョナル・パックス・コンソルティス」である。以下、この三つのシナリオに沿って「日米同盟システムの変化」のシナリオを考えてみたい。

第一は、「日米対中」という地域における二極化という現状維持のシナリオである。日本にとっては現状維持が最も好ましい状態であるが、今後見通しうる近い将来、米国がイラク、アフガニスタン、その他の戦域に戦力を振り向けるため、ヘッジできるだけの軍備力増強をできなくなったり、次期大統領の対中認識が変化したりする場合に起こるシナリオである。この場合は、米国は日本に対してはさらなるパワー・シェアリングを求めるため、日本は防衛予算の増加や憲法改正を視野に入れた行動をとる必要性に迫られる。

第二は、「米中による共同覇権」のシナリオである。米国の新政権が軍事的にも対中「宥和」政策をとり、ヘッジ戦略を放棄した場合である。この場合、米国と中国による東アジア地域における「コンサート・オブ・パワー」がとられる状況である。このシナリオでは、日本には三つの選択肢がある。「第一の選択肢」は、何もせずアメリカの政策に従属する場合である。これを選択した場合、領土問題、領海問題、資源・エネルギー問題等々で日本は中国に対して一方的に従属し、日本は中国の隷下に入ることとなる。さらに第一の選択肢の将来の状況を考えた場合には、日米同盟が「米台同盟化」する可能性がある。アメリカは将来とも中国に対しては軍事・テクノロジーの分野で「卓越」を維持する政策を継続するであろう。しかしながら、日本に対してはイージス艦やミサイル防衛のような米国の最新鋭テクノロジーを持った軍事製品を米国が軍事技術的に卓越を保つ許容範囲で売却して日本の対中関係をある程度拮抗させるが、日本単独で中国や北朝鮮を攻撃する軍事力をつけさせず、独自の核武装や対敵基地攻撃能力を持たせない(56)。そして、米国と一体化することによってのみ日本の本土防衛が可能となる状況である。

「第二の選択肢」は、中国に対してバンドワゴンするシナリオである。この場合は、日米同盟は有名無実化し、日本は実質的に中国の隷下になる。「第三の選択肢」は、日本独自で中国との軍事的脅威と対処することになる。この場合、米国は日本との関係に距離を置き、日米同盟は変化もしくは有名無実化する可能性が高いことになるであろう。

第三は、米国が指導性を維持しながら、日本、オーストラリア、インド、シンガポールといった諸国が秩序の維持や形成に参画する、米国主導の「リージョナル・パックス・コンソルティス」である。第一に、日米同盟を基礎とした、利害を共有する諸国、つまり米国を中心とする同盟関係（ハブ・アンド・スポークス）の活用であろう。米国をハブとするならばスポークスとの関係強化である。具体的には韓国、オーストラリア、NATOなどである。これは、日米同盟に米韓同盟をかけ合わせ日米韓の同盟関係に発展させること、同じく日米同盟に米豪同盟をかけ合わせ日米豪の同盟関係に発展させることである。そして、さらにはこれを日米韓豪の四カ国の多国間同盟へと発展させる可能性がある。友好国であるインド、シンガポールもいずれかの三カ国同盟、もしくは四カ国同盟に加わっていき、将来的には米国を中心とする多国間同盟関係に発展させる可能性がある。

9　日本の採るべき選択肢

二〇一〇年は北東アジア地域に政治的環境の大きなダイナミズムが継続して訪れている。韓国の李明博政権は米国との結びつきを強め、北朝鮮では金正日の健康状態が悪化し政権崩壊の兆しがある。また、中国の経済成長が日本を抜きそのパワーの興隆が著しい。さらに台湾の馬政権の中国への接近がますます顕著となっている。また、日本では戦後五〇年与党であった自民党が崩壊し、民主党が誕生した。

このような状況下で日本のとるべき外交政策は、三つのシナリオの中では第一の現状維持シナリオが最も好ましい。しかしながら、米国は当該地域への軍事アセットを投入するだけの余力が少なく、日本の軍事アセットの増加が必至となる。そのためには、憲法を整備し、防衛費を増額させる喫緊の必要性に迫られているのが現状である。軍事戦略的に日本にとっては厳しい環境が生じつつある。日本にとっては、いかに米国をヘッジさせ、中国を「責任ある大国」とするかという課題に対処せねばならない。もし、米軍の戦力が低下するのであれば、日本としては自国の資源でそのパワーの真空部分を穴埋めせねば、対中戦略的劣勢に立たされることとなろう。また、在日米軍再編協議で合意されたＲＭＣ（役割・使命・能力）の分野での日本の役割を増大させることにより、日本は独自の防衛力強化が可能となり、米国を日本の戦略にビルト・インする可能性が高まる。たとえば、空軍力が挙げられる。空軍力の運用方法では米軍の後方支援を中心とした空軍力の運用に特化してよいのか、リージョナルに空自が米空軍と一体化できる分野と可能性も検討されねばならない。日本が保有すべき空軍力とは、対領空侵犯阻止や防空などに必要とされる最小限の戦闘機などを除き、新たな脅威や多用な事態への対処に必要なもの、そして、グローバルな安全保障の改善のために必要なものとする可能性に関しても検討課題であろう。

次に好ましいのが、第三の米国主導の「リージョナル・パックス・コンソルティス」のシナリオである。米韓同盟が強化される中、機を逃さずに、日本は韓国との関係を強化し、日米韓の同盟関係を強め、対中・対北朝鮮戦略を強化していくべきである。そして、日本が外交的主導権を握ることにより日本の国益に基づいた多国間同盟形成への足がかりができよう。それがまた、東アジア共同体への形成へとも将来はつながる可能性がある。

さらには、グローバルな国際公共財としての軍事力の活用をすることにより中国を取り込んで行く不断の努力も必要とされる。日本は大量破壊兵器などの「拡散に対する安全保障構想（ＰＳＩ）」に海上活動を中心に積極的に関与しているが、これが典型的な事例で中国のさらなる関与を求めることが必要であろう。また、空軍力を例にとれば、新たな可能性を有する。「国際平和協力活動」という活動の枠組みの中での空軍力の運用である。陸上自衛隊および航空自衛隊が実施する作戦の「公共財」としての空軍力の重要性は、従来から指摘されている。日本が現有する空軍力、たとえばＡＷＡＣＳ、Ｐ－３Ｃ、さらには輸送機や各種のヘリコプターを国際社会の「公共財」として、安定した国際安全保障環境の構築のためのさらなる活用が今後の検討課題であろう(57)。

現在、日本は日本独自で国益を護る能力を持たない。その能力を持つ、持たないかは、今後の日本を取り巻く戦略環境の変化と日本政府の判断である。問題は、日本に対してますます厳しくなると予測される戦略環境の中で、これまでのような「日本は盾、米国は矛」とする日米安全保障体制でやっていけるのか、もし、やるとするならば日本はどうやれば自国の安全保障を確保するのか、といった日米安全保障体制の「同盟管理」の問題となる。

注

（1） Department of Defense, *Quadrennial Defense Review Report*, February 2010.

（2） Department of Defense, *Quadrennial Defense Review Report, Draft*, December 3, 2009.

（3） チームのメンバーは、Eric Coulter, deputy director of strategic assessments and irregular warfare within the program analysis and Evaluation（PA & E）directorate, Lisa Disbrow, deputy director for force management at the Joint Staff, Rear Adm. Philip Davidson, deputy diredor for strategy and policy from the Joint Staffs J-5 directorate らが含まれた。

（4） Andnrew Hoehn Adam Grissom, David Ochmanek, David Shlapak, Alan Vick, "Division of Labor, Meeting America's Security Challenges Beyond Iraq," CA, RAND Corporation. 2007.

（5） Scenarios Selected for QDR, April 14, 2009〈http://defensenewsstand.com〉.

（6） Carl Baker, Brad Glosseman. From kinetic to comprehenseive: new thinking in the U. S. military, CSIS Pacnet, October 31, 2009.

（7） ＮＡＴＯ諸国でも徴兵制から質の高い志願兵へと制度を変更させる傾向がある〈http://www.globalsecurity.org/military/library/news/2009/09/mil-020925-shape02.htm〉。

（8） Ochmanek, pp. 41-42.

（９）　Thomas L. Friedman, *The World Is Flat : A Brief History of the Twenty-first Century*, New York, Picador Trade Paperback, July 2007.

（10）　QDR 2010, p. vi.

（11）　しかしながら、２０１０ＱＤＲでこの分野に関する投資は延期されている。二つの地域の敵に力を見せつける必要性は、海軍や空軍の総規模を決定することに密接に関係する。

（12）　すなわち、第一は、継続するアルカイダからの脅威、第二はアクセス阻止問題、第三は、海洋、大気圏、サイバー、宇宙といった分野での増大する脅威に対する、米軍の対処能力の相対的低下の懸念、第四は、ＷＭＤの拡散に伴い、とくにＷＭＤ保有国が崩壊し核兵器のコントロールを喪失することに対する懸念、第五は、敵の非対称的な能力・戦術の向上にともない米軍の能力や戦闘を無力化する可能性に関しての懸念、第六に、先端技術を入手できる非国家主体の台頭、第七に、同盟国による米国の負担の肩代わり、第八に、沿岸地域の都市化、第九に破綻国家がもたらす危険、第一〇に、疾病の大流行――などである。

（13）　Mark Gunzinger, Jim Thomas, "The 2010 Quadrennial Defense Review: An Initial Assessment," *CSBA Backgrounder*, February 2010.

（14）　『産経新聞』、二〇〇九年七月二二日。

（15）　Robert Gates, QDR 2010, February 1, 2010.

（16）　QDR, pp. xvi-xvii, pp. 22-23.

（17）　米軍の優越性を保持する努力、パワープロジェクションなどの努力は、広範囲にわたる監視や攻撃でのＡ２／ＡＤの脅威を特定する新たな能力、海外基地の強化、そしてミサイル防衛等長期にわたる項目への投資を要求する。

（18）　Paul Kennedy, *The Rise and Fall of British Naval Mastery*, Penguin, 2004, p. 273.

（19）　①改良した輸送ヘリ（ＭＨ－47Ｇ）の輸送中隊を陸軍の特殊作戦飛行連隊に配備し回転翼を有効活用する、②ＡＣ１３０武装飛行隊を二五から三三へ拡大、③ＭＱ－Ｉプレデター、ＭＱ－９リーパーの無人飛行システムを五〇から六五に二〇一五年までに拡大、④軽量固定翼を関発し、第六特殊作戦飛行隊がパートナーの空軍力を訓練可能にする、⑤特殊作戦部隊のための組織的な戦闘支援や戦闘部隊の支援の増加、⑥活動部隊での文民活動能力の向上、⑦重装備戦闘旅団のストライカー構成への転換。

（20） 関与政策とは、それほど敵対的ではない国家に対して、こちらの思想、政策を理解させ段階的に同調させていく外交政策である。取り込み政策（engagement）とも言う。冷戦後の新しい概念であり、相手国を軍事力で威圧するなどの手段ではなく、ソフトパワーをもって穏やかに市場経済や民主主義の利点を伝えることによって理解を促進していくところに特徴がある。

（21） QDR, p. 31.

（22） QDR, p. v.

（23） Office of the Secretary of Defense, *Military Power of the People's Republic of China 2009*, Department of Defense, March 25, 2009.

（24） 川上高司「オバマ政権発足一〇〇日・安保戦略変化する東アジア情勢と米戦略」ＪａＮｅｔ、二〇〇九年五月一三―一四日号。

（25） The U. S-Japan Alliance: Getting Asia Right through 2020.

（26） 中国の二〇〇六年の防衛白書は、「エネルギー、資源、金融、情報、国際的海運路に関する安全状態は悪化する」と述べて、資源と運輸網に関する懸念を述べている。

（27） たとえば、人民解放軍の軍事科学アカデミーの教科書である「軍事戦略に関する科学」（二〇〇〇年）は、「もし台湾が中国大陸から切り離されれば、外国軍に対して海上の門を開くことになり、わが国の自然的な海上防衛体制は深度を失うだけでなく、海上領土の広範な地域と海の豊富な資源は他の国の手に渡るであろう。……中国の開放と経済発展にとって死活的であるわが国の外国貿易路と交通路は、分離主義者や敵対する軍隊の監視と脅威にさらされるであろう。そして、中国は西太平洋における最初の島嶼群の西に封じ込められるであろう」と論じている。

（28） その例として、二〇〇四年に中国の漢型原子力潜水艦が「第二島嶼線」のグアムまで進出した後、先島群島周辺の日本の領海を侵犯した事件がある。

（29） DOD 2007.

（30） 三個空挺師団、二個の水陸両用歩兵師団、二個の潜水艦群、七つの特別作戦部隊、第二砲兵師団内の一個連隊規模の偵察部隊。

（31） DOD 2006.

（32）Office of the Secretary of Defense, Annual Report to Congress, *Military Power of the People's Republic of China 2007*; Office of the Secretary of Defense, Annual Report to Congress, *Military Power of the People's Republic of China 2009*; CRS Report for Congress, *China-U. S. Relations : Current Issue and Implications for U. S. Policy*, Updated December 21, 2007; CRS Report for Congress, *Emerging Trends in the Security Architecture in Asia : Bilateral and Multilateral Ties Among the United States, Japan, Australia, and India*, January 7, 2008; Roger Cliff, China's Challenge, July 29, 2007; Dennis J. Blasko, *The 2007 Report on the Chinese Military*, JFQ, issue 47, 4th. quarter 2007; Richard L. Armitage, Joseph S. Nye, *The US-Japan Alliance*, CSIS, February 2007.

（33）特定の場所において、特定の期間、自己の目的を達成するために自由に海洋を利用し、必要な場所において敵が海洋を使用することを拒否する環境（村井／阿部／浅野／安田編著『中国をめぐる安全保障』、ミネルヴァ書房、二〇〇七年七月、一七九ページ）。

（34）「第一島嶼戦」の内側の三〇〇万平方キロの海洋の管轄権維持を行う「近海防御戦略」と位置づけられる。

（35）シーディナイアルとは、「我が方がある海域を利用する意志または能力を有しないが、敵が当該海域をコントロールすることを拒否する」ことである。

（36）そのため中国は一九九〇年以降、ミャンマーへの軍事援助を行っている。

（37）七機種のうち三機種は、①ロシアからのライセンス生産によるＳＵ－27ＳＫおよびＳｕ－30ＭＭＫ、②中国国産の多目的戦闘機Ｆ－10、③多目的大型ステルス戦闘機Ｆ－ＸＸ（中国の将来の主要戦闘機）。

（38）Chinese Defense Today 〈http://www.sinodefensce.com/airforce/default.asp〉.

（39）一九九八年から毎年二〇機製造し、合計二〇〇機以上の保有を中国は目指している。

（40）二〇一〇年に導入が予定される空母に搭載予定とされている。

（41）日中中間線からわずか一・五キロ付近に位置する。

（42）中国は米国の艦艇攻撃ミサイルに比べより長射程のロシア製あるいは国産の艦船攻撃ミサイルを保有する。

（43）この弾頭は最終段階では音速の五～一〇倍以上の速度で、急角度で飛来するので、米海軍にもこれに対処する能力はないとも言われている。ＤＦ－１（射程六〇〇キロ）、ＤＦ－１ＮＩＤ１（射程一〇〇〇キロ）、ＤＦ－21Ｃミサイル（射程二〇〇〇キロ以上）に搭載されると見られている。

(44) Helmet Mounted Display（ヘルメット装着指揮照準装置）.
(45) しかしながら、二〇〇五年には二〇〇八年までにGDPの三％防衛費を増強すると発表し、二〇〇六年の防衛費はGDP比二・四％、二〇〇七年は二・八五％（見込み）となっている。
(46) Taiwan Relations Act Public Law 96-8 96th 〈http://usinfo.state.gov/eap/Archive_Index/Taiwan_Relations_Act.html〉.
(47) 二〇〇一年ブッシュ政権は台湾に売却可能な兵器リストとしてキッド級駆逐艦四隻、通常動力型潜水艦八隻、P-3C対潜哨戒機一二機を挙げた。キッド級駆逐艦は、装備を全面的に刷新し五〇〇キロ以内の二五六の標的を捜索、追尾し、六～八の標的を同時に攻撃可能などイージス艦に近い性能を備え、二〇〇二年に契約を結び、二隻が二〇〇五年に実戦配備され、残る二隻は二〇〇六年一〇月に台湾に回航された（DOD2007）。
(48) 二〇〇〇年の陳水扁政権成立以来、立法院では民進党は少数与党であり、野党（国民党・親民党）により購入を妨害されている。二〇〇四年六月、国防部が三項目をまとめて「軍備購入特別予算案」として六一〇八億台湾元（約一九一億米ドル）を計上し立法院に送付していたが、野党の反対で審議入りできない状況が続いた。二〇〇六年一一月には国防部のパトリオット三型の購入費用を計上したが、立法院で六二回の審議拒否にあっている（村井・阿部・浅野・安田編著『中国をめぐる安全保障』、ミネルヴァ書房、二〇〇七年七月、一〇二～一〇三ページ）。
(49) DOD 2007.
(50) PAC3ミサイル×一一四発、M902発射機×二六基、AN/MSQ132射撃管制装置×三基、アンテナマストグループ×五基等。
(51) 二〇〇五年三月の「国家分裂法」第八条は、「分離主義勢力が……台湾の中国からの分離という事態を引き起こした場合」、あるいは「台湾の分離を引き起こすような重大な事件が起きた場合」、また「平和的統一の可能性」が消滅した場合、中国は「非平和的な手段」に訴えるであろうと規定している。
(52) 『中国の軍事力二〇〇六』（二〇〇六年五月二三日）では、中国が台湾統一に踏み切る場合の想定として圧力攻勢、限定的武力行使、航空・ミサイル攻撃、封鎖、上陸作戦——の五つのシナリオを呈示した。
(53) 沿岸防衛体制を突破ないし出し抜き、海岸の上陸拠点を構築し、台湾全体や重要攻撃対象を分断し、占拠し、占領するために、兵站、電子戦争、航空・海上支援などの面での支援作戦に依拠する複合作戦を想定する。

（54）QDR, p. 33.
（55）Richard L. Armitage, Joseph S. Nye, *The US-Japan Alliance*, CSIS, February 2007.
（56）武器調達の側面では、日本から見れば、武器をアメリカから購入する限りにおいて、もしくは国産を目指さない限りにおいて、この状況から脱却するのは困難である。たとえば、中国の第四世代戦闘機に対して、日本はＦＡ‐22ラプターを米国から購入したいのであるが、最先端の戦闘機であるがゆえに、米国は他国に対する兵器の「卓越」を維持するという政策から日本に対しては売却をしない。この場合、日本の選択肢はユーロファイターかＦ‐35ＪＳＦとなる。前者であれば米国とのインターオペラビリティに齟齬が出るかもしれないが、米国からの武器の供与に頼らなくてもよくなる。
（57）石津朋之、ウィリアムソン・マーレー共編著『二一世紀のエア・パワー』、芙蓉書房出版、二〇〇六年一〇月、三〇四―三〇五ページ。

（初出：二〇一〇年三月）

第2章　中国の台頭と日米同盟——オバマ政権の対中戦略の転換

1　はじめに

二〇一〇年終り頃から米国の対中政策が対中ヘッジ（Hedge）へと転換した。それに伴ってワシントンでは「目に余る強引な中国（Newly emerging "assertive" China）」への対処が盛んに論議されているのに、日本では中国への対処策ではなく、「政府の弱腰」ばかりが非難されている（シーラ・スミスCFR上級研究員）、との「日本論議」が行われていた(1)。

東アジア地域では二〇一〇年になり三月の北朝鮮による韓国海軍哨戒艦艇「天安」撃沈、九月の尖閣諸島沖での中国漁船衝突事件、一一月の北朝鮮による韓国延坪島砲撃という一連の緊迫する動きが起こった。これに対して、米国は七月、八月、一一月に韓国と合同演習を行い、一二月には日本と合同演習を行うことにより米韓、日米との同盟関係を強化した。そしてその動きは、マレン統合参謀本部議長が、日米韓による軍事演習を呼びかけるまでになった。結果的には、今までになかった緊迫感が日米韓の間の関係を接近させている。そして、これら一連の米軍の動きから米国の二つの意図が推測できる。一つ目は、政権末期の北朝鮮の崩壊に向けた備えであり、二つ目は、中国に対する備えである。

北朝鮮がソフト・ランディング（平和裡に政権移譲）するにせよ、ハード・ランディング（武力を伴う崩壊）するにせよ、北朝鮮情勢は中国の政策に大きく左右される。また、中長期的将来を見据えた、米国のアジア地域における戦略は、中国の将来により大きく左右され、それによって米国の国益が大きく左右される。言い換えるならば、オバマ政権の対中戦略の変更は、東アジア地域での米中間の覇権競争（Power Strugle）の戦略バランスに大きな変化（Change）を引き起こす可能性がある。ブッシュ政権は民主主義の拡大を行うことにより米国卓越を目指したが、オバマ政権下ではパワーの低下から自国の国益を優先して内向きとならざるを得なくなるのではなかろうか――。そうなれば世界システムは無極化へ向かうことが予測される。

アメリカは相対的にパワーを低下させ、中国はパワーを増加しつつある。そのような状況の下でのオバマ政権の対中戦略はどうなるのか、そして、その日本への影響はあるのか、また、日米同盟はどのように機能するのであろうか。

2　アメリカの凋落とフラット化する世界

オバマ政権は、テロとの闘いで軍事的、経済的にアメリカを疲弊させたブッシュ政権の「負の遺産」を引き継いで誕生した。

二〇〇一年に始まったブッシュ政権は、一九九三年からの二期にわたるクリントン政権が米国を中心とする卓越システムを築いた後に誕生した。このシステムはアメリカという大国が強いリーダーシップを発揮し、武力の行使も辞さない卓越システムである。したがってその構造には階層が存在することになる。ヨハン・ガルトゥングはこの階層状態を「各国間には分業関係が成立し、国家間には順位があり安定が成立する」とする。そしてその順位の下に、すべての地位の上位のトップ・ドッグ（勝ち犬）と下位のアンダー・ドッグ（負け犬）の均衡状態が成立する。トップ・ドッグはいついかなる時にもシステムの変化が可能なので侵略の衝動は弱い。これに対し、アンダー・ドッグは相対的なパワーが弱いことから侵略行動はとらない。侵略の可能性のあるのはトップ・ドッグと完全なアンダー・ドッグでない間に位置する国家である。米国卓越システムではアメリカという覇権国は国際公共財を加盟国に分担させることにより衰退を免れる。そこでの正当性は民主主義体制と自由市場を維持する国際平和である。しかしながら卓越システムでは、トップ・ドッグの優位性と垂直的構造のためシステム間の利害調整が十分に行われないまま、トップ・ドッグによる一方的な問題処理や秩序運営の傾向が見られる。それは短期的にはシステムの効率的運営を実現するが、長期的にはシステム内に不満と利害の絡んだ不協和音を増幅させ、現状打破勢力の力を高めることになる。

アメリカはアフガニスタン攻撃に対しては国連の支持を取り付けて卓越システムのトップ・ドッグとして、テロリストグループを匿うタリバン政権へ攻撃を行いその正当性を保った。ところがその後、システム内にはイラク攻撃に対してはアメリカの一方的な先制攻撃によるものであるとの不協和音が生じるものとなった。さらにまた、八年間にわたるイラクとアフガニスタンへの北大西洋条約機構（ＮＡＴＯ）諸国をはじめとする有志連合の軍隊の疲弊と分担金の負担が増加し、アメリカの卓越システムの維持は困難となっており、両国からの出口戦略（Exit Strategy）を模索する状況に陥ったと言えよう。

そのような中で起きたのが、二〇〇八年八月の米国のサブプライム住宅ローン問題に端を発した世界金融危機である。サブプライム住宅ローンを組み込んだ証券化商品の価値が下がったことで損失を抱えた金融機関が疑心暗鬼になり、信用を前提に資金を融通し合ってきた金融市場が機能不全に陥った。さらに、証券会社リーマン・ブラザーズの経営破綻が起こり、国際金融市場は「世界恐慌」以来の深刻な金融危機に直面した。アメリカは長期間にわたる「テロとの闘い」のためにその軍隊は疲弊し、軍事的アセットをシステム維持のために独自に投入できなくなったばかりか、経済面でもドルを基軸としたシステムの維持ができなくなった。その結果、アメリカのトップ・ドッグとしての地位の維持はもはや困難で、世界システムは無極化に向かった。

無極化とは、数十のアクター（国際政治のプレイヤー）が様々なパワーを持ち、それを行使することで規定される秩序のことである。このような世界システムの下では、各パワー・センターは経済的繁栄と政治的安定をめぐり国際システムに多くを依存しているため大国間の紛争は起きにくい。現時点においては唯一アメリカだけがそのパワーを卓越させているが、金融危機と泥沼化した「テロとの闘い」による軍事力の疲弊のために、トップ・ドッグとしての地位を失うのは時間の問題であり、アメリカ自らがその地位を放棄する可能性も高くなってきている。そしてアメリカの地位が失墜する中、ロシアと中国をはじめとするＢＲＩＣｓのパワーの興隆がますます世界システムを無極化に向かわせ、世界はフラット化の状況となり、その結果多数の「極」が競い合うこととなるであろう。

3　アメリカの対中政策と日米同盟

日米関係は米中の相関関係により左右されるし、アジアの戦略環境もまたそうである。米国の対中戦略は「関与（Engagement）」と「ヘッジ（Hedge）」の組み合わせであり、その時の戦略環境、国内事情、米中それぞれの国力で決まる。また、日米同盟にとり、中国という共通の脅威がアジア地域から消滅するならば、同盟は希薄化の方向へ向かう。クリントン政権では日米同盟の共通の脅威であるソ連の崩壊のために、同盟は「漂流」した。オバマ政権前期では米中関係は限りなく接近し、日米同盟の共通の脅威（中国）が消滅したかに見えて同盟は「希薄化」した。そのとき日本では民主党の鳩山政権が対等の日米同盟を謳い東アジア共同体の創設を目指したのであった。

そこで、米国のアジア地域への関与が現状維持（国際主義）か、あるいは関与が低下あるいは放棄（孤立主義）に向かうかという場合に分け、中国がアジア地域での覇権獲得に失敗した場合と成功した場合に分けてアジアの戦

表2-1　米中相関関係と日本の政策

米国政策	中国の政策	米中	アジアの戦略環境	日本の政策
Ⅰ 関与継続	覇権獲得失敗	遠	現状維持（米国覇権）	覇権安定
Ⅱ 関与継続	覇権獲得成功	遠	中国覇権（現状変革）	中国接近
Ⅲ 関与低下	覇権獲得失敗	近	現状維持（米国覇権）	勢力均衡
Ⅳ 関与低下	覇権獲得成功	近	現状変革（中国覇権）	中国接近

略環境とその場合の日本の政策を論じる（表2-1参照）。ただしこの場合、中国が常にアジア地域で覇権獲得を目指すという前提条件を置く。

第一の条件では米国が関与を継続する場合であるが、これには、中国がアジア地域の覇権獲得に失敗するケースと成功するケースが考えられる。このうち、中国が覇権獲得に失敗したケースⅠでは、アジア地域では現状が維持され（米国覇権）、したがって日米関係も現状維持となる。また、中国が現状打破に成功したケースⅡでは、米国はアジア地域での関与政策を継続するが、中国覇権がアジア地域に生じる場合である。そのケースでは中国のパワーが圧倒的となるため、日本は中国へのバンドワゴン（接近）の道をとるか、あるいは軍事力を増強することにより中国覇権体制に米国とともに対処するか、という選択肢が考えられる。

第二の条件では、米国が関与を低下あるいは中国と接近する政策をとった場合である。これも中国がアジア地域の覇権獲得に失敗するケースと成功するケースとが考えられる。このうち、中国が覇権獲得に失敗するケースⅢでは、日米同盟がバランサーとして機能していることが条件となる。すなわち、米国は当該地域から関与を低下させるが、低下する分だけ日本が日米同盟における役割を増加させて補う場合である。このケースでは日本の軍事的役割は大幅に増えることとなる。次に、中国が覇権獲得に成功するケースⅣであるが、この場合、米国のアジア離れと中国の圧倒的軍事力のため、日本は中国に対してバンドワゴンを選択することになろう。

4　日本の三つの選択肢

以上のこのことを考慮に入れながら、日本の政策の選択肢を考えてみたい。表2-1から、日本の政策には、①リアリストの「勢力均衡「バランス・オブ・パワー」（表2-1-Ⅲ）、②リアリストの「中国接近（バンドワゴン）」（表2-1-Ⅱ、Ⅳ）、③ネオ・リアリストの「覇権安定」（表2-1-Ⅰ）の三つの選択肢があることがわかる。

勢力均衡（バランス・オブ・パワー）：リアリストの解決法①

リアリズムの理論によれば、同盟には「バランス・オブ・パワー」と「バンドワゴン」という二つの基本型がある。

まず、第一のバランス・オブ・パワー政策であるが、この場合はアメリカがアジア地域への「関与」を低下させ日本がその肩入れをして「バランス・オブ・パワー」がとられる政策であり、このケースでは日本は防衛力を増強させねばならない。

リアリスト（あるいはネオ・リアリスト）は、国際社会はアナーキー状態であると考え、国際政治の中心的アクターである国家は、パワーを少しでも増大させようと合理的に行動するという考え方に立つ。各国がパワーを増大しようとするため、他国と合意あるいは拮抗すれば戦争は回避されるが、そうでなければ戦争となる。この時に戦争を回避する、もしくは勝利する目的で「同盟」が結ばれるのである。したがって、「同盟」は、「バランス・オブ・パワー」の必然的機能である。そして相互に競争するA国とB国が相対的な地位を維持・増進するためには、①自国の力を増大させる、②自国のパワーに他国のパワーを加える、③敵対国から他国のパワーを引き離す——という三つの選択肢がある。①を選択すれば、軍拡となり、②か③を選択すれば「同盟政策」を追求することとなる。

ここで言う、「同盟」は、優越している国家（勢力）に対抗して他国（の勢力）が提携することである。大小二つのB国（大国）とC国（小国）の勢力が争っているとき、A国がC国（小国）につけばバランスが得られる。バランスが得られれば「覇権」は生じない。

これを表２－１で見ると、米国が当該地域への「関与」を低下させ、「バランス・オブ・パワー」政策に切り替えるということは、「米国覇権」状況から脱却するということである。その場合日本が米国のパワーの低下部分を自国のパワーで埋め合わせねば「米国覇権」は維持できず、それができない場合には日本は中国に対してバンドワゴン（接近）せねば生き残りの道はないことになる。

覇権体制からバランス・オブ・パワー体制へと政策を転換する時の米国の判断は、覇権を維持するだけの安全保障上の「コスト負担」と当該地域の「国益」を考えた場合、「コスト負担」が「国益」を上回った場合を考慮したものと考えられる。

もし米国が日米安保体制を用いてバランス・オブ・パワー政策を展開するならば、バランサーである米国にとっては、紛争を回避できるだけの「秩序維持」がそれほどのコスト負担もなく得ることができるのでメリットが多いが、日本にとっては中国とのセキュリティ・ジレンマをもたらすことになり、かつ、戦略環境がきわめて不安定化するためにデメリットが多くなる。つまり、米国から「捨てられない」ために日米同盟を強化すると、日米同盟が敵対している中国との間にセキュリティ・ジレンマ問題が起こるのである。かつて日本は一九七〇年代後半に、ソ連に対して日米同盟を強化したが、それはソ連の過敏な反応を招き、極東ソ連軍の増強へとつながった。

同盟の主目的は敵対国に対する抑止や牽制のために構成されるものであるので、敵対国（中国）との関係悪化を招くことは賢明な同盟管理ではない。このように日米同盟の強化は運営いかんで結果としては日本の安全を低めることになるのである。したがって、米国が関与を低下させその分を日本が補うという「バランス・オブ・パワー政策」をとれば、日本自らの安全を低下させてしまうことになる。この状況を回避すべく日本は安全保障政策を展開させねばならない。

バンドワゴン：リアリストの解決法②

バランス・オブ・パワーは、どちらかと言えば「大国の同盟政策」であり、A国（大国）がC国（小国）と組みB国（大国）の「余分の力」を相殺しようとする。これに対して、バンドワゴンはどちらかと言えば「小国の同盟政策」であり、さらに二つに分類できる。一番目のバンドワゴンは、自ら敵対していないA国（大国）と同盟を結ぶことにより、A国（大国）の持つ余分の力や安全の恩恵に与ろうとするものである。とくにC国（小国）にとっては、強さに対抗するよりも、強さに迎合するほうが容易となる。二番目のバンドワゴンは、C国（小国）がA国（大国）ではなく脅威を感じているB国（大国）と同盟を組む、「脅威の均衡（Balance of Threat）」である。

バランス・オブ・パワーとバンドワゴンとの関係を、土山實男は、縦軸に「同盟形成パターン（バランスとバンドワゴン）」、横軸に「同盟形成の要因」（パワーと脅威）をとり分析している（表2－2参照）[2]。

そこから出てくる傾向は表2－3になる。

すなわち、「同盟形成要因」（表2－2－①）で見ると、①－a（「勢力均衡」と「利益獲得と勢力拡大のためのバンドワゴン」）は、①－b（「脅威の均衡」と「損失回避とサバイバルのためのバンドワゴン」）よりもGain Seeing（利得や力を大きくしようとする動機）が大きい。①－b（「脅威の均衡」と「損失回避とサバイバルのためのバンドワゴン」）は①－a（「勢力均衡」と「利益獲得と勢力拡大のためのバンドワゴン」）よりLoss Aversion（征服や敗北という損失をぎりぎりのところで回避しようという動機）が大きい。

次に、「同盟形成パターン」（表2－2－②）で見ると、②－a（「勢力均衡」と「脅威の均衡」は②－b（「利益獲得と勢力拡大のためのバンドワゴン」と「損失回避とサバイバルのためのバンドワゴン」）よりも脅威の弱い側につこうとする。②－b（「利益獲得と勢力拡大のためのバンドワゴン」と「損失回避とサバイバルのためのバン

表2－2　同盟の力学

① 同盟形成の要因		② 同盟形成パターン	
		a．バランス（Balancing）	b．バンドワゴン（Bandwagoning）
	a．パワー	勢力均衡（Balance of Power） （支配勢力に対抗し弱者につく）	利益獲得と勢力拡大のバンドワゴン （最も力の優越した側につく）
	b．脅威	脅威の均衡（Balance of Threat） （大きな脅威に対抗して小さい脅威や脅威でない側につく）	損失回避とサバイバルのためのバンドワゴン （脅かしている側につく）

表2－3　同盟形成要因と同盟形成パターン

〈表2－3－1〉「同盟形成要因」		〈表2－3－2〉「同盟形成パターン」	
Gain Seeing	①-a＞①-b	脅威の弱い側につく	②-a＞②-b
Loss Aversion	①-a＜①-b	脅威の強い側につく	②-a＜②-b

ドワゴン」）は、②－a（「勢力均衡」と「脅威の均衡」）より脅威の強いほうにつこうとする。そして、四つのケースとも現状維持側が常に正しいという「現状維持のバイアス」がある。

これを、表2－1に当てはめた場合、バンドワゴンが生じるのは、米国が「関与」を継続するが中国は当該地域の覇権獲得に成功した場合か（表2－1－Ⅱ）、米国の関与が低下したために中国が覇権を当該地域に獲得したために生まれる状況であり（表2－1－Ⅳ）、日本の選択は「損失回避とサバイバルのためのバンドワゴン」の形式となる。

しかし、この選択肢を日本が採った場合には、米軍は日本から撤退し、日米安保条約は破棄され、日米関係は冷却化してしまう。そうなれば、米国が今度は日本の敵国となり、脅威はさらに増加するであろう。したがって、この状況は日本にとり最悪のシナリオで、どうしても避けねばならない状況である。

覇権安定：ネオ・リアリストの解決法③

もう一つの日米同盟の選択肢は「覇権安定」による解決である。これまでに見た、表2－1の分析の中で、米国の「関与」が現状維持であれ低下した場合であれ、「米国覇権」がアジア地域に存在している限りは、当該地域の平和と安定は保たれることとなる。

ロバート・コヘインはその著作『アフター・ヘゲモニー』の中で、レジームの維持による国際秩序の安定を論じた。一五〜一六世紀以来一〇〇年間、軍事力と経済力に優れた国が戦争を経て世界国家あるいは覇権国として登場し、国際公共財である安全保障や国際経済システムを独占的に供給する。覇権国に余剰がなくなり十分負担を負えなくなると国際システムは機能不全に陥ると考えられるかもしれないが、覇権国が衰退してもすでに確立された国際レジームを軸として国際協調によって維持される。

コヘインは国際レジームの協調促進機能を重視する。国際レジームにより国際協調の枠組みがあれば、関係各国の要望は収斂されて相互監視も容易となり、同じ国が同じ状況下で再会する機会も増え、「フリー・ライダー（ただ乗り）」を牽制できる。また、国際レジームは協調の枠組みを提供することで交渉コストや不確実性を減少させ、調整の効率を高め、情報交換や関係者の交渉を活発にし、不完全情報下では実現しにくい協調努力の成功確率を上げる。このような協調促進機能ゆえに、いったん国際レジームが形成されると覇権の寿命を超えて生き延びる、とコヘインは論じる(3)。

国際レジームの形成や国際協調促進に対して、以下二点の弱点が指摘される。すなわち、第一は、国際公共財は各国の貢献度にかかわらず供給されるため、各国はコストを負担せず財だけ享受する「フリー・ライダー」に合理性を見出す。したがって、覇権国がコストを過剰負担しながら、他国から協力を引き出すことによってしか国際公共財は供給され得ない。第二に、協調すれば最適状況が達成されるが、相手国が裏切った場合に最悪のコストがかかるのを恐れ協調解にいたることができない、いわゆる「囚人のジレンマ」状況では、裏切りへの制裁と協力への報酬を拡大できる国家、つまり、圧倒的なパワーで協力を強要する覇権国の存在なしには、諸国家を協調へと導くことはできない。

以上の命題に対して、コヘインは以下のように反論する。第一に、不特定多数ではなく特定の何名かのプレーヤーから構成されるシステムでは、お互いに行動を監視できるので、ともに公共財を提供し合うことは可能であり、寡占体制的な状況下における集合財は覇権国の存在なしに供給されうる。実際に国際経済秩序は基本認識を共有する主要な何名かのプレーヤー間の協力によって維持される。第二に、「囚人のジレンマ」ゲームにおいて裏切りの選択が優越戦略となるという論理はシングル・プレーを前提としており、同じメンバーで連続的、反復的にゲームが行われる場合には、裏切りの選択は報復を招くためその長期的コストは大きく、将来にわたってゲームが続くという認識は協調解にいたることを可能にする。各国間のコミュニケーションや相互作用が増大しつつある世界では、協調解の達成に必ずしも覇権勢力が必要とは限らない。

そして、コヘインの議論は覇権システム後の国際協調について述べ、米国の覇権システム後の体制づくりを示唆している。コヘインの議論は、従来の覇権論をさらに発展させている。つまり、覇権国のパワーによる国際システムの安定化という覇権安定論の考え方に対し、覇権国の作った制度による国際システムの安定化を考えているのであり、その結果、覇権国の影響は一時のパワーの勢いを越えて永遠に存続することになる。しかも、その制度のコストは覇権国と基本認識をともにする特定少数のメンバーによって分担されるため、覇権国は自ら築いた制度に対して本質的な影響力は喪失しないまま、しかも自らのコスト分担を最小限に抑えることができることになり、覇権国にとり最良の戦略となる。

以上のことから、日本の選択肢は、米国を支えて米国覇権をこれまで以上に発展させてレジームとして確立させることが当該地域の平和と安定につながると考えられる。しかし、米国主導の覇権安定のためにはそれを形成する国家間の「ルール化」が必要となり、メンバーによる共同秩序維持のためのバードン・シェアリングが欠かせない。この米国主導の覇権安定システムがアジア地域では米国を中心とするハブ・スポークス型同盟であると考えれば、将来は、日米同盟や米韓同盟を重ね合わせることにより、レジームとしての機能を得ることも可能となろう。

5　同盟管理

以上三つの選択肢の中で日本の最も国益にかなうものは、覇権安定（表2-1）であるとすれば、第一に、米国に当該地域への関与を継続させなければならず、第二に、その場合でも中国覇権を阻止せねばならないということになる。米国は日本を前方展開のハブ基地としての役割を今まで以上に持たせ、かつ日米安保体制における役割分担を日本が担うことを期待している。この時に起きるのが「同盟のジレンマ」の問題である。

日米のような二カ国間同盟、しかも非対称な同盟では、同盟のジレンマが同盟政策を左右する重要な要因となる。二カ国同盟の場合、A国（通常、大国）がB国（通常、中小国）に安全を提供する形で同盟が形成されることが多いため、B国はA国の公約に高い信頼を寄せる。同時にB国はA国の戦争に使われるのではないかという不安にとらわれる。M・マンデルバウムは、前者を「捨てられる恐怖」、後者を「巻き込まれる恐怖」と定義している。A国がその同盟に依存する度合いが低いのに対してB国は同盟に安全を依存する度合いが高く、かつA国の公約が不明確な時にはB国に「捨てられる恐怖」が強くなる。また、双方の同盟への関与の度合いが深く、国際環境が厳しい時には、B国は「巻き込まれる恐怖」が強くなる。この二つの間の不安でいかにバランスをとるかが同盟のジレンマの問題である。巻き込まれないようにと同盟公約を弱めれば捨てられるリスクを高め、捨てられないようにと公約を強めれば反対に巻き込まれるリスクを高くする。したがって、理論上、公約は捨てられない程度に強く、巻き込まれない程度に弱くするのが適度となる。

また、「捨てられる恐怖」と「巻き込まれる恐怖」の二つの恐怖はお互いに正反対へと変化しやすい。さらに、「同盟ゲーム」は「敵対ゲーム」の中に組み込まれているため、一つの行動には複数の目標があり、複数の結果を招くということを考慮せねばならない。したがって、一方で、B国が同盟に対する堅いコミットメントをすることにより同盟から見捨てられる危険を低減させようとするならば、B国は同盟に巻き込まれる危険を高めると同時に、「敵対ゲーム」においては敵の敵愾心をも高めることになろう。

「同盟のジレンマ」を日米関係に当てはめてみると、米国の安全保障上の「脅威」が大であれば、日本の価値は高まり米国は日本を重要視する。したがって、日本の「巻き込まれる恐怖」が「捨てられる恐怖」より大となる。逆に米国の安全保障上の「脅威」が低ければその逆になり日本の「捨てられる恐怖」が「巻き込まれる恐怖」より大となる。

米国はテロといったグローバルな脅威のほうが、リージョナルな脅威より大きい傾向があった。一方、日本は、グローバルな脅威よりもリージョナルな脅威を優先させる。日本は、透明性が確保されない状態で軍事力を毎年一〇%以上の割合で増強する中国、核保有国となりつつある北朝鮮というリージョナルな脅威への対処が重要であり、米軍なくしては十分に抑止は成立しない現状に直面している。

つまり、日本は同盟のジレンマのうちの「捨てられる恐怖」に直面しているのである。そのジレンマを克服し、日本の安全保障を十分に確保するためには、日本は何としても米軍を当該地域に引き留めておかねばならない状況下にある。

6　オバマ政権「前期」の対中戦略——「責任ある利害関係国」から「戦略的再保証」へ

グレン・シュナイダーは同盟を「特殊な状況下で、メンバー以外の国に対して軍事力を行使（または不行使）するための国家間の正式な提携」と定義している。つまり、同盟は「メンバー以外の国」という共通の「脅威」が存在していなければ成立しないのである。したがって、日米同盟に共通の「脅威」が消滅してしまえば、その存続理由は稀薄になる。

冷戦後、米国の安全保障コミュニティーは新たな「脅威」を見つけるまではアイデンティティ・クライシスに陥った。それと同様に日米同盟も共通の脅威を失い一時的に「漂流」したのである。クリントン政権は軍事よりも経済を重視したために、アジア地域では対中重視、対日軽視政策がとられる状況となり（表２－１－Ⅲ）、日米同盟は一時的に「漂流」し不安定化した。その時の日本の選択肢は、多国間安全保障政策として細川総理の私的諮問機関の防衛問題懇談会による「日本の安全保障と防衛力のあり方――二一世紀へ向けての展望」（樋口レポート）で示された。[4]

しかし、その後、米国がイラクと北朝鮮という二つの「ならず者国家」を脅威とする国防戦略（ボトム・アップ・レビュー）を確立し、アジアに対しても日米同盟を基軸とすることを再確認する「東アジア戦略報告（ＥＡＳＲ）」が出され、日米間の同盟関係は正常化したのである。[5]

その後、米国同時多発テロ（９・11テロ）が起こり、ブッシュ政権はＱＤＲ２００１で、脅威基盤戦略から能力基盤戦略へと国防戦略を転換した。そこでは、「東アジア、日本海から南西アジア・ベンガル湾にいたるアジア大陸沿岸の弧状地帯（Arc of Instability）」を今後、最も紛争と軍事的競争の起きやすい地域と述べ、中国を潜在敵国だとした。その後、ＱＤＲ２００６でも「戦略的岐路（Strategic Crossroad）」にある国として中国を取り上げ、さらに「軍事的競争相手となる重大な潜在力がある」と焦点を当てた。すなわち、中国に「関与（Engagement）」をするのと同時に「ヘッジをして正しい方向（Hedging Right）」（アーミテージ国務副長官）へ向け、「責任ある利害関係国（Responsible Stakeholder）」（ゼーリック国務副長官）として国際社会の一員とすることにあった。つまり、軍事的な壁をつくりその方向へと中国を「囲い込む（Hedge）」ことにより中国を国際社会の中で受け入れられる国とすることである。もし軍事的な壁（Hedge）がなければ、中国は軍事力を背景としてパワーゲームを行い米国の覇権に挑戦することとなろう。そのための抑止のための手段としたのである。

ところが、オバマ政権はスタート時からアジア地域への関与の低下を選択し、中国に対してアジア地域における共同覇権を呼びかけたのである。その結果、オバマ政権の前期では米中関係は「G2体制」の確立か（フレッド・バーグステン米国際経済研究所長）と言われるほど接近した。したがって、クリントン政権の時と同じく日米関係の距離は離れ、鳩山政権が日中等距離外交を展開した。

そして、米国は米中接近をさらに確実なものにすべく、スタインバーグ国務副長官が二〇〇九年九月二四日に「戦略的再保証（Strategic Reassurance）」という新たな提案を行った。(6)「戦略的再保証」とは「中国の台頭を歓迎するが、その代わりに他国の安全と平和（グローバル・コモン）を認め」、それを相互に再確認することである。スタインバーグ国務副長官は、米中間でセキュリティ・ジレンマを回避するための処方箋として「戦略的再保証」を提案したと述べている。スタインバーグは、「A国がB国からの脅威を受けないようにパワーを増大させるとB国も自国防衛のためにパワーを増大させる。そうすればAB両国とも安全は低下してしまう(7)」とする古代アテネの歴史家ツキュディデスの言ったセキュリティ・ジレンマに陥る危険性を指摘した。そしてそのことは米国のみならず中国でも論議されていると述べた。その上でそれを回避するためスタインバーグは中国に対して「ゼロ・サム」のライバル関係から、「ウイン・ウイン」（プラス・サム）の関係になろうと呼びかけたのであった。

7　オバマ政権「後期」の対中戦略——「関与」から「ヘッジ」へ

スタインバーグの中国に対する「戦略的再保証」の呼びかけがどの程度の影響を及ぼすかに関して、米国で論議が起こった。ダン・ブルーメンソール（元米国防総省・国際安全保障局上級部長）によれば、ワシントンの中国研究者の間では、スタインバーグのシグナルが中国に対して緊張を高めるものになるのか、緩和するものになるのか、「戦略的再保証」は「責任ある利害関係国」に取って代わるものとなるのかが焦点となったとする。ある学派は、中国の苛立ちを取り去り米中が完全なパートナーへ向かう新たな政策であるとし、他の学派は、中国は米国に中国の軍事力増強の真意を再保証する必要があるものであると説いた[8]。

それに対して、中国側から〝NO（否）〟の回答がなされた。二〇一〇年三月に訪中したスタインバーグ国務副長官とベーダー大統領国家安全保障担当補佐官に対して、中国政府要人は、公式に「南シナ海は中国の核心的利益である」と公式に伝えたのである[9]。この中国の回答は、米側からの関与政策をさらに進める「戦略的再保証」の提案を反故にする回答であり、明らかにアメリカの既存の権益にかかわる挑戦であると受け止められた。

もともと中国の南シナ海の実効的支配の目論見に対して、ゲーツ国防長官は二〇〇九年六月にアジア安全保障会議で、「米国は航海の自由（freedom of navigation）を脅かす行為に断固として反対する」と中国の南シナ海での覇権活動に警鐘を鳴らしていた。そして、中国から否定的な回答を受けたクリントン国務長官は、二〇一〇年七月のASEAN地域フォーラム（ARF）で「南シナ海の航行の自由は米国の国益であり、同海域の領土紛争関係国の多国間協議を支持する」と述べた[10]。クリントンのこのハノイでのスピーチは、アメリカの対中政策を「関与」よりも「ヘッジ」重視へと大きく舵を切る宣言となるのと同時に米中の「G2体制」時代の終わりを告げるものとなった。

「ワシントンの国益は南シナ海における紛争の国際的解決である」とハノイで断言したクリントン国務長官に対して、中国は二〇一〇年七月下旬に南シナ海で中国三大艦隊（北海、東シナ海、南シナ海）の主力駆逐艦を動員して大規模な演習を行い、テレビでその様子を放映した。この演習は中国軍が何かことがあればこの海域に軍事力を投入するという意思表示であり、南シナ海問題で結束を強めるASEAN諸国とアメリカとの間に楔を打ち込む狙いもあったものと考えられる[11]。アジア地域における米中覇権（戦略的再保証）の申し出に対して中国は明確に行動で示したのである。

これに対して、米国は、クリントン国務長官が表明した南シナ海への関与強化を裏づける行動として、空母ジョージ・ワシントンおよびイージス駆逐艦ジョン・S・マケインを二〇一〇年八月にベトナムに派遣し、ベトナム南部ダナン沖の南シナ海で合同訓練を行った。南シナ海で南沙（英語名スプラトリー）諸島や西沙（同パラセル）諸島の領有権をめぐり、中国と対立するベトナムやフィリピン諸国に再保証を行動で示した。そして、その直後に米国は「中国の軍事力」を公表し、中国の軍事力に対して懸念を表明した。ここに米中のアジアでの覇権競争が展開され始めた(12)。

二〇一〇年一〇月から一一月にかけてのクリントン国務長官とオバマ大統領のアジア歴訪をこのような戦略的観点から見れば、中国に対するアメリカの「巻き返し（Role Back）」政策が開始されたことが理解できる。クリントンが一〇月二七日から三〇日にかけてハワイ、グアム、ベトナム、海南島、カンボジア、豪州、サモアと周り、その直後にオバマ大統領が一一月六日から一三日にインド、インドネシア、韓国、日本と回った。アメリカの大統領と国務長官のアジア歴訪は、まるで中国ヘッジ網を形成する動きであった。中国の拡張主義に対してバランスをとるためにこれら諸国と対中ヘッジ連合を形成する目的があったと考えられる(13)。ここに来て、米国はアジアに対する関与を継続する方針に転換し、関与低下（表2-1-Ⅲ）から一気に関与継続（表2-1-Ⅰ）へと現在のアジアにおける覇権を維持する「巻き返し」に出始めた。そのために、日米関係は再び重要度が増し始めたのである。

8　中国のA2AD（アクセス拒否・領域拒否）と米国のエア・シー・バトルの在沖米軍への影響

米国は、オバマ政権後期になり、中国が影響力を拡大した南シナ海のみならず東シナ海でも強力な「巻き返し」を計り始めた。中国の東シナ海での軍事的活動は二〇一〇年になってから再び活発化した。三月には中国海軍のルージョウ級駆逐艦など六隻が、沖縄本島と宮古島の間を抜けて太平洋へ進出し、四月上旬にはソブレメンヌイ級駆逐艦二隻、フリゲート艦三隻、キロ級潜水艦二隻、補給艦一隻など一〇隻による大規模な遠洋訓練を東シナ海と太平洋で行った。その際、これらの艦艇を監視中の海上自衛隊護衛艦に対して中国の艦載ヘリが近接飛行する事案が複数回発生したことも記憶に新しい[14]。

オバマ政権は「中国の軍事力（二〇一〇年度版）」を八月に発表し、中国軍が東シナ海から台湾を経て南シナ海にかかる「第一列島線」だけでなく、伊豆諸島からグアムを経てパプアニューギニアまで至る「第二列島線」まで展開可能な軍事力構築を目論むと警鐘を鳴らした。この警告はQDR2010でもなされ、米国の最大の懸念事項となっていた[15]。米国防総省は中国が、「第一列島線」の内側である「近海」においてシー・コントロールを維持し、「第一列島線」と「第二列島線」の間ではシーディナイアル（敵が当該海域をコントロールすることを拒否する）能力を持ち、海洋権益の確保を目的とした島嶼争奪戦において勝利を収めることであると分析する。こういった中国のアクセス拒否・領域拒否（Anti-Access Area Dennial：A2AD）能力の向上にQDRは警鐘を鳴らしている。

A2AD能力とは、米海軍の艦艇が台湾や日本の有事の際に西太平洋の特定海域に接近することを拒否し、領域内に入ることを拒否することを意味する。具体的には、艦上発射の巡航ミサイル（艦上、空中）、弾道ミサイル、潜水艦などでありそれを中国は大幅に増強している。さらに言えば、ソブレメンヌイ級駆逐艦搭載の超音速SS－N22サンバーン対艦ミサイルやキロ級潜水艦搭載のSS－N27シズラー対艦ミサイル等であり、いずれも米海軍の空母などへの攻撃能力が高く、その移動を妨げうるというのだ。

そしてこの中国のA2AD政策に対して米国はエア・シー・バトル戦略で対処することをQDRでは述べている。このコンセプトは、西太平洋地域に出現しつつある軍事力のアンバランスを客観的に分析した上で、空軍と海軍の持つ陸海空・宇宙・サイバー領域の全能力を活用するものである。エア・シー・バトル戦略は戦略予算評価センター（CSBA）のクレピノビッチ理事長が主唱し、西太平洋地域に出現しつつある軍事力のアンバランスを客観的に分析した上で、空軍と海軍の持つ陸海空・宇宙・サイバー領域の全能力を活用するコンセプトを持つ。

ここで問題となるのは、中国は大陸から約一五〇〇マイルまでの間を「聖域」として米軍のアクセスを遠ざける戦略的防衛態勢を確立する可能性がある、とCSBAの「エア・シー・バトル」のレポートが指摘している点である。そして、そうなれば中国から米軍の前方展開基地であるアンダーセン、嘉手納、岩国、三沢、佐世保などの基地が先制攻撃対象に含まれ、脆弱であるとされる[16]。将来、通常戦力面で中国が米国にキャッチアップし、かつ核戦略でもスタビリティ・インスタビリティ・パラドックス（戦略核レベルで相互脆弱性に基づく安定性が生じ、通常兵器レベルで挑発的行為が起こりやすくなる状況）が米中間で生じた場合、米国は前方展開の基地のグレビティー（重心）をそれよりも外側に移転しより脆弱性を低める必要が出てこよう。

日本は地理的に中国に隣接し、中国が日本に対して軍事的脅威である以上「ヘッジ」を怠ることはできない。しかしながら、日本独自では中国の強大な軍事力には対抗できず、沖縄の嘉手納（米空軍）と普天間（海兵隊）を中心とする米軍の最重要基地で中国に対し強力な抑止力を確保している。また、四月に発表した「核態勢の見直し」（NPR２０１０）の中で、同盟国への拡大抑止の再保証（reassurance）は核よりも非核要素に比重を移すことを述べている。したがって、在日米軍の抑止力の果たす役割はますます重要になる。

しかしながら、日本との普天間基地移転問題も暗礁に乗り上げ、かつ上記のような状況になった場合、米国は駐留米軍を再考する状況が生まれよう。その際に日本はいかにして拡大抑止を確保できるかが課題となろう。もし、在沖米軍の態勢に変化が起きた場合、その「力の真空」を埋め合わせるために通常抑止においては自衛隊の南西シフトが死活的となり、核抑止においては米軍と自衛隊との一体化が課題となるであろう。

9　米軍のヘッジ戦略と新防衛大綱の意図

そのような観点から二〇一〇年一二月に出された防衛大綱は、まさに米国の対中戦略の転換を見て出されたものである。米国は、前述したように対中戦略をヘッジ戦略に転換し、エア・シー・バトル構想をその中核に取り入れた。そこでは、中国のＡ２ＡＤ戦略のために「第一列島線」から「第二列島線」にかけての脆弱性が指摘されている。たとえば、二〇〇六年一〇月にソン級潜水艦が米空母キティーホークの魚雷射程内の近傍に浮上したことにも、それは見られる。中国の潜水艦の活動が東シナ海で活発になれば、有事の際は、米空母は台湾海峡、そればかりか日本への接近も阻まれることとなる。こういった米軍の脆弱性を日本の「南西の壁」戦略で補強することは非常に日米同盟にとっては重要なこととなろう。

そのために、「基盤的防衛力構想」を放棄し、即応性、機動性、柔軟性、持続性および多目的性を備え、軍事技術水準の動向を踏まえた高度な技術力と情報能力に支えられた「動的防衛力」という概念を盛り込んだのである。「基盤的防衛力構想」は、一九七六年の米ソ冷戦時代に作られたもので、全国に必要最小限の自衛隊を均等に配置する構想であった。このため、脅威が多様化し、とくに島嶼防衛が最重要課題の一つと位置づけられる今日には全く適さないものとなっていた。

これに対して「動的防衛力」は、情報収集、警戒監視、偵察活動などの平素からの常時継続的かつ戦略的な実施で、抑止力を強化するものとなる。また、有事の場合には、機動力、即応性で部隊をすぐ南西方面などに北方からシフトできる態勢をとる。そのためには、自衛隊の統合運用態勢を強化し、海上自衛隊に高速輸送艦（ＨＳＶ）を持たせたり、航空自衛隊のＣ２輸送機を増強したりするとともに、装備の事前集積をして即応態勢を持たせることが必要となろう。その他、潜水艦を一六隻から二二隻に増やしたり、与那国に陸上自衛隊の沿岸監視部隊を配置したりする。また、米国の戦略に日本が本格的にビルド・インして島嶼防衛を行い、エア・シー・バトルを補完することができるようになるためには、集団的自衛権を認めることが必要不可欠となろう。今回の大綱は民主党政権の最初のものであり、ようやくスタート台に立ったばかりである。これをいかに実施するかが今後の最大の課題となる。

10　おわりに

相対的にパワーを低下させているアメリカと、パワーを増加する中国との関係の中でのオバマ政権の対中戦略は、中長期的に自国のみでは対処できないことを見据えながら、日本、韓国、オーストラリア、ＡＳＥＡＮ諸国との間に新たな連合体を作ることにより対中ヘッジを行う「補完しあう防衛（Tailored Defense）」（ＱＤＲ２０１０）の時代の到来を予兆させるものである。その日本への影響は、米国の対中巻き返し（Role Back）の諸国連合の中に日本が入れるかどうかが将来の日本の位置を決める大きな要因となろう。そして、アジア地域での米中間の覇権競争（Power Struggle）の結果いかんにかかわらず、この状況に対応できるかどうかが、二一世紀、日本が生き残れるかどうかの大きな試金石となることは間違いない。その国家的存亡をかけた舵取りを担える政権の誕生は日本にいつ来るのであろうか。

注

（1）Sheila Smith, *A New Threshold for Japan's Diplomacy*, October 25, 2010〈http://blogs.cfr.org/asia/2010/10/25/a-new-threshold-for-japan's-diplomacy〉.

（2）土山實男「日米同盟の国際政治理論」、『日米安保体制』、国際政治、一九九七年五月。

（3）Robert Keohane, *After Hegemony: Cooperation and Discord in the World Political Economy*, Princeton: Princeton Univ. Press, 1980, p. 50.

（4）防衛問題懇談会「日本の安全保障と防衛力のあり方——二一世紀へ向けての展望」〈http://www.ioc.u-tokyo.ac.jp/~worldjpn/documents/texts/JPSC/19940812.O1J.html〉。

（5）拙著『米国の前方展開と日米同盟』、同文舘、二〇〇四年四月、九〇ページ。

(6) James Steinberg, Deputy Secretary of State, *Administration's Vision of the U. S.-China Relationship,* Keynote Address September 24 2009.

(7) Joseph Nye, *Understanding International Conflicts,* New York: Pearson Longman, 2007, p. 15.

(8) Josh Rogin, The end of the concept of "Strategic reassurance"?, *Foreign Policy,* November 6, 2009.

(9) Edward Wong, Chinese Military Seeks to Extend Its Naval Power, *The New York Times,* April 23, 2010.

(10) Comments by Secretary Clinton in Hanoi, Vietnam, Discusses U. S.-Vietnam relations, ASEAN Forum, North Korea, 23 July 2010 〈http://www.amerlca.gov/st/texttrans-english/2010/July/20100723164658su0.4912989.html〉.

(11) Spat over Spratlys, *Financial Times,* August 3, 2010 〈http://www.ft.com/cms/0/970725de-9f32-11df-8732-00144feabdc0.html?ftcamp=rss#axzz18NTpSF36〉.

(12) Office of the Secretary of Defense, Military and Security Developments Involving the People's Republic of China 2010.

(13) Fareed Zakaria, A hedge strategy toward China, *The Washigton Post,* November 15, 2010.

(14) 防衛省『日本の防衛（平成22年度版）』、二〇一〇年九月、五九ページ。

(15) Department of Defense, *Quadrennial Defense Review Report,* February 2010.

(16) Andrew Krepinevich, Why Air Sea Battle?, Center for Strategic and Budgetary Assessments, 2010.

(17) 防衛省『平成23年度以降に係る防衛計画の大綱について』、二〇一〇年一二月一七日。〈http://www.mod.go.jp/j/approach/agenda/guideline/2011/index.html〉

第3章　米中サイバー戦──電脳龍vs.電脳鷲

1　米国のサイバー戦

二〇一一年三月、リビアで反政府運動が始まり、英仏を中心とする欧州国がリビア政権勢力に対して空爆を実施する前に、オバマ政権内部では空爆に際しての脅威を除去するためリビアの防空システムへのサイバー攻撃の可否に関して真剣な論議が繰り広げられた。そこでは、リビア政府の軍事上の通信網や早期警戒システムを攻撃してコンピュータ・ネットワークを破壊するかの可否が論議されたのである。[1]しかし議論の末、サイバー攻撃は見送られ、結局巡航ミサイル攻撃を実施した。その理由は次の二点である。第一は、米国が公にサイバー攻撃を実施した場合、その攻撃が前例となり、中国やロシアなどがサイバー戦へ参入する可能性がある。第二は、合衆国の憲法上の問題である。米国では宣戦布告権限は議会にあるが、そもそもサイバー攻撃は戦争という概念にあてはまるのか。そうならば大統領は議会の許可なくサイバー攻撃できるのか否かという憲法上の問題である。

さらに二〇一一年五月二日のオサマ・ビン・ラディン襲撃に先立ち、やはりサイバー攻撃の是非を巡りオバマ政権内で議論がなされた。米海軍の特殊部隊を乗せた輸送機がパキスタン領空内を移動飛行する際にパキスタンのレーダーシステムに対するサイバー攻撃を行うか否かの議論が行われ、実施は見送られた。その代替としてステルス性ヘリコプターが使われた。このステルス性ヘリコプターは現場で墜落したためその存在が明らかになり注目を浴びた。

世界中でインターネットやコンピュータなどサイバー空間へ依存する社会システムが構築されるにつれ新たな戦争形態が生まれ、そこでの戦域は軍事以外のところへも拡散する。二〇一〇年には、グローバルなハッカー集団である「Anonymous（匿名集団）」が、ネット上で好戦的な攻撃を繰り返した。ウイキリークスを主宰するジュリアン・アサンジの逮捕に対する報復としてAnonymousは一二月八日にはマスター・カード社のシステムをダウンさせ、VISA社やペイパル社、スウェーデンの検察サイトをもシステムダウンさせるなど、サイバー戦を予感させるような事件を引き起こした。

また同年、イランの核開発施設ではコンピュータがスタクスネットワーム（Stuxnet computer worm）に侵されシステムダウンしその開発プロセスが遅れるという事態も起こったが、このウイルスはイスラエルとアメリカが共同開発したものだと言われている(2)。

ウイルスを誰が作成したにせよ、サイバー上では他国の核開発をも妨害できる事実が明らかになったのである。以上の例は氷山の一角にすぎず、サイバー攻撃は頻繁に行われ、携帯電話のシステムダウンから核開発まであらゆるところへの攻撃が可能である。しかも被害の程度からその規模脅威のレベルもさまざまで、戦場がサイバー上であるため人々の認識が薄い。このことからオバマ政権は米国内で二〇一一年一〇月を「サイバーセキュリティPR月間」と定め、サイバーセキュリティの周知と理解を深める取り組みをした(3)。

2　サイバー戦の現実——サイバー・ドラゴン（電脳龍・中国）の暗躍

二〇〇九年六月二三日、オバマ政権は国防総省の組織内にサイバー司令部（United States Cyber Command）を新設して国防の最前線に参戦させた。二〇一〇年のホワイトハウスの国家安全戦略では「サイバーセキュリティは国家安全保障の中で最も脅威の高いものの一つである」とサイバーセキュリティの重要性を述べている。そして、二〇一一年の国防予算審議では厳しい予算削減にもかかわらずサイバーセキュリティ関連の予算は削減の対象にはならなかった。(4) アメリカがサイバー防衛だけでなく攻撃能力の向上にも力をいれていく戦略が読み取れる。そこで、サイバーセキュリティの現状と展望をアメリカの国防戦略と論じる。

また、本章では、サイバー空間とは「コンピュータやデータ通信によって相互に人間同士がつながるが、そこには物理的な存在はない状態」と定義する。(5) 現在世界中でネット上にあるコンピュータはどこかで相互につながっている。その瞬間にそこにはサイバー空間が形成されていると見ることができる。そのような物理的に存在しない空間では電子情報が飛び交い、その電子情報をめぐっての攻防が繰り広げられる。本章ではサイバー戦（cyberwarfare）とは「コンピュータを用いて他のコンピュータやネットワークを電子的に攻撃する、あるいは防衛すること」と定義する。(6) この場合、攻撃や防衛主体は国家、個人、集団、組織などあらゆる形態が考えられる。

二〇一一年八月三日、米国のコンピュータ・セキュリティ会社のマカフィーは、過去五年間に起こった高度なサイバー攻撃に関する報告書を発表した。その報告書によれば同社は世界中で七二個のサイバー攻撃を確認し、そのうち米国は四九回の攻撃を受けた。内訳は一四回が政府や州政府の関係、一一が国防コントラクター、その他には司法関係の省庁も攻撃対象となった。(7) 米国の他にはアジア地域では日本、台湾や韓国、ベトナム、インド、インドネシア、香港、シンガポールが被害を受け、その他の地域ではカナダ、スイス、英国、デンマーク、ドイツが被害を受けたと報告された。さらに国際オリンピック協会、国連、ASEANなどもサイバー攻撃を受けたとされる(8)。日本では二〇一一年にソニーがサイバー攻撃を受けて顧客情報が流出した事件が起こった。これら一連のサイバー攻撃をマカフィー社のドミトリー・アルペロビッチ副社長は「隠れネズミ作戦（Operation Shady RAT）」と名付けて、二〇一〇年に起こった「オーロラ作戦（Operation Aurora）」に匹敵する脅威を与えかねない危険なサイバー攻撃と位置づけた。オーロラ作戦とはグーグル社をはじめとする企業が攻撃を受けてダメージを被った事件である(9)。

これらの大規模で高度なサイバー攻撃の実行者については戦略国際問題研究所（CSIS）の専門家ジェイムズ・ルイスは「すべての兆候（サイン）が中国を示している」と述べている(10)。当然ながらサイバー攻撃の実行者を特定することは困難であり中国から攻撃が行われているという判断は推測にすぎない。サイバー戦の困難さは攻撃主体を特定することの困難さに起因する。

二〇一一年初頭、RSAという米国のEMC社のセキュリティ部門がサイバー攻撃を受けた。RSAはCIAやNSA（国家情報局）や国防総省などの政府機関(11)やロッキード社、カンザス州、イギリス地方自治体などにサイバーセキュリティを提供している(12)。そのセキュリティ部門から顧客のID情報がサイバー攻撃により盗まれるという前代未聞の事態が起こった。そしてそのIDを使って顧客のコンピュータシステムが侵入を受け企業情報が盗まれた。続いて五月には国防企業のロッキード社がセキュリティを破られてオバマ大統領が事態を憂慮するに至った。この直後には情報や監視技術を提供する国防コントラクターのL‐3社（L-3 Communications）が攻撃を受けた。その翌日にはノースロップ社が攻撃を受けたためシステムをシャットダウンして大混乱に陥った。

このように中国からのハッキングやスパイ行為は一〇年ほど前から活発になり、その技術はセキュリティを提供する企業ですらサイバー攻撃の対象となるほどにより洗練され高度化しつつあり、大きな脅威となっている。その姿はまさに「電脳龍（cyber-dragon）」である。

これまではサイバー攻撃の防戦が主体だったアメリカもこのように繰り返し深刻な攻撃を受けるに至ってようや

く動きだした。軍はサイバー攻撃に消極的だったがついにサイバー戦略を立てる方向で動きだした。サイバー司令部を有する戦略司令部（U.S. Strategic Command）のロバート・ケラー司令官は従来の陸・海・空でのドクトリンではない新たなドクトリンの必要性を強調している。[13]サイバー空間は現実の戦場とは異なり国境もなくグローバルに広がっている。またそのテクノロジーは日々刻々と進化しており、ドクトリンもそれにあわせて柔軟に進化していかなければならない。伝統的な手法は通用しないため、全く新しい手法を開発するところからスタートしなければならないのである。ついにCyber-Dragon（電脳龍・中国）とCyber-Eagle（電脳鷲・米国）の闘いが本格的に開始されたのである。

3　米政府のサイバー戦への取り組み――サイバー・イーグル（電脳鷲・米国）の始動

二〇〇八年一月、ブッシュ政権は国土安全保障大統領令23と国家安全保障大統領令54により、米国がサイバー上の脅威に対する防衛強化を行う「包括的サイバーセキュリティ構想（Comprehensive National Cyber security Initiative：CNCI）」を発令した。詳細は機密であったが部分的に伝えられたことは、CNCIは政策や戦略、ガイドラインを作りより高度な技術や能力の向上を目指すことがその任務であり一二項目の目標[14]が定められたとされている。これを踏まえて国土安全保障省（DHS）において、NSA、FBIと連携して国家全体のサイバーセキュリティを総括するNational Cyber Security Center（NCSC）が設置され、ロッド・ベックストロム[15]が所長に任命された。[16]

オバマは大統領選挙期間中からサイバーセキュリティの強化を訴え、国家サイバーアドバイザー（National Cyber Adviser）の設置を約束していた。

また、オバマ大統領はCSISの「サイバーセキュリティ委員会」の提言（八項目）に沿い二〇〇九年二月九日、サイバーセキュリティ政策のレビューを開始し、四月一七日に提出された[17]。そして、そのレビューを踏まえて五月二九日に「六〇日間のサイバーセキュリティ政策の見直し」を発表した。そこでは、サイバーセキュリティを経済繁栄、安全保障の基盤であるとし、サイバー攻撃が軍事のみでなく経済的にも脅威であると明確に位置づけた。その発表の際には、オバマ政権は横割りのサイバーセキュリティ政策や戦略調整をとして新たに「サイバー・コーディネーター（Cyber Coordinator）」を創設した[18]。そこでは、サイバーセキュリティ政策のとりまとめをＤＨＳからホワイトハウスに移管した[19]。サイバー・コーディネーターには国家安全保障担当補佐官、国家経済会議議長への報告義務が課せられ、大統領との直接の会見ができる。サイバー・コーディネーターに国家経済会議への報告が義務づけられたことは、サイバー戦が軍事上だけでなく経済上も闘われることを意味する。

そして、二〇〇九年一二月に初代のサイバー・コーディネーターにハワード・シュミットを任命した。シュミットは、二〇〇一年から二〇〇三年の間はブッシュ大統領の特別アドバイザーを務めていた。シュミットは空軍に属していた後、一九九〇年代はＦＢＩで麻薬情報センターに属していた。その後マイクロソフト社、eBayを経てブッシュ政権入りを果たした。ブッシュ政権を去った後は情報関連の非営利団体を主宰していた[20]。サイバーセキュリティは国防総省を含めてあらゆる省庁にまたがっているためサイバー・コーディネーターがどこまでそれらを束ねて調整できるかが鍵となる。その意味ではシュミットの責任は重く、国土安全保障省は非軍事部門の省庁を率いる役目を担う[21]。

二〇一二年一月五日にオバマ大統領が発表した新国防戦略では、米軍の増強すべき分野として対テロ、非対称戦、抑止および紛争の撃破、敵国のＡ２ＡＤ（接近拒否・領海拒否）に対するパワープロジェクション、対ＷＭＤ（大量破壊兵器）、安全で確実な核抑止の維持、本土防衛と文民活動家支援、プレゼンス維持、安定とＣＯＩＮ（対反乱安定作戦）、人権と災害救援と並んで、宇宙及びサイバー空間での優位を挙げた。さらに同戦略では、「サイバー戦、特殊作戦、情報収集、偵察能力の強化が米軍の競争力を維持する」と述べている。米軍は素早く正確で効果的な作戦の遂行には正確な情報と通信ネットワークが不可欠である。つまりサイバー空間へのアクセスが保障されなければならないと、サイバー空間の軍事的な重要性を強調している。そしてサイバー空間の安全性を高めるために国防総省は国内外で協力体制を敷きながらサイバーセキュリティの向上に努めると方向性を示した[22]。アメリカ合衆国すなわちサイバー・イーグル（cyber-eagle）「電脳鷲」が、サイバー空間に躍り出てきたのである。

4　国防総省の取り組み——サイバー司令部の創設

二〇〇九年六月二三日、ロバート・ゲーツ国防長官は、戦略司令部（U.S. Strategic Command）司令官に対してサイバー司令部（U.S. Cyber Command）の創設を指示しサイバー司令部（USCYBERCOM）が創設された。実際の稼働は二〇一〇年五月と定められ本部はメーデ基地に置き、およそ一〇〇〇人の文民と軍人が配置された。初年度の予算は一億二千万ドル、二〇一一年は一億五千万ドルである[23]。

サイバー司令部が創設される以前は、サイバー防衛に関しては統合タスクフォース・グローバル・ネットワーク作戦部（Joint Task Force Global Network Operations）が担い、サイバー攻撃に関しては統合ネット戦争機能司令部（Joint Functional Component Command Net Warfare）が担っていた[24]。しかし防衛と攻撃はコインの表と裏（pros and cons）の関係にあり別個の組織で運営することはきわめて非効率であるとの認識に立ち、統合してサイバー司令部を立ち上げ、今後激化すると予測されるサイバー空間での攻防に備える。

国防費の二〇一二会計年度予算法では、サイバーセキュリティの能力の向上、国土安全保障省との協力体制の整備、そしてサイバー攻撃に関する条項が盛り込まれた。サイバー攻撃に関しては先述したように宣戦布告権限という憲法上の問題点がリビア空爆の際に浮上し結論がでなかったが、二〇一二年の予算法では政策の原則と法律の枠組みの範囲内で大統領令、あるいは大統領の戦争権限決議によってサイバー攻撃を国防総省は実施することができると定めた[25]。

これによって、アメリカは大統領の命令でサイバー攻撃を実施することが可能となった。これは、時間の優位性において大きな前進となる。今後、軍時作戦上でリビア空爆やオサマ・ビン・ラディン襲撃のような作戦が実施される際には軍は躊躇なくサイバー攻撃を実施でき、より効率よく敵を叩くことが可能になる。最も直近で実施の可能性が考えられるのは、未だ民主化運動が激しく続いているシリアである。シリアへの介入にはアメリカは慎重な姿勢を崩さないが、リビアのように空爆の実施を仮定するならば事前のサイバー攻撃によって国防システムに打撃を与える可能性は高い。それによって最小限の被害と最小限の投資によって最短期間で戦局を決することができる。

サイバー司令部の初代司令官はケイス・アレキサンダー陸軍将軍が就任し、国家安全保障局（National Security Agency）局長、中央安全保障部（Central Security Service）部長も兼務する。ケイス・アレキサンダー陸軍将軍は長年陸軍の情報部門に属してきた人物である。

国家安全保障局は一九五二年にハリー・トルーマン大統領によって設立された。国家安全保障局は暗号と情報の保全を任務としてきた[26]。それはネットワーク社会になるにつれますます重要性が増し、特に情報保全の問題はサイバー空間という新たなドメインでも重要である。中央安全保障部は一九七二年の大統領令によって創設された。中央安全保障部長は国家安全保障局長と兼務することになっており、任務も共同作業であることがほとんどである。中央安全保障部には軍事上の要素が加わる点がＮＳＡとは異なる。中央安全保障部の任務は最前線への部隊への支援などであり四軍とのつながりが強い[27]。

ただし、実際の任務は別々に遂行される。サイバー司令部は戦略司令部の下に作られ、構成するのは、陸軍サイバー司令部（Army Forces Cyber Command）、第24空軍（24th USAF）、艦隊サイバー司令部（Fleet Cyber Command）、海兵隊サイバー司令部（Marine Force Cyber Command）と、国土安全保障省の沿岸警備隊サイバー司令部（Coast Guard Cyber Command）である。

二〇一一年七月国防総省は「サイバースペース運用の国防戦略（Department of Defense Strategy for Operating in Cyberspace）」を発表した。二〇〇〇年には三億六千万人だったインターネットの利用者が二〇一〇年には二〇億人に増加した。日々ネット利用者は増え続けており、サイバー空間にはあらゆるインフラや情報が交錯している。しかしその一方でサイバー空間は脆弱で、特に米国のサイバー空間は国内外からのサイバー攻撃にさらされている。特に重要なインフラへのサイバー攻撃は最も高い脅威の一つであると、この国防戦略では位置づけている。つまりサイバー空間のセキュリティを強化することが国家の防衛と同様の意味をもつが、目に見えない空間での目に見えないセキュリティはこれまでの概念では対応できない。新たなセキュリティ概念が必要なのである。

国防総省は五つの方針を打ち出した。第一に、サイバー空間を陸・海・空・宇宙に続く「第五の領域」とみなす。すでに「サイバー司令部」を立ち上げて稼働しているが、今後サイバー部隊は陸軍、海軍、空軍、海兵隊に続く「第五の軍種」と位置づけられるようになるかもしれない。第二に、ネットワークシステムの防衛のために新たな防衛作戦コンセプトの構築をする。その前提としてこれまでのように作戦コンセプトを固定するのではなく、コンセプトそのものを常に進化させていかなければならない。そして常にネットワークを進化させていかなければならない。第三に、他の省庁や企業と協力して国家全体のサイバーセキュリティを構築する。特に国土安全保障省との協力・連携が求められるだけでなく、国防企業とも協力体制を盤石にしなくてはならない。第四に、同盟国との関係を構築して「集団的サイバーセキュリティ」を強化する。サイバー空間の本質はグローバルであるため多国間での同盟関係や協力体制はセキュリティ向上のためには不可欠である。しかし、現実世界で認められている集団的自衛権をそのままサイバー空間に適用できるかどうかについては国際社会での議論が必要である。第五に、優れた人材や技術革新によって国家としての優越性を高める、と五つの方針を打ち出した(28)。

5　対テロ対策としてのサイバーセキュリティ

サイバー戦は経済的側面の他には、対テロ対策という軍事的な側面も持つ。米国が注目しているのが、アルカイダやタリバンなどイスラム過激派グループとインターネットの関係である。近年アルカイダはその活動においてインターネットを駆使しておりそれが見過ごせない脅威となりつつあると国防総省は認識している。

アルカイダはインターネットをその活動において十二分に活用している。ウエブサイトを開設してプロパガンダ、リクルート、イメージ戦略やテロの手法、テロの標的の情報から爆弾の作り方、サイバー攻撃の方法などあらゆる情報を提供している。特に英語のオンライン誌 ***Inspire*** を通じて英語圏でのプロパガンダにも積極的になっているといわれている。[29] *Inspire* とアルカイダの関係を疑問視する意見もあるが、[30] 同誌が「台所の母親を吹き飛ばす方法」という類の記事を掲載していることから、穏健なオンライン誌でないことは確かである。このオンライン誌を編集していたのはパキスタン系米国のサリム・カーンで二〇一一年九月二九日のイエメンでのＣＩＡによる空爆によって米国に殺害されている。

米国が密かに注目してここ二年ほどの間追跡していたのが、この *Inspire* 誌にも執筆し、英語圏でのプロパガンダに絶大な影響力を持っていたとされるアンワル・アル・アウラキである。アウラキはイエメン人を両親にもち米国で生まれ、大学教育まで受けた。在学中には説教師として二〇〇一年9・11テロの実行犯のうちの二名と会っている。二〇〇四年にはイエメンに戻り、その英語能力を駆使して反米思想を伝搬することに尽力していた。彼のネット上の講義や説教は多くのイスラム教徒に影響を与えたとされる。二〇〇九年にテキサスのフッド基地内で一三人の犠牲をだした銃乱射事件の容疑者もアウラキの説教を受けていた。二〇一〇年五月にタイムズスクエアで爆破事件を実行しようとしていた容疑者もまたアウラキの影響を受けていたとされている。[31]

ここ数年の特徴として、アメリカ国籍のイスラム教徒がアメリカ国内でテロを起こそうとする傾向が顕著だが、そこにはこのようにネットを利用した洗脳が行われており、遠く離れた地域からでも簡単にテロリストを養成できるようになっている現実がある。外国でテロリストをどれだけ殺害しても国内でテロリストが生まれているような状況が今後さらにエスカレーとしていくと、アメリカはより高い脅威にさらされることになる。アメリカがサイバーセキュリティに力を入れる理由の一つはここにある。テロとの戦争は現実の戦争に加えてサイバー空間にも戦場が拡大しているのである。

アラウキは、米軍の追跡を受けて二〇一一年九月二九日にCIAの空爆によって殺害された。だが、この殺害は若いイスラム教徒の反米感情をさらに煽るだけでかえって逆効果だという指摘もある[32]。オサマ・ビン・ラディン殺害はその名声を高めイスラム教徒の間で反米感情を盛り上がらせる結果となった。それと同じようにアラウキが米国に殺害されたことによって名声が高まりその思想が広まる危険があった。それはネットを通じて瞬時に爆発的に拡散するとの指摘もあった。

さらにサイバー空間はテロリストの資金調達でも活躍している。テログループは、サイバー空間の地下組織やハッカー集団ともつながって資金調達、武器密輸、麻薬密輸など、現実世界と変わらない違法行為がより簡単に行われておりその実態もつかめない。そのためテロ組織はより簡単に資金調達や資金洗浄をすることができるようになっている。この資金の流れを絶つこともまた、テロを撲滅するためには必要不可欠な任務である。そのためにはサイバー空間で監視体制を強化する必要がある。

サイバー空間で得られた情報からテロリストを追跡して拘束・殺害する作戦が今後は対テロ対策の主流となる可能性がある。イラクやアフガニスタンから地上部隊を撤退させ、無人偵察機や監視衛星、ネットの監視などサイバー空間での監視を強化し標的を定めて少数精鋭の特殊部隊によるピンポイント攻撃あるいはCIAによる無人爆撃機による暗殺という、サイバー戦と現実での攻撃とを組み合わせた作戦を米軍は多用していく可能性が高い。厳しい予算削減は米軍の戦略にも影響を与えている。大規模な地上部隊を送らない一方でサイバー空間での作戦とのコラボレーションで効率よく闘う方向へと米軍は転換しようとしている。オサマ・ビン・ラディンの襲撃の際仮に事前にパキスタン側にサイバー攻撃を行っていたら、まさにそれこそが米軍の目指している戦闘となったに違いない。

6　課　題

サイバー空間は「第五の戦域」と国防総省が位置づけるように、そのドメインはますます重要になってきている。しかし国内外での議論が十分でなく、国際社会でのルールやコンセンサスも確立していない。サイバー戦のその被害程度も多岐にわたり国家だけでなく市民生活に深刻な被害をもたらすことも可能があるだけに、国際社会での議論とコンセンサスの確立が急がれる。本章では以下五点を提言したい。

第一に、従来の概念にとらわれない戦略やドクトリンを確立する必要がある。サイバー戦攻撃の主体や目的は多様で多岐にわたる。主体は国家、個人、集団あるいは組織とあらゆる形態が考えられる。サイバー攻撃のその目的も経済的、軍事的、政治的などと多様であるため、攻撃対象も多岐にわたる。第二に、サイバー戦と法の整合性を確立しなければならない。第三に、攻撃と防衛の定義である。たとえば国家システムへの攻撃は宣戦布告とみなすのか、その場合自衛権や先制攻撃は認められるのか。第四に、攻撃対象をどこまで許容するか。現実の戦争の場合は戦闘の対象は軍用に限られ民間人や民間施設は対象にしてはならない。果たしてサイバー戦ではこのような区別が可能なのか。それはサイバー戦の場合は被害の広がりが無限ともいえ、民間への被害は避けられない事が多いからである。第五に、サイバー空間への規制が行われたり、個人への監視が行われたりするようになると個人の自由やプライパシーと抵触する。個人情報の保護とのバランスをとることが必要となろう。

世界はグローバル化して情報面でも互いに絡み合っている。サイバー攻撃は、サイバー空間が脆弱であり、ネットがグローバルなゆえに被害も多国間にわたる危険性を大きくはらんでいる。個人の情報や国家レベルの情報が地球の裏側へも簡単に流出する時代に突入したのである。自国のファイアーウォールを強化するだけでは守り切ることは不可能になってきている。日本も米国とともにセキュリティを高めていく必要がある。国防総省の戦略でも「同盟国との協力」が強く打ち出されている。

サイバー空間を通じたネット社会の形成は大きく社会を変える力を持っていることが二〇一一年のアラブの春や民主化運動を通じて明らかになった。インターネットがなければおそらく民主化運動はもっと時間がかかったかもしれないし、成功しなかったかもしれない。一方で企業や政府機関は日々サイバー戦の脅威にさらされており、情報の保全が困難な時代になっている。

その中でもサイバー空間で存在感を持ち始めた中国＝サイバー・ドラゴン（Cyber-dragon）と、サイバー空間でのプレゼンスの高まりを狙う米国＝サイバー・イーグル（Cyber-eagle）が熾烈な競争を繰り広げるであろう。まさに二〇一二年はサイバー戦時代の幕開けである。

注

（1） "U. S. Debated Cyber warfare in Attack Plan on Libya," Erick Schmitt and Thom Shanker, *The New York Times*, October 17, 2011 〈http://www.nytimes.com〉.
（2） "U. S. Debated Cyber warfare in Attack Plan on Libya," Erick Schmitt and Thom Shanker, *The New York Times*, October 17, 2011 〈http://www.nytimes.com〉.
（3） "WH Proclaims 'cyber-security awareness month'", October 3, 2011 〈http://www.dodbuzz.com〉.
（4） "Senate Armed Services Committee Completes Conference of National Defense authorization Act for Fiscal Year 2012", Dec 12, 2011 〈http://armedsercies.senate.gov〉.
（5） "Cyberwarfare," Steven Hildreth, June 19, 2001, CRS Report for Congress.

（6）“CYBER WARFARE- An Analysis of the Means and Motivations of Selected Nation States,” Charles Billo and Welton Chang, Institute for Security Technology Studies at the Dartmouth College, November 2004 〈http://www.ists.dartmouth.edu/docs/cyberwarfare.pdf〉.

（7）“Security Firm Sees Global Cyberspying,” David Barboza and Kevin Drew, *New York Times,* Aug. 3, 2011 〈http://www.nytimes.com〉.

（8）“Exclusive: Operation Shady RAT Unprecedented Cyber-espionage Campaign and Intellectual Property Bonanza,” Michael Joseph Gross, Vanity Fair, August 2, 2011 〈http://www.vanityfair.com/cuture/features/2011/09/operation-shady-rat-201109〉.

（9）“Exclusive: Operation Shady RAT Unprecedented Cyber-espionage Campaign and Intellectual Property Bonanza,” Michael Joseph Gross, Vanity Fair, August 2, 2011 〈http://www.vanityfair.com/cuture/features/2011/09/operation-shady-rat-201109〉.

（10）“Exclusive: Operation Shady RAT Unprecedented Cyber-espionage Campaign and Intellectual Property Bonanza,” Michael Joseph Gross, Vanity Fair, August 2, 2011 〈http://www,vanityfair.com/cuture/features/2011/09/operation-shady-rat-201109〉.

（11）“Enter the Cyber-dragon,” Michael Joseph Gross, Vanity Fair, September, 2011 〈http://www.vanityfair.com/culture/fearues/2011/09/chinese-hacking-201109〉.

（12）http://www.rsa.com

（13）“U. S. Weighs Its Strategy on Warfare in Cyberspace,” Thom Shanker, *New York Times,* October 18, 2011 〈http://www.nytimes.com〉.

（14）Trusted Internet Computing, Intrusion detection, Intrusion prevention, R & D, Situational awareness, Cyber counter intelligence, Classified network security, Cyber education and training, Implementation of information security technologies, Deterrence strategies, Global supply chain security, Public/private collaboration.

（15）シリコンバレーの起業家。

（16）ＤＨＳは、ＣＮＣＩに基づき、US-CERT の人員拡充、EOMSTEIN プログラムの拡充、外部関連の統合、National

Cyber Security Center Center の創設、National Cyber Investigative Joint Task Force（NCIJIF）の他省庁への拡充、NIPPに基づく官民での情報共有、Cyber Storm II の実施、サイバー教育の拡充、連邦のIT予算の拡充、を行った。

(17) このレビューにはODNIの Cyber Coordinaion Execuive をつとめていた Melissa Hathaway がホワイトハウスの Senior Director for Cyberspace 代行として取り組んだ。

(18) 通称として「サイバー長官（Cyber Czar）」と呼ばれることもある。

(19) "Cybersecurity: Current Legislation, Executive Branch Initiatives, and Options for Congress," Catherine A. Theohary and John Rollins, Jan. 12, 2010, CRS Report for Congress, R40836 〈http://www.crs.gov〉.

(20) "Obama to name Howard Schmidt as cybersecurity coordinator," Decmber 22, 2009, Washington Post 〈http://www.washingtonpost.com/wp-dyn/content/article/2009/12/21/AR2009122103055.html〉.

(21) "Cybersecurity: Current Legislation, Executive Branch Initiatives, and Options for Congress," Catherine A. Theohary and John Rollins, Jan. 12, 2010, CRS Report for Congress, R40836 〈http://www.crs.gov〉.

(22) "Sustaining U. S. Global Leadership: Priorities for 21st Century Defense," January, 2012.

(23) "Alexander Details U. S. Cyber Command Gains," Sep. 24, 2010 〈http:www.defense.gov/news/newsarticle.aspx?id=61014〉.

(24) "Alexander Details U. S. Cyber Command Gains," September. 24, 2010 〈http:www.defense.gov/news/newsarticle.aspx?id=61014〉.

(25) "Senate Armed Services Committee Completes Conference of National Defense authorization Act for Fiscal Year 2012," Dec 12, 2011 〈http://armedsercies.senate.gov〉.

(26) http://www.nsa.gov/about/faqs/about_nsa.shtml#about3

(27) http://www.nsa.gov/about/faqs/about_nsa.shtml#about3

(28) "Department of Defense Strategy for Operating in Cyberspace," Department of Defense, July 2011.

(29) "Two-Year Manhunt Led To Killing of Awlaki in Yemen," Mark Mazzetti, Eric Schmitt and Robert F. Worth, *New York Times*, September 30, 2011 〈http://www.nytimes.com〉.

(30) "Terrorist Use of the Internet: Information Operations in Cyberspace," Catherine A. Theohary and John Rollins,

March 8, 2011, CRS report for Congress, R41674.

(31) "Two-Year Manhunt Led To Killing of Awlaki in Yemen," Mark Mazzetti, Eric Schmitt and Robert F. Worth, *New York Times*, September 30, 2011 〈http://www.nytimes.com〉.

(32) "Two-Year Manhunt Led To Killing of Awlaki in Yemen," Mark Mazzetti, Eric Schmitt and Robert F. Worth, *New York Times*, September 30, 2011 〈http://www.nytimes.com〉.

（初出：二〇一一年一月）

第4章　米国の緊縮財政下での国防戦略と日米中関係

二〇一一年四月の全米失業率は九・一%に上りいっこうに改善されないため、同年の後半では連日オバマ叩きがテレビや議会で繰り返された(1)。

NBC News と *Wall Street Journal* の八月二七〜三一日の二〇一二年の大統領選についての電話取材では、四四%が共和党候補に投票すると答えたのに対して、オバマ大統領の再選支持は四〇%にとどまった。六月の調査では、四五%がオバマに投票すると答えた一方、共和党候補に投票すると答えたのは四〇%であった。大統領は、無党派層や女性、ヒスパニック系など、選挙のカギとなる有権者層の支持を失いつつある。この数字からは、オバマ大統領の支持率が過去最低に落ち込んでいて、オバマの次期大統領選挙に翳りが見えていた。この調査では、オバマの経済政策はうまくいってないとの解答は五九%にも上った。米国民は政権交代を望んでいたのである。

そもそもオバマ政権は財政再建と景気回復を優先的に対処する宿命を背負いスタートした。クリントン政権で一時黒字であったがブッシュ大統領がテロとの闘いなどで累積赤字を二兆四〇〇〇億ドルに積み上げた。その負の遺産を引き継いでオバマ大統領は政権をスタートした(2)。しかも、大統領選挙中の二〇〇八年九月にリーマン・ショックが起こり、米国経済はクラッシュし世界的な金融危機を招いた。そのためオバマは大統領就任早々に八二六〇億ドルの景気刺激策を打ち出し(3)、結果的にアメリカ経済は底割れを回避することができ、その影響で実質的に破綻したゼネラル・モーターズ（ＧＭ）も二〇〇九年一一月には株式を再上場した[4]。

　このように、オバマ大統領の至上命題は財政再建問題と米経済の回復にある[5]。そのためオバマ大統領は聖域だった国防費のいっそうの削減を余儀なくさせられた。アメリカの国防費削減は国防戦略に大きく影響を及ぼし、そのことはまた日本にも大きな余波がある。米国の庇護の下に国家の安全を担保してきた日本は初めて、これまでのような米国の抑止力を期待することなく危機に自ら向かわねばならなくなることが予測された。

　本章では、以上のことを念頭に、米国の緊縮財紋下で国防戦略がどのように展開され、そのことが米国の対中政策および対日政策にどのような影響を及ぼすかを論じる。

1　米緊縮財政による国防戦略転換——対反乱作戦（ＣＯＩＮ）から対テロ戦略（ＣＴ）へ

　アフガニスタンからの撤退には米軍の戦略の転換が必要であった。二〇一一年六月のオバマ大統領は撤退演説と対テロ国家戦略で、米国は「テロリストをターゲットとする」と述べ、初めて米軍の戦略が対反乱作戦（counter insurgency：ＣＯＩＮ）から対テロ戦略（counter-terrorism：ＣＴ）へと戦略転換することを公表した[6]。つまり、大規模な軍隊をアフガニスタンから撤退させる代わりに、プレデターやグローバルホークなどの無人機や特殊部隊によるテロリストを標的とする軍事作戦への転換となる。

　オバマ大統領は六月二九日に「対テロ国家戦略」を発表してアルカイダ掃討に焦点を絞り、無人機での攻撃や特殊部隊を投入した急襲作戦を重視するＣＴを重視し、戦費のかさむイラクやアフガニスタンでのＣＯＩＮを縮小させる方針を提示した[7]。二〇〇六年のブッシュ大統領の「対テロ国家戦略」[8]は世界規模での対テロ戦争を遂行するものであったが、ここでより焦点を絞ったテロ組織の掃討作戦に重心を移す政策を明確にした。同報告書では米国が過去一〇年で遂行した大規模な戦争を排除し、ハイテク兵器や特殊部隊による局地的な戦闘で、テロ組織の指導層を壊滅に追い込む作戦を展開する。テロ組織の自由な活動を阻止するため、米軍がアフガンなどで実施する特殊部隊を投入した治安部隊の強化も引き続き進めていく。また、対テロ戦争の重点地域として、アフガン、パキスタン、イエメン、ソマリアなどを特定した。さらにブレナン大統領補佐官は二九日、ワシントン市内で講演、「国外に多くの兵士を展開することが、いつでも、最も優れた（相手への）攻撃となるわけではない」と語った。[9]

ＣＴへの戦略転換はすでに米国防総省の「四年ごとの国防戦略の見直し（ＱＤＲ２０１０）」の中で布石が打たれていた。[10] すなわち、ＱＤＲ２０１０では米軍は中長期的に、同時に複数の戦域で行われる広範な軍事行動で勝利を収めるように備えるとしている。本土防衛や文民当局からの防衛支援から抑止、準備ミッションに至るまで複数の予測不能な組み合わせで起こり得る最大限の軍事作戦に向けた計画立案の必要性を考慮した。

つまり、ここで従来の「１‐４‐２‐１戦略」（米本土防衛、四つの地域での前方抑止、二地域での同時作戦遂行、この一つでの決定的勝利）を改め、「１‐ｎ‐２‐１戦略」に転換することを述べているのでる。「１」とは本土攻撃または自然災害への対処、「ｎ」とは同時期に複数の戦域で行われる広範な軍事行動、「２」とは、二つの能力ある侵略国に対処し、「１」とは、そのいずれかでの勝利である。ここでいう、「ｎ」が多正面にわたる脅威に対処するＣＴのことを指しているわけであり、名実ともに米国の戦略と戦術が一致しＣＯＩＮからＣＴへと転換したのである。

２　ＣＴのバックグラウンド——ＱＤＲ２０１０における論議

「１‐ｎ‐２‐１戦略」につき、ＱＤＲ２０１０を担当したオシュマック国防次官補代理の『新たな労働の配分——イラク後の米国の安全保障上のチャレンジ』[11]で、明確に提示されている。ここでオシュマックは、冷戦後ＱＤＲ２００１で定められた「１‐４‐２‐１戦略」に基づく兵力規模構成については、米国が今直面するテロリストの壊滅やＣＯＩＮの遂行ができず時代遅れとなり、また米軍の四軍種に同じように適用する必要もない、それゆえ新しい人員の配分が必要であるとし、「１－ｎ－２－１戦略」を提示した。

最初の「１」は本土防衛である。今後米国が二〇〇一年九月一一日の米国同時多発テロ（９・11テロ）よりも規模の大きな攻撃に見舞われたとしても、十分な兵力、とくに陸軍（現役および州兵）は国内で任務につき、攻撃後の対処を行い二次攻撃を避けることが可能となる。さらにある程度の兵力を予備兵にしておくこと、つまり予備制度を確立すべきである。これは攻撃後の被害に対処するためである。攻撃の規模に応じての予備制度は相当数の兵力の温存が必要となる。

次の「ｎ」は、米軍が想定していた四地域（欧州、北東アジア、東アジア沿岸部、中東と南西アジア）を超えたものである。オシュマックは、現状では、米軍は四地域のみでなく、アフリカの角、サハラ、中央アジア、フィリピン、インドネシアなど多数の地域の「ｎ」に対して対処せねばならなくなったとする。国益（貿易関係、資源獲得、同盟関係など）の重要度に沿って分割する時代は終わりを告げた。かつての古典的な地政学ではアフガニスタンもスーダンにもアルカイダが増殖していたが、アメリカの戦略上の範囲の外にあった。しかし９・11テロ以後その状況は一変し、世界はフラット化した[12]。アルカイダをはじめとするテロ集団は世界規模で多くの人を殺害できる手段を持つようになり、米国は無関心ではいられなくなった。そのため、米国はＱＤＲ２００１で想定した四地域以外のアフリカの角、サハラ、中央アジア、フィリピン、インドネシアなど多数の地域（ｎ）で軍を展開し始めた。

この時点ではほとんどの兵力がイラクとアフガニスタンに投入されていたが、元来ある特定地域に兵力を固定することは避けるべきであった。「地域」概念で兵力の展開規模を決定することは意味がない。そして、国外展開をする米軍規模は縮小すべきであり、任務は受け入れ国の軍隊が多く遂行すべきであるとされた。

「２」は、二つの戦争に勝利することであり、ＱＤＲ２０１０もその継続を述べた[13]。その理論的根拠は五〇年以上も米軍の立案の基礎となってきた。多くの地域に重要な国益や同盟国がいるため、これらの国益に対する脅威が少なくとも一地域以上に存在するため、たとえ米軍の多数が紛争に関与していようとも攻撃を叩くあるいは抑止することができないという状況に陥るのは避けなければならない。少なくとも「二つの戦争」を規模の基準とすることは、重要な同盟国にアメリカとの安全保障上のパートナーシップの価値に疑問を抱かせることになるかもしれない。そして同盟の解消やアメリカの影響力の低下をもたらす。しかし軍の兵力規模の基準として「2」が残ることは、戦争に勝つための兵力の構築において停滞を意味するものではない。地域の敵国や中国がもたらす問題は劇的に変化しつつある。このような敵と対峙する米軍は海軍力、近代的防空、生物化学兵器、そして弾道ミサイルや核兵器に対する脅威を打破する投資が必要とされる。[14]

「1」とは、二つの戦争のうち一つで確実に勝利することである。米国は、二つの敵国のうちの「1」つを壊滅、占領し体制転換をする能力を維持することは、有力な「強い切り札」であり、維持されなければならない。しかしながら、もし地域敵国が軍事的手段により目的を追求しつつ戦略的抑止力を手に入れたら、ますます実行不可能になるかもしれない。[15]

3　ビン・ラディン殺害戦略とCT戦略

実際に、COINとCTとの間の戦略の選択の駆け引きについては、オサマ・ビン・ラディン殺害作戦成功が重要な意味を持っていた。CTを支持していたバイデン副大統領グループとCOINの支持派のアフガニスタン現地司令官であるペトレイアスとの対立を、前者の勝利で終わらせたからである。[16] それまではイラクでCOINが成功していたこともあり、ペトレイアスはアフガニスタンでその成功を期待していた。しかしアフガニスタンでの情勢は好転せず、パネッタCIA長官を中心にオサマ・ビン・ラディン殺害作戦が練られ、実行された。七月一八日にはオバマ大統領はペトレイアスの代わりにジョン・アレン海兵隊大将を現地司令官にし、安上がりのCTへと戦略を移行した。これで聖域であった軍事費削減が可能となったわけである。

しかもレオン・パネッタＣＩＡ長官が国防長官に就任した。パネッタは下院議員としても長く予算や財政に携わり「コストカッター」と呼ばれ、クリントン時代には予算局長を務めた。予算削減のためなら手段を選ばないシビアな〝仕分け人〟であるパネッタは、ビン・ラディンを殺害することでアフガニスタン戦争に区切りをつけ撤退の道筋をつけた。もはや支えきれないほどのコストとなっている戦費の削減のためには、この作戦はパネッタにとって避けては通れなかったのである。

また、オサマ・ビン・ラディン襲撃作戦に関してオバマ大統領は当初、却下したという。ブログ「ホワイトハウス・インサイダー」など複数の情報によれば、大統領とバレリー・ジャレット大統領上級顧問はこの作戦に反対していた。だがパネッタＣＩＡ長官は却下されても密かに作戦を詰め、それをクリントン国務長官が強く後押しをして、ゲーツ国防長官やペトレイアス司令官の全面的支持をとりつけた。バイデン副大統領もオバマ大統領より先に作戦の詳細を知っていて、支持派はかなり強硬な説得をしたようである。情報筋によれば、最終的に大統領が作戦計画の実施を知ったのは海軍特殊部隊突入の直前であったという。最高司令官である大統領の知らないところで作戦が練られ、外堀を埋められた大統領が作戦継続を認めざるを得ない状況であり、それは「クーデターのようだ」との論評もワシントンでは流れている。そして、それを推し進めたのがパネッタＣＩＡ長官であり、彼が国防長官に就任したことにより今後の米軍のオペレーションはＣＴへと転換する。

それを裏づけるように、ペトレイアスは六月二五日のＣＩＡ長官への承認公聴会でＣＴ作戦へ全力投入することを述べた。米軍生え抜きの司令官がＣＩＡ長官へと就任することで、ペトレイアスが「ＣＩＡの軍事化への懸念があることは認識している」と述べるように、ＣＴ作戦においては国防総省と役割を分担し合いながらＣＩＡの軍事的オペレーションが連むと考えられる。元ＣＩＡ幹部のポティートト退役情報官連盟（ＡＦＩＯ）理事長は、「対テロ戦争でＣＩＡと良好な関係を築いてきたペトレアスがＣＩＡ長官になれば、米軍との協力は一段と良好になり、これまで以上に軍事行動に積極的に関与する可能性もある」と述べている[17]。現に、ＣＩＡは９・11テロ以降、ヒューミントやエリントのような情報活動よりも、実際の軍事力行使へとそのオペレーションを強化してきている。現在ＣＩＡは、パキスタンとアフガニスタンとの国境地域を中心に無人機プレデターによる爆撃作戦を遂行している。そのことはまた、国防予算が削減される中、戦力を落とさないために予算が削減対象にされていないＣＩＡにその作戦任務を秘密裏に移行しているとも考えられる。

4　軍事費削減の米前方展開兵力へ及ぼす影響

緊縮財政下の国防戦略にもう一つダメージを与える出来事が起こった。二〇一一年八月二日に迫った国債の返済期限までの債務上限引き揚げ問題が、さらに国防費の削減を余儀なくしたのである。累積した財政危機の問題は大統領選挙での最大の焦点となり、米下院で債務上限引き上げを盾にとった共和党がオバマ大統領に条件闘争を挑んだのである。二日までに解決されなければ、年金の送付（二〇一一年八月三日）、短期国債の償還（八月四日）が不可能となり、米国債がデフォルト（債務不履行）を起こし株価暴落となる。下院で多数派を占める共和党が、大幅な支出削減とセットで債務上限引き上げを提案し、増税を求める民主党と真っ向から対立し暗礁に乗り上げた。両者のチキン・ゲームはぎりぎりまで続けられたが、八月二日に予算管理法が成立し、連邦債務の法定上限引き上げと同時に向こう一〇年間で二兆四〇〇〇億ドルの歳出削減が決められ、デフォルトは回避された。

しかし、それから先が問題となった。両者の合意に従い九一七〇億ドルの削減策がまとまったが、残り一兆五〇〇〇億ドルは米議会超党派特別委員会で論議され、一一月二三日までに議会に報告することとなっていた。しかし、与野党が対立し合意に達しなかった場合には強制的に歳出削減を行う「トリガー（引き金）条項」が発動される。その場合、二〇一三年から国防費を五〇〇〇億ドル、メディケア（高齢者医療保険）等の歳出を五〇〇〇億ドル、計一兆二〇〇〇億ドルが強制的に削減される。まとめられた場合には、両院本会議で財政赤字削減案を一二月二三日までに可決する。いずれにせよ、国防予算は当初の段階でまず三五〇〇億ドル以上は最低でも削減されるであろうと米議会筋では言われていた[18]。

それまでは、ゲーツ前国防長官が年間一〇〇億ドルの国防予算削減を行ってきたが[19]、上記のトリガー条項からみてアメリカは毎年五〇〇億ドル（向こう一〇年間で五〇〇〇億ドル）の国防費の削減をせねばならない。また、ブルッキングス研究所のマイケル・オハンロンは、最低でも毎年六〇〇億ドル（イラク、アフガニスタン等の戦争の費用は差し引いて）は削減せねばならないと見積った[20]。いずれにせよ、国防費はその時点よりも約三～六倍の削減を求められるので、今後米国は大規模紛争を遂行するならば財政破綻を覚悟せねばならなかった。予算削減のためには、削減できるものはすべて削減をする（slice-cut）ことになったのである。

財政危機とリセッションは、その基本的な原因を根絶せねば長期的にアメリカの国力への影響は大変深刻であった[21]。その基本的原因の一部は、米軍の戦略態勢にあった。この論議は冷戦崩壊後から本格的に開始され、ブッシュ政権時代にはトランスフォーメーションの論議として展開され、ラムズフェルド国防長官の下、米軍は変革された。またオバマ政権になってからも、ムラン統合参謀本部議長、ゲーツ前国防長官、クリントン国務長官も財政危機問題（借金と赤字）は安全保障と引けをとらない脅威であると認めたのである[22]。

ゲーツ前国防長官は二〇一一年一月六日に、今後五年間に国防費約一五〇〇億ドルの削減計画を発表した[23]。削減対象は、今後イラクやアフガニスタンからの米軍撤退が進むことから、二〇一五会計年度以降に地上兵力を構成する陸軍と海兵隊の要員を最大で四万七〇〇〇人規模を削減するとした。開発費で戦闘機F‐35は、特殊な能力を必要として開発が遅れている海兵隊仕様機に限っては今後二年間に問題が解決しない場合に開発を中止する。その他、海兵隊の次世代水陸両用戦闘車両、陸軍の新型地対空ミサイルシステムなどである。しかしながら、ゲーツ長官は、圧縮した経費から七〇〇億ドル以上を核兵器搭載可能な長距離爆撃機や沿岸域戦闘艦、無人機の増強など優先順位の高い分野への投資に充てるとした[24]。そうなれば、実際には五年間で八〇〇億ドル（年間一六〇億ドル）の削減にしかならず、米議会の要求する最低五〇〇億ドル削減にはとうてい足りないとした。

軍事費削減に関しては、「ゲーツが国防長官である間は減らせない。ゲーツは削減には反対してきた」（ローレンス・コーブ元国防次官補）と言われた。現に、オバマ大統領が二〇一一年四月の国防費削減を発表し、そこでは二〇二三年までに四〇〇〇億ドルを削減することが明言された[25]。それを受けて、これほどの予算削減は米軍の規模縮小を意味し、アメリカの軍事力後退につながるというゲーツの見解が、国防長官官房から明示された[26]。したがって、前述したように国防長官がゲーツからパネッタに交代した意義は大きく、国防費削減は大胆にかつ予測通りに行われる可能性が高いと考えられた。ワシントンの歳出削減の余波は米国のグローバルな軍事戦略の転換となる。オバマ大統領は「無駄をなくし効率化を高めるだけでなく、世界の変化に沿って任務や役割を根本的に見直すべきだ」と述べ、「軍事力のグローバルな再配分が進行中」（英国際戦略研究所）であった。

5　オバマ政権の対中戦略――「ヘッジ」と「関与」

冷戦後の米国の対中政策は、中国を「ヘッジ（Hedge）」し、国際社会に「関与（Engagement）」させ、「責任ある大国（Responsible Stakeholder）」にすることである。オバマ政権発足時は米中共同覇権体制とまで揶揄されるほど関与が重視された。ところが、後期では一見すると米中関係は悪化し、対中強硬路線（ヘッジ）に転換したかに思われたが、オバマ政権の対中政策は「関与」と「ヘッジ」の二者択一の政策ではなく、両者を同時に追求しながら、バランスをとる「あいまい戦略」がとられた。すなわち、前期は「ヘッジ」をするが「関与」傾向が強く、後期は「関与」をする「ヘッジ」の政策傾向が強いものになったのである。

オバマ政権は発足当初イラクとアフガニスタンからの撤退を優先とし、アジア地域への関与を低下させた。そして中国が「責任ある利害共有者」となることを期待し、オバマ政権前期では米中関係は接近した。そして、米中接近を確実にするため、スタインバーグ国務副長官が二〇〇九年九月に「米国は中国の台頭を歓迎するが、中国はグローバル・コモンを認める」という「戦略的再保証（Strategic Reassurance）」を中国に呼びかけた。これに対して、米国内で①緊張は高まるか、緩和されるか、②戦略的再保証は責任ある利害関係国に代わるのか、③米中が完全なパートナーへ向かうのか、④中国の軍事増強の理由を述べねば次のステージには移行できない――といった論議が沸いた。ところが、中国は二〇〇九年一二月のコペンハーゲンの第一五回気候変動枠組条約締約国会議（COP15）でオバマの面子を潰した。それに対してオバマは二〇一〇年一月に台湾向けに武器供与を行い、さらにダライ・ラマと二月に会談を行った。当然ながら中国は逆上し、二〇一〇年三月に「南シナ海は中国の核心的利益である」と公式に伝え、戦略的再保証の提案に「否」と答えた。「核心的利益」という言葉はそれまで台湾とチベットにしか用いなかったが、ここで初めて南シナ海にも適用したのである。さらに四月には中国は艦隊を第一列島線から第二列島線まで進出させ、同時にパキスタン、ミャンマー、スリランカで深海港建設を行い、バングラデシュ、ナイジェリアと港湾建設交渉を行い、前方展開の基地ネットワーク構築を展開していた。

これに対し、ゲーツ国防長官は二〇一〇年六月のシャングリア・ダイアログで「米国は航海の自由を脅かす行為に断固として反対する」と述べ、クリントン国務長官も七月のＡＲＦで「南シナ海の航行の自由は米国の国益であり、同海域の領土紛争関係国の多国間協議を支持する」と警鐘を鳴らした。これに対し中国は七月に南シナ海で中国三大艦隊の主力駆逐艦を動員する大規模な演習を行い両国の対立はますます厳しいものとなった。

この段階で、米国は「関与」から「ヘッジ」へと対中政策を大きく舵を切った。その後クリントンは「もはやＧ２は存在しない」と述べるまでになり、米中Ｇ２時代は終わりを告げたかに見えた。また、米国の対中戦略の転換は二〇一〇年二月に発表された「四年ごとの国防戦略の見直し（ＱＤＲ２０１０）」で明示された。さらにその後も米国は八月に空母とイージス艦を派遣し、南シナ海でベトナムと合同訓練を行った。また、その直後に米国は「中国の軍事力二〇一〇年」を公表した[27]。「中国の軍事力二〇一〇年」では、空母建造など増強を続ける中国の軍拡への懸念を強く示す一方、オバマ政権の対中配慮も同時ににじませた。米国の懸念を裏づけるように、米海軍は原子力空母ジョージ・ワシントンを南シナ海に派遣するなど、ベトナムとの関係を強化。パラセル（西沙）諸島などの領有権をめぐり同国と対立する中国を牽制した。領有権に関連して今回の報告書で特徴的なのは、軍事力というハードパワーを背景に、「外交上の利益を得るための軍事力活用の選択肢が増えつつある」点を述べたことである。これは東シナ海の大陸棚開発のほか、中国による尖閣諸島への領有権主張や南シナ海での領有権争いで、優位な外交を展開する能力を向上させていることを示唆した。また、中国軍の活動範囲については、二〇〇九年に言及した「西太平洋地域」をさらに掘り下げ、「第二列島線を越えた海上作戦」や「台湾をはるかに越えたアジア地域における軍事作戦の展開能力」を明記し、警鐘を鳴らしたのである。

6 ワシントンの中国認識の大転換――「ゲーム・チェンジャー」からの脱却

二〇一〇年中旬、ワシントンでは「新たに台頭する強引な中国（Newly Rising Assertive China）」を、「ゲーム・チェンジャー（Game Changer）」としてみなすワシントン・コンセンサスが出来上がった。エリザベス・エコノミーCFRアジア部長は、「中国は〝韜光養晦〟（能力をひけらかさず控えめを旨とせよ）」を改め、経済成長を維持し政治安定を確保するため現在のルール（規範や制度）を中国中心のものにすべくその戦略に転換させたと発表した。また、ウィンストン・ロードは「将来米国の地位を脅かすのは中国であり、米国は八割の力を中国に投入すべきだ」と警告した。

また、東アジアでは二〇一〇年三月の北朝鮮の韓国哨戒艦チョナン号沈没事件、九月の中国の尖閣諸島沖中国漁船衝突事件、一一月の韓国・延坪島への砲撃に対して、米国は二〇一〇年七月、八月、一一月に韓国と、一二月には日本と合同演習を行い米韓および日米との同盟関係を強化した。これら一連の米軍の動きは、米国が政権末期の北朝鮮の崩壊に向けた備えである一方、中国に対する示威行動を行ったものであった。

このように二〇一〇年は、米中関係は非常に悪化したが、オバマ政権はこの状況を打開し、米中関係安定化の方策も同時に行った。ホワイトハウスでは胡錦濤国家主席の訪米までにいかに「米中安定化」を行うかのロードマップの策定が、パール元NSCアジア上級部長を中心として二〇一〇年の九月から論じられた。その第一歩として、二〇一〇年九月にはドニロン大統領国家安全保障補佐官とサマーズ国家経済会議委員長が訪中し、①（軍同士の）戦略対話構築、②投資や市場アクセス、③通貨問題等の前進――を中国に持ちかけた。これに対する中国側からの返答は一〇月中旬までなかったが、戴秉国国務院委員が「中国は平和的発展を望み、アジアにおいて米国に挑戦することは意図していない」との論文を発表するに至り、それ以後、米中関係は進展した。同月、ゲーツ国防長官がハノイで梁光烈国防相と会談し、年内の次官級の国防政策協議開催が決定されたのである。

二〇一〇年の一〇～一一月にかけては、クリントン国務長官とオバマ大統領が相次いでアジア歴訪を行い、中国の拡張主義に対する「中国包囲網（New Security Architecture）」形成を行うメッセージを中国に送った。その後、中国は米国に対する傲慢な態度を改め、二〇一〇年一二月のカンクンで開催されたCOP16ではCOP15とは対照的な協調姿勢を見せた。また、中国は、戴秉国が訪朝し、北朝鮮に対して「さらなるエスカレーションを起こさないように」と警告した。米側からの中国が積極的に韓国に対して圧力をかけるようにとの要請を受け入れたのである。さらに米中間ではこの時点で経済分野での調整がなされ、米中間の協調路線に対する政策コンセンサスは出来上がっていった。そして、ゲーツ前国防長官の二〇一一年一月の訪中は「氷を砕く旅」となり、二〇一一年一月の胡錦濤訪米までの道筋が整えられることになった(28)。

二〇一一年一月に胡錦濤は国賓として米国に迎えられた。米中首脳会談の結果は一見、米中間に「雪解け」が訪れたかに見えた。オバマ大統領は、胡錦濤の顔を立て最大級にもてなしたが、その真意は、中国内での親米派の力を強化するものであり、中国宥和策であった。経済的に胡錦濤は米中首脳会談に合わせ米国に有利な商談をしたが、領土問題でしのぎを削った。米中共同声明から「核心的利益」が消された。しかしながらその後の共同記者会見で胡錦濤国家主席は「主権の尊重」に触れ、暗に「核心的利益」の重要性を主張した。これに対しオバマは、「中国が国際的ルールを認めれば中国の台頭を喜んで受け入れるが、そうでなければ、中国の台頭を封じ込める」と明言した。

このように米中首脳会談は米中間の「政冷経熱」（冷たい政治関係、熱い経済交流）時代を象徴するものとなり、「冷たい平和」という共存関係の時代に突入したと言えよう。オバマ大統領は二〇一一年二月の一般教書演説で、「米国は今、冷戦時代にソ連に遅れをとったスプートニック危機の状況にある」とし、「ゲームをセット・アップ」し、「将来を勝ち抜く」と宣言した。二〇一二年には中国の胡錦濤国家主席、温家宝首相を含む政治常務委員会七人のうち五人が引退し、新たな指導部が誕生し、ますます「ゲーム・チェンジ」のチャレンジを挑んでくることはほぼ間違いない。相対的にパワーを低下させているアメリカと、パワーを増加する中国との関係の中でオバマ政権は、対中政策をますますあいまいにしている。この点、対中ヘッジの側面から見るならば、中国軍の近代化が米国の国益に脅威となっていることを二〇一一年八月に出された国防総省の「中国の軍事力二〇一一年」[29]は指摘している。報告書は、中国の核抑止力の「質的、量的」近代化、中でも戦略的ミサイル力の質的、量的向上に注目する。また、二〇一五年以降空母の運用が可能となり、実戦配備を目指す次世代ステルス戦闘機「殲20」や、改良中の長距離弾道ミサイルに触れ、「周辺地域の航空基地や後方基地、その他の地上施設を攻撃する能力を向上させる」との見方を示した。

７　米国債格下げとバイデン副大統領の訪中——三つの対中ビジョン

そういった状況の中で、二〇一一年八月二日の米国債のデフォルト危機が起こった。このことにより米国の国防費の削減にいっそうの拍車をかけたのみならず、米国の経済的信用度にも大きく悪影響を及ぼした。格付け機関のスタンダード・アンド・プアーズ（Ｓ＆Ｐ）は、米政府の機能不全が深刻であり赤字削減額が十分でないとして、米国債を史上初めて「ＡＡ＋」に格下げしたのである。そのため株価が大幅下落し、米国経済の行方の不透明感がさらに広まった。

特に、米国債を一兆一七三五億ドル保有する中国[30]が、継続して米ドルの購入を行い、米国経済を支えてくれるかどうかがオバマ政権にとり大きな懸念事項であった。このタイミングで二〇一一年八月に習近平国家主席の招きで訪中したバイデン副大統領は、胡錦濤と習近平に米中関係の重要性を訴えた[31]。米国の国家としての格下げがあっても、中国が米ドルの購入を継続し、米国経済を支えてくれるように頼んだのである。中国にとって米国債の格下げは資産価値の減少につながる。米国債の格下げで米国債の価値が二〇〜二〇％下がれば、中国は約二三〇〇億〜三四〇〇億ドルの損失をもたらすと報じられている[32]。新華社通信は「米国はこれを非難するのではなく、ドルの信認維持に責任を果たすべきだ」と苦言を呈し、「米国は世界最大の債務国であるばかりか、基軸通貨の発行国でもあり、他国が有する外貨準備の価値を守る責任を負っている」との記事を八月八日に報じた[33]。この報道からもわかるように、中国側も今や米国と経済的ＭＡＤ（相互確証破壊）状況にあるため、米ドルは買わざるを得ない。そのような経済的相互依存状況に陥る中での米中の安全保障上の競争は、より複雑になる。

先に述べたように、冷戦後の米国の対中戦略は関与とヘッジ（抑止）の両者を同時に展開する「あいまい戦略（ambiguous strategy）」であり、その時の政権により優先順位が異なる。現在のオバマ政権後期においては、オバマ大統領が予算削減を優先課題とするために軍事費削減となる。したがって、関与のほうがヘッジよりも優先される。とくに北東アジアにおいて、今年一月の胡錦濤訪米以来、オバマ政権は中国との関係をリセットし宥和政策（関与政策）に傾き始めた。五月九日には第三回米中戦略・経済対話（SED）をワシントンで関催し、そこで合意されたアジア太平洋協力協議の初会合を六月二五日にハワイで関催した。そして、八月のバイデンの訪中である。ほぼ毎月一度のペースで大統領、副大統領級の会合を重ね安全保障問題も含めた論議を重ねるのは、あたかもG２体制を確立させるようなペースであった。

しかしながら、米中が共同覇権体制を組むのはありえるのであろうか？

この点、コロンビア大学のリチャード・ベッツ教授は『フォーリン・アフェアーズ』誌（二〇一〇年一一／一二月号）に掲載した「紛争か協調か」という論文で[34]、ミアシャイマー（大国政治の悲劇）、ハンチントン（文明の衝突）、フクヤマ（歴史の終わり）という三つのビジョンで今後の世界秩序の動向、とくに中国との関係を論じている。ミアシャイマーの論議は、「すべての大国は覇権の確立を求めている」というリアリスト的立場に立つ。そしてリベラル派の求める対中「関与」政策は、台頭する中国への処方箋にはならず状況を悪化させるだけだとする。結果的に、中国がアジアにおける覇権獲得に憂慮しながらも、米中二極構造へと向かう可能性は否定せず、二極構造は国際システムとしては最も安定していると考える。

これに対してフクヤマはリベラリストの立場から、今後世界の異なる地域と文化を包み込める一貫した唯一の思想はリベラルデモクラシーしかないとし、いずれ中国は民主化されるという楽観主義に立つ。また、ハンチントンは、今後世界は「文化」を軸にまとまると考える。その観点から、文明間の対立を回避するためには普遍主義を根絶し、非西洋文化の正当性を認め、非西洋文明同士の対立への介入は控えるべきだと強調した。

この三者のビジョンを米国の対中政策に当てはめるならば、まずフクヤマの中国がリベラルデモクラシーの国になる可能性はほぼ考えられない。また、ミアシャイマーの論理に立ち、長期的にアメリカから中国に覇権の移行がある場合は、そのプロセスにおいて平和的には進まないと考えられる。ベッツによれば、イギリスからアメリカへの覇権の移行が平和的に移行したのは両者の間に文化、イデオロギー的同質性があったからであるが、米中は異質であるため波乱含みとなると示唆する。ハンチントンは、アメリカはアジアにおける中国の覇権を受け入れるか、それに対抗する軍事ブロックを形成するしかないとする。とくに後者の場合対中ヘッジを説く。彼はアメリカが中国との対立を避け、準備を整えなかった場合に危険性があるとし、その時には中国との戦争の可能性があると警告した。

これら三人の見解に対して、ファリード・ザカリアはヘッジと関与を組み合わせる政策を論じているが、彼は経済的ウエイトが増えるに従い紛争の危機は低下すると指摘している。現在、アメリカは中国に対してヘッジと関与の両者を巧に使い分けながら対中政策を展開しているが、Budget Crisis にあるオバマ政権は関与を優先せざるを得ないのが現状であり、ザカリアが正しければ紛争の危機は低下しているはずである。

注

（１）Bureau of Labor Statistics（http://data.bls.gov/timeseries/LNS14000000）

（２）政権別の財政赤字累積額は、レーガン政権一・九兆ドル、父ブッシュ政権一・五兆ドル、クリントン政権一・四兆ドル（ただし最後の二年間で財政黒字に転じる）、ブッシュ政権六・一兆ドル、オバマ政権二・四兆ドルである。

（３）http://www.redcruise.com/nakaoka/?p=16

（４）共同通信社、二〇一〇年一一月一九日。

（５）NBC News/Wall Street Journal August, AUGUST 2011, 27-31 ⟨http://msnbcmedia.msn.com/i/MSNBC/Sections/NEW/A_Politics/_Today_Stories_Teases/Correct_NBCWSJ_poll.pdf⟩.

（６）Counterterrorism（CT）. These are operarions that include the offensive measures taken to prevent, deter, preempt, and respond to terrorism. SOF's role and additive capability is to conduct offensive measures within DOD's overall combatting terrorism efforts. SOF conduct CT missions as special operations by covert, clandestine, or low visibility means. SOF's activities within CT include, but are not limited to, intelligence operations, attacks against terrorist networks and infrastructures, hostage rescue, recovery of sensitive material from terrorist organizations, and non-kinetic activities aimed at the ideologies or motivations that spawn terrorism: (1) Intelligence Operations. These are operations to collect, exploit, and report information on terrorist organizations, personnel, assets, and/or activities. SOF have the capability to conduct these operarions in an overt, covert, and/or clandestine manner. (2) Network and Infrastructure Attacks. These are operations that involve preemptive strikes against terrorist organizations with the objective of destroying, disorganizing, or disarming terrorist organizations before they can strike targets of national interest. (3) Hostage or Sensitive Materiel Recovery. These are operations conducted to rescue hostages and/or recover sensitive material from terrorist control, requiring capabilities not normally found in conventional military units. The safety of the hostages and preventing destruction of the sensitive materiel are essential mission requirements. (4) Non-Kinetic Activities. These are actions that are focused on defeating the ideologies or motivations that spawn terrorism by non-kinetic means. These could include, but are not limited to, PSYOP, IO, CA operations, UW and/or FID.

(7) National Strategy for Counterterrorism, The White House, June 2011 〈http://www.whitehouse.gov/sites/default/files/counterterrorism_strategy.pdf〉.

(8) National Strategy for Combating Terrorism, September 2006 〈http://www.globalsecurity.org/security/library/policy/national/nsct_sep2006.pdf〉.

(9) Remarks of John O. Brennan, Assistant to the President for Homeland Security and Counterterrorism, on Ensuring al-Qa'ida's Demise — As Prepared for Delivery, The White House June 29, 2011 〈http://www.whitehouse.gov/the-press-office/2011/06/29/remarks-john-o-brennan-assistant-president-homeland-security-and-counter〉.

(10) Quadrennial Defense Review Report, February 2010, Department of Defense 〈http://www.defense.gov/qdr/qdr%20as%20of%2029jan10%201600.PDF〉.

(11) Andrew Hoehn, Adam Grissom, David Ochmanek, David Ahlapak, Alan Vick, *A new Division of Labor-Meeting*

America's Security Challenges Beyond Iraq, RAND, pp. 41–42.

（12）Thomas L. Friedman, *The World Is Flat : A Brief History of the Twenty-first Century,* New York, Picador Trade Paperback, July 2007.

（13）QDR 2010, p. vi.

（14）しかしながら、ＱＤＲ２０１０でこの分野に関する投資は延期されている。二つの地域の敵に力を見せつける必要性は、海軍や空軍の総規模を決定することに密接に関係する。

（15）ＱＤＲ２０１０に関しては、拙論「オバマの国防戦略（２０１０ＱＤＲ）と日米同盟」、『海外事情』二〇一〇年三月号、五五〜八一ページを参照のこと。

（16）「アフガニスタン駐留消極派」には、バイデン副大統領の他、ペロシ下院議長、レビン上院軍事委員長、ジョーンズ元ＮＳＣ大統領補佐官、エマニュエル元大統領主席補佐官がいる。また、「アフガニスタン積極派」には、クリスタル・アフガニスタン元司令官、ペトレイアス元中央軍司令官、マレンＪＣＳ議長、マケイン上院議員らがいる。

（17）『日本経済新聞』、二〇一一年六月二五日。

（18）Super Committee Will Cut Additional Billions in Defense Investment accounts and military personnel are likely targets for cuts *National Security Insiders,* September 12, 2011 〈http://www.nationaljournal.com/nationalsecurity/national-security-insiders-super-committee-will-cut-additional-billions-in-defense-20110911?page=1〉.

（19）Statement of Michael Sullivan, Director, Acquisition and Sourcing Management, "Defense Acquisitions: Observations on Weapon Program Performance and Acquisition Reforms," GAO-10-706T, Government Accountability Office. Washington, D. C., May 19, 2010, p. 4.

（20）O'Hanlon, p. 4.

（21）Michael O'Hanlon, *Defense Budgets, American Power, and The Asia-Pacific,* March 27 2011.

（22）Remarks by Admiral Mike Mullen at the Detroit Economic Blub Luncheon, August 26 2010 〈www. jcs. mil/speech. aspx ?ID=1445〉; Secretary of State Hilary Clinton, "Remarks on United States Foreign Policy," Council on Foreign Relations, Washington DC., September 2010 〈www. state. gov/secretary/rm/2010/09/1469.htm〉; Speech by Secretary of Defense Robert Gates at the Eisenhower Library, Abilence, Kansas, May 8, 2010 〈http://www.

defense.gov/speeches/speech.aspx?speechid=1467〉.

(23) DoD Announce $150 Billion Reinvestment from Efficiencies Savings, U. S. Department of Defense, January 6, 2011 〈http:/www.defense.gov/Release/Release.aspx?ReleaseID=14178〉.

(24) http://www.tokyo-np.co.jp/article/world/news/CK2011010702000199.html

(25) "The President's Framework for Shared Prosperity and Shared Fiscal Responsibility," April 13, 2011 〈http://www.whitehouse.gov/the-press-office/2011/04/13/fact-sheet-presidents-framework-shared-prosperity-and-shared-fiscal-resp〉.

(26) Reshuffle heralds big US defense cuts, Finalcial Times, April 27, 2011 〈http://www.ft.com/intl/cms/s/0/220ed636-70c5-11e0-9bld-00144feabdc0.html#axzz1ZDDxIaTj〉.

(27) Military and Security Developments Involving the People's Republic of China 2010 〈http://www.defense.gov/pubs/pdfs/2010_CMPR_Final.pdf〉.

(28) Interview with Douglas Paul, Vice President for Studies, Carnegie Endowment March 7, 2011.

(29) Annual Report to Congress, Military and Security Developments Involving the People's Republic of China, Office of the Secretary of Defense, August 2011 〈http://www.defense.gov/pubs/pdfs/2011_cmpr/final.pdf#search='Annual Report to Congress Military and Security Developments Involving the People & 039;s Republic of China 2011'〉.

(30) 二〇一一年六月時点での保有量、Department of Treasurey/Federal Reserve aboard, September 16, 2011 〈http://www.treasury.gov/resource-center/data-chart-center/tic/Documents/mfh.txt〉.

(31) Biden Meets China's Future Leader Xi Jinping, *Bloomberg News,* August 19, 2011.

(32) 『大紀元』、二〇一一年八月一三日。

(33) 『中国新華社』、二〇一一年八月八日。

(34) Richard Betts, Conflict or Cooperation ?, *Foreign Affairs,* November/December 2010.

（初出：二〇一一年一〇月）

第5章　米国の「戦略機軸《ストラテジック・ピボット》」のアジア・シフトと日米同盟
――米軍の二正面作戦放棄のインパクト

1　オバマ大統領の豪州議会スピーチ

オバマ大統領はイラク、アフガニスタン後の新国防戦略「米国の全世界でのリーダーシップの堅持二一世紀の国防戦略の優先事項」を二〇一二年一月五日に発表し、そこで米軍全体の規模を縮小するがアジア太平洋地域への戦力の重点的投入を謳った。この発表は二〇一一年一一月一七日のオーストラリア議会でのスピーチがベースとなっている。そこでオバマ大統領は、「大統領として米国は太平洋国家として、当該地域を長期的にそして多大に戦略環境の整備を行う役割を果たし、将来ともに同盟国と友好国との緊密な関係の下に確信的な原理を堅持することについて戦略的決断をした」との決意宣言を行った(1)。そのオバマ大統領のスピーチは豪州議会で行った米外交のアジアへのパワー・トランジッションの宣言となったものとも受け取られ、非常に重要なものである。それはあたかも一二月一七日の北朝鮮の金正日総書記の死亡を予見していたかのような発表であった。米国はその外交の戦略機軸(Strategic Pivot)を、イラク、アフガニスタンからアジアへスライドする。それは同時に米軍をイラク、アフガニスタンからアジアへシフトすることを意味し、「アジアにおける軍事費は削らない」と述べたことにオバマ大統領の強い決意を見て取れる。米国は費用も死傷者も多大に出した二つの戦争（アフガニスタン、イラク）から、潜在力の高いアジア太平洋地域へと重点を移すとし、アジア太平洋を米国の「戦略機軸」として位置づける。

また、その発言と前後してオバマ大統領がオーストラリアへ海兵隊を移駐させることを発表し、その第一歩を実行した。このオバマ大統領の豪州議会スピーチはまた中国への強いメッセージとなった。二〇〇八年の財政危機以後、中国は米国の衰退に比して米国やその同盟国に（とくに海洋権益で）高圧的になろうとしたことが、逆の決断を米国にさせたことになる。

このスピーチに対してニューヨーク・タイムズ紙に「米軍の豪州の駐留は必要なのか？」という討論が掲載され、四人の論者が寄稿している。第一は、ヘリテージ財団のディン・チャン研究員の「アジアへの米国のパワーの投資」という論題で、アジアにおける米豪関係の接近は、ヨーロッパにおける米英関係を彷彿させ、他のアジア諸国との同盟よりも深いものとなる。そして、米軍のオーストラリアへの駐留は中国のエネルギー、希少金属の生命線に対する圧力となり、当該地域の諸国が中国へバンドワゴンしないように再保証するものとなる。しかし、同時にチャンは、米国が軍事費の削減を余儀なくされる中で、この新たな計画がいかに中国の軍事力に抗するものとなるか、どれほど実行性を持つものになるかに疑問を呈し、外交・経済政策がキーとなるであろうとする。

第二は、ハーバード大学のジョセフ・ナイ教授の「要は未払い勘定」という論文である。ナイはここで、海兵隊二五〇〇人のオーストラリアへの駐留の理由を三点挙げている。一番目が、海兵隊のローテーションは当該地域への米国が太平洋のパワーとして留まる意志を示したことであり、アメリカの外交政策の中心が東アジア中心となる。二番目は、中国へのメッセージである。二〇〇八年の財政危機以後、多くの中国人が米国は衰退してきているので、中国は米国やその同盟国に対してとくに海洋権益でもっと厚かましくなるべきだと主張したことは誤りだったのである。米国は中国を封じ込める意図はなく、国際システムを遵守するように求めてきている。三番目は、沖縄普天間基地の辺野古移転はもはや不可能であり、豪州への米軍の一部移動は当該地域へのコミットメントは不動のものであるという意思表示となる。

第三は、フーバー研究所のコーリー・シェイク研究員の「なぜ、シンボルが必要か」の論文である。一番目は、米豪間の合意はシンボリックな意味があり、非常に重要であると述べる。その内容は、アメリカの豪州の空港へのアクセスの増加と二〇一六年に二五〇〇人となる海兵隊の六カ月のローテーションである。現在、アジアの同盟国は、経済的に中国と絡み合う一方、中国の果敢な政治的要求と軍事的な脅威を感じている。二番目は、沖縄の海兵隊移転問題に見られるように、日本への長期にわたる安定的な駐留に困難性が生じたために、基地をグアムや他の地域に分散化しようとしている点であり、オーストラリアへの分散化は、有事の際に重要となる。

第四は、オーストラリア国立大学のヒュージ・ホワイト教授の「アジアにおける優位競争」と題する論文である。オバマ大統領は中国とのプライマシーをめぐる戦略的競争にコミットした重大なシンボル的意味合いがあるとする。米国は中国のチャレンジに対して、その持てる力をすべて投入し、押し戻し、アジアにおける優位を維持することを宣言した。そして、訓練という観点から見た場合、オーストラリアはグアムにも沖縄にもない空間があり有益である。しかも、西太平洋におけるパワー・プロジェクション能力に何ら支障をきたすことはない。ここで問題となるのが、中国がそれに対してどう応えるかである。楽観的な見通しは中国が譲歩することであり、それが望ましい。一方、悲観的な見通しは、中国が受けて立つことであり、そうなれば米中覇権競争が始まり、当該地域は不安定となり、米国のみならずすべての諸国にとって壊滅的な損害となろう。多く論者が、米国のプライマシー（優位）に替わるものは中国の覇権であることがわかっているため、米国には選択肢がないと信じている。しかしながら、米国は中国がアジアにおける覇権をとろうとしているのを止めるためにアジアを支配する必要があるのであろうか、という根本問題をホワイトは問いかけている。

以上、四人の論者はつきつめるところ次の四点を論じているのである。第一は、オバマ政権の戦略機軸のアジア・シフトをどう読むか、第二は、米国の大統領選挙、第三は、米国の緊迫財政下の軍事費削減、第四は、沖縄の普天間の行方である。この四つの点をクリアにし、米国の軍事費削減と新国防政策との関連を探り、それがとくに沖縄普天間基地にどのような影響を及ぼすかを本章で論じる。

2 米国の「戦略機軸《ストラテジックピボット》」のアジア・シフト――コインの裏と表（Pros and cons）

「米国の戦略機軸（ストラテジック・ピボット）をアジアに移す」と宣言したクリントン国務長官の二〇一一年一一月一〇日のホノルル・スピーチの延長線上に、オバマ大統領のオーストラリア議会演説はある。[2] この米国のアジアへの「戦略機軸」のスライドは、米国がヨーロッパからアジアへシフトした新戦略なのか、またそうであったら緊縮財政下で可能なのか（Dan Blumenthal）、米国はヨーロッパ、中東からは機軸を動かすことは不可能だ（Mike Mochizuki）、いや、ただ単に大統領選挙のレトリックではないのか――といった論争がワシントンでは巻き起こっている。

マイケル・グリーンは、フォーリン・ポリシーで「アジア〝機軸（ピボット）〟のコインの表と裏すでに混乱?」と題し、[3] その功罪を問いかけている。まず、コインの表（Pros）は、インド太平洋地域は世界でも最も経済的発展が著しい場所であり、核保有が六カ国（米国、ロシア、中国、インド、パキスタン、北朝鮮）が存在する場所である。そこでは米国の同盟国や友好国が中核にいて米国が太平洋の国家として影響力を行使できる。アジアは米国にとってヨーロッパよりも重要なのであるが、アジア諸国は米国がこの地域に留まるかどうかに疑問を抱いている。したがって、オバマ政権はアジアの同盟国に米国のコミットメントは再保証することが必要であった。その一環としてパネッタ国防長官に続きオバマ大統領自身が、米国の軍事削減はヨーロッパからでありアジアからは行わないと明確にした。それに加え、クリントン国務長官がアジアを訪問する機会が増えている。とくに同氏は、「米国は〝前方外交展開政策〟を行うことにより、より頻繁にそして積極的に当該地域への外交的プレゼンスを強化する」

と述べている。そのことは戦略機軸を移す、移さないにかかわらず、米国がアジアへ焦点を当てている証である。

一方、コインの裏（Cons）は、米国の赤字削減のために避けられない軍事費削減が米軍の能力に与える影響である。それは、アジアにおいて同盟諸国や友好国を抑止する能力とリアシュアランスの信憑性の問題として現われる。また、今までの「二つの同時に起こる戦争に同時に対処し勝利をする（２ＭＲＣｓ）」という態勢から、「一地域で起こる戦争にだけ対処する（１ＭＲＣ）」に転換することは、もしイラン、アフガニスタン、パキスタン等で紛争が起こった場合、米軍をどこから調達するのかが問題となる。もしアジアから投入するのであれば、アジアに軍事的空白が生じることになる。また、中国に対して米国が急激にヘッジへと舵切りすることは非常にリスクが高い。アメリカの対中政策はヘッジと関与のバランスに立つのが好ましい。

以上のことから、マイケル・グリーンは戦略機軸の論議は政治的なフレームワークではないかとも考えられるとも述べる。二〇一二年は大統領選挙の年であり、共和党の有力候補であるミット・ロムニーはオバマ大統領の対中政策への弱腰を批判している[4]。そのためにも中国には強硬に出ざるを得ないという論議だ。

3　ディフェンシブ・リアリズム（勢力均衡）からオフェンシブ・リアリズム（覇権）へ

また、これらの論議の根底には、米国がディフェンシブ・リアリズム（ネオ・リアリズム）よりもオフェンシブ・リアリズム（ネオクラシカル・リアリズム）へと転換するのか、という論議が横たわる。

ここで言うディフェンシブ・リアリズムは、構造的リアリズムとも呼ばれ、「国際社会は無政府状態（アナーキー）であり国家をバランス維持に努める防御的な存在」と主張する学派（スクール）で、ケネス・ウォルツが提唱したものである[5]。国家はパワーを最大化させるよりも、むしろ安全保障を最大化させるべきであると論じる。そして拡大政策は安全保障のジレンマを引き起こすと警鐘を鳴らす。これらの論者にはケネス・ウォルツを筆頭に、ジヤック・シュナイダー、ロバート・ジャービス、スティーヴン・エヴェラらがいる。これに対して、オフェンシブ・リアリストのスクールにはジョン・ミアシャイマーを代表格としてファリード・ザカリア、クリストファー・レイン、ランドール・シュウェラーたちがいる。彼らの主張は、国際政治システムにおける安全は少ないと考える。そして、大国が安全保障を確保するための唯一の戦略が拡大とパワーの最大化であると論じる。(6) つまり、究極的にディフェンシブ・リアリストは「勢力均衡」をオフェンシブ・リアリストは「覇権」を目指すことになり、ここに決定的な相違がある。

国際システムのパワーの分布をクリストファー・レインは一極システム（単一の覇権大国）、二極システム（二つの大国）、多極システム（大国が三つ以上）があるとする。そして、米国はグローバルな覇権は獲得できないため地域での覇権国を目指すことを戦略としてきたとして、米国は西半球では覇権国として（一極システム）、しかしヨーロッパ地域とアジア地域では覇権国を出さないことを外交政策の基本としてきたと述べる。(7) つまり、ヨーロッパ（二極システム）とアジア（多極システム）ではオフショア・バランサーとなり、それぞれの地域でディフェンシブ・リアリストとしてバランスを確保してきたわけである。ところが中国の台頭によりアジアでのバランスが崩れそうになっているため、米国はオフェンシブ・リアリストとなり地域覇権を目指すことを今回決意した（オバマ大統領）と考えられる。

ここでの留意点は、ディフェンシブ・リアリストもオフェンシブ・リアリストも覇権国が最終的には他の大国のカウンター・バランシングにより打ち負かされると論じている点である。もしアメリカがディフェンシブ・リアリズムからオフェンシブ・リアリズムへ戦略を転換したのであれば、そのパワーの最大化を目指すことになり、アジア地域で覇権国となった時に墜落の道を辿るという。この事例にはチャールズ五世のハプスブルグ帝国、フィリップ二世のスペイン、ルイ一四世やナポレオンのフランス、そしてヒトラーのドイツがある。

このオフェンシブ・リアリズム（ネオクラシカル・リアリズム）の考え方は、ハンス・J・モーゲンソーのクラシカル・リアリズムに回帰するものである。[8] アジア地域における米中関係をモーゲンソーの理論で説明すれば、現状維持国に対する現状打破国のチャレンジであり、三つの選択肢がある。第一に自らの力を増大すること、第二に自らの力に他国の力を加えること、第三に敵対国から他国の力を引き離すというものである。そして、第一の選択肢は軍備競争となり、第二および第三の選択肢をとれば同盟政策を追求することになるとする。[9] 現状維持国が現状打破国に挑戦を受けた場合のことを考えると、現状維持国にとり同ネットワークの形成に成功すれば、現状打破国の台頭を阻止、もしくは遅延させることが可能となる。

このモーゲンソーの理論を現在の状況に適応するならば、米国は、第二のアジア諸国の同盟国および友好国の力を加える同盟政策でそのバランス・オブ・パワー政策をとりアジアにおける覇権を確立しようとしていると考えられる。つまり、ある地域に米国だけで封じ込められない潜在敵国が出現した場合には、他国に封じ込めを肩代わりさせるバック・パッシングを行うオフショア・バランシングを行うことになる。米国がオフショア・バランサーである限り戦争には巻き込まれず、現状打破国のある地域のバック・キャッチャー（同盟国および友好国）だけの力で現状打破国を封じ込められなかった時に限り紛争に現状維持国は介入した。たとえば、普仏戦争（一八七〇～七一年）と日露戦争（一九〇四～〇五年）では傍観してきたが、ドイツの台頭に対しては介入した（第二次世界大戦）。

4　バック・パッシャー（米国）とバック・キャッチャー（同盟国）との関係

この歴史認識が正しければ、アメリカがアジアにおけるバック・キャッチャー（同盟国および友好国）によるオフショア・バランシングが足りないと感じたために、オバマ政権は戦略機軸をヨーロッパと中東からアジアへ移行する決断をしたと考えられ、自らが覇権国として君臨しない限りはその衰退を免れることになる。その結果、バックパッシャーとしてのアメリカは自国と潜在敵国との紛争の代わりに、バック・キャッチャーが敵国と直接対峙

（あるいは紛争）を行ってくれるために有利な立場に立つ。その際に、バック・キャッチャーとしての同盟国が多ければ多いほど自国にとり有利となる[10]。

オバマ政権の「四年ごとの国防戦略の見直し（QDR2010）」では「テイラード・ディタ－ランス（適合抑止）」として、米軍の前方展開を併せ持つ同盟国と友好国からなるアーキテクチャーによるコミットメントを強化すると述べている[11]。そうであれば、アメリカはますますバック・キャッチャーの数を増やし中国包囲網を形成しテイラード・ディタ－ランスを強化することになる。アジアにおける対中テイラード・ディタ－ランスの構成国は日本、韓国、台湾、豪州、フィリピン、タイの五カ国を中心とし、これにインドネシア、インド、ミャンマー、ベトナム等を加えようとしている。事実、米軍は普天間移設問題では今後進展がないとしても普天間基地を強化し、嘉手納基地とともに継続使用する。韓国も米軍態勢を強固にして演習も頻繁に行っている。さらには豪州には海兵隊の二五〇〇人の移駐（二〇一六年に二五〇〇人）を行い、インドネシアには改良型F－16を二四機売却し、ミャンマーにはクリントン国務長官が五七年ぶりに訪問し、着々とニュー・セキュリティ・アーキテクチャーの構築を試みている。

しかしながら、バック・キャッチャーとなるアジアの国家は複雑な戦略環境が生じている。エヴァン・フェイゲンバームCFR上級研究員は「戦略機軸がシフトしている」というのはオーバーだとした上で、経済と安全保障のバランスが崩れ、これまでとは異なる戦略環境が生まれていると述べる。つまりアジア諸国は安全保障で米国、経済で中国に多くを依存する環境で、安全保障と経済のバランスをどうとっていくかに問題がある[12]。

この状況下で潜在敵国（中国）から軍事的脅威を受けた諸国は、もし他国（アメリカ）にそのコスト（政治・軍事・経済的）を肩代わりしてもらえるなら何でもする。ところが潜在覇権国が他国（アメリカ）に比較して強力であればあるほど、その諸国間ではバック・パッシングするのが難しくなり、潜在覇権国に対してバランシング同盟を形成しようとする傾向が増す。その結果、他国（アメリカ）は自らがバランサーとなりバック・キャッチャーとともにバランシング同盟を形成せねばならなくなる。これが現状であると分析できる。

一方、潜在敵国（中国）が地域覇権を獲得しようとするのであれば、アメリカのバック・キャッチャーの少しでも多くを自らのバック・キャッチャーへと転換することが必要となる。とするならば、潜在敵国（中国）は軍事的パワーを増大すると同時に、経済的パワーをバック・キャッチャーへ行使することがますます増えてくるであろう。

したがって、米国がどれくらいニュー・セキュリティ・アーキテクチャーを強固に維持できるか、バック・キャッチャー諸国をどれくらい自国陣営に留め置くことができるかが今後のアメリカの将来に直結することになる。もし、米国が中国とのアジア地域での覇権競争に負ければ、オフショア・バランサーとなりアジア地域からは米軍を撤退させることになるであろう。これをクリストファー・レインらの論者は勧めている(13)。

5　米国大統領選挙の年

米国がこういったオフショア・バランシングをとるには原因があった。それは第一に大統領選挙、第二に未曾有の財政危機とそれに伴う軍事費削減である。二〇一二年の大統領選挙まで一年を切った二〇一一年、民主党は現職のオバマ大統領が大統領候補となることが確実となった一方、共和党は大統領候補指名を目指して各候補がしのぎを削っていた。いちはやく名乗りを上げたミット・ロムニーがトップランナーとなるかと思いきや、トップは次々と入れ替わり、共和党候補も横並びで強い支持を得られなかった。その時の話題をさらった候補に支持が集まるものの一過性にすぎず、たちまち支持を落とすという状態の繰り返しとなっていた。

まず、ティーパーティの動きが注目を浴びた二〇一一年六月頃からは、ミッチェル・バックマン（ミネソタ州下院議員）、リック・ペリー（テキサス州知事）、ハーマン・ケイン（ジョージアの企業家）が次々と脚光を浴びては沈んでいった(14)。一一月に入ると、にわかにニュート・ギングリッチが支持を集め、トップランナーとして追われる立場についた。ギングリッチは保守派で序盤戦では支持率は低迷していたが、ペリーやケインが支持を落とすのと並行して支持を集めた。

だが、共和党の候補がいまひとつインパクトに欠けることがオバマ大統領にとっては幸いした。共和党候補が互いに足を引っ張り合い欠点をさらけ出し合えば合うほど、オバマ大統領への支持が高まるからであった。その意味において二〇一二年の大統領選挙では共和党候補がオバマ大統領の勝敗を左右した。

中道で地味ながら堅実な路線のロムニーが共和党の候補となった場合、オバマ大統領の苦戦が予想された。逆に共和党候補がギングリッチの場合、オバマ優位になる。ギングリッチは下院議長を務め長年ワシントンの政治にかかわってきただけに経験豊富だが、大統領にふさわしいかという点では評価が厳しかった。

二〇一二年の大統領選挙では経済問題、財政赤字問題がメインテーマとなった。この点では、共和党と民主党では政策が真っ向から対立した。財政赤字解消の政策として富裕層への増税を主張する民主党に対して、共和党は社会保障関連の歳出削減を主張して譲らない。両者が歩み寄ることができないため、八月にはデフォルトの危機に陥り、赤字削減の委員会でも妥協できないでいた。そのため国民の議会への支持は一二・三％と下がる一方であった。折しも米国のウォール・ストリートでは、「九九％の貧困層と一％の富裕層」というスローガンを掲げた若者によるデモ運動が展開され、全米に拡大した。この経済格差への不満と失業に苦しむ若者の不満にオバマ大統領も「気持ちはわかる」と理解を示して、富裕層への増税の追い風とした。この社会現象は、富裕層への増税に反対する共和党にとっては厳しい一撃となった。

大統領選挙では、宗教の持つ影響力が重要な位置を占める。とくに福音派と呼ばれる層の票を摑むことができるか否かは、勝敗を左右するほど重要である。米国の調査会社ピュー・リサーチ・センターの調査によれば、共和党の大統領候補指名レースでは宗教が問題になるが、本戦では問題にならないとの結論を調査結果から導き出している。(15) 一一月九日から一四日にかけて実施された同社の共和党支持者対象の世論調査では、ロムニーの宗教であるモルモン教をキリスト教と考えているのは五四％と半数以上に上り、モルモン教がキリスト教として受け入れられていることを示す一方、福音派に限ると、モルモン教をキリスト教と認めるのは三五％となる。さらに、プロテスタントやカトリック教徒は、共和党の候補としてロムニーを支持するが福音派は支持しない傾向にある。福音派が最も支持しているのはハーマン・ケインだったがケインがレースから撤退したため、福音派の票はギングリッチに流れる可能性があった[16]。だが大統領選挙本戦でロムニーとオバマの決戦となった場合、福音派の九一％がロムニーに投票すると答えており、本戦では宗教は要因ではなくなることがうかがえた。民主党プロテスタントよりは共和党モルモン教のほうがましだという強い意識を福音派は持っていたのである。

ティーパーティの票も重要であった。ティーパーティが支持していたのはハーマン・ケインだったが、ケインの撤退によりその票もギングリッチに流れる可能性があり、ロムニーにとっては厳しい闘いとなる。超保守派であるティーパーティにとっては中道のロムニーは受け入れ難く、逆にティーパーティでなければロムニーへの支持は二七％と高かった[17]。

民主党から共和党レースを見ると、共和党候補にギングリッチが指名されると最も楽なレースとなっていた[18]。彼はワシントンの中では「指導力の欠如」「節度がない（主張に一貫性がない）」と厳しい批判にさらされていた。ただ、近年ギングリッチはヒスパニック系への食い込みが盛んで、ヒスパニック系の票を取り込みかねない[19]。二〇〇八年の大統領選挙ではオバマ候補はヒスパニック系の支持を得て勝利に結びつけたが、ヒスパニック系の支持がギングリッチに流れると苦戦を強いられる可能性もあった。

共和党候補がロムニーとなった場合は、世論調査からもわかるようにオバマ陣営は苦戦を強いられる可能性が高い。天文学的な財政赤字と低迷する経済、ヨーロッパの経済危機の影響などアメリカの前には課題が山積みである。オバマ政権の経済政策に対しては国民の不満が高いため、経済に強いと定評のあるロムニーの手腕に期待する声が高まるかもしれなかった。

オバマの中国に対する強硬姿勢は、同時にすでにスタートした大統領選挙向けのものであったのである。共和党の最大の候補であるロムニーやギングリッチはオバマ大統領の対中政策が弱腰であると非難してきた。現職にあるオバマにはここにきて中国に対する強硬姿勢が、大統領選挙を戦い抜くためにも必要であった。

6　米国の緊縮財政と軍事費削減

二〇一一年一一月一日、米議会超党派委員会は削減案をめぐり合意に達することができず、米国の国防予算は二〇一一年予算管理法に基づき、二兆一〇〇〇億ドルのデット・シーリング（債務上限）の引き上げと引き替えに、以下のとおり、二段階の削減が行われることとなった。第一段階の措置は、非義務的経費に上限（キャップ）をかけ、今後一〇年間で九〇〇〇億ドル超の予算の節約を行う。このうち、三五〇〇億ドルは、国防基礎予算（全国防関連予算から退役軍人関連予算、海外任務関連予算、エネルギー省関連予算を除外したもの）から捻出。この結果、たとえば一二会計年度について言えば、国防基礎予算は五二五〇億ドルの上限が課されることとなり、これは政権の要求額の五五三〇億ドルよりも二八〇億ドル（五五％）少ない額となる。

第二段階では、一二名から成る超党派委員会が一〇年間で一兆五〇〇〇億ドル相当の債務削減案を作成する。ここでは、非義務的経費の上限設定だけでなく、社会保障費等の給付や租税の問題も議論の対象となる。同委員会は一一月二三日までに削減案に合意せねばならず、その場合は、同案は一二月二三日までに連邦議会の採択を得ることになっていた。

しかし、同委員会が一一月二三日までに最低でも一兆二〇〇〇億ドル相当の削減案に合意できなかったため、一兆二〇〇〇億ドル相当の強制歳出削減措置が執行されることになった。このうち、半分に当たる六〇〇〇億ドルが安全保障関連予算からの削減となり、うち約九六％に当たる五七六〇億ドルが国防基礎予算から捻出されることになる。この結果、仮に強制歳出削減措置が執行された場合、第一段階の措置と合わせると、国防基礎予算だけでも一〇年間で約九〇〇〇億ドル前後の削減が行われることになる。

これを単年度に落とした場合、一三会計年度については四七二〇億ドルまで自動的に削減される計算となる。これは議会予算局（CBO）の一三会計年度予測値との比較では約一四％の削減、政府の一三会計年度予測値との比較では約一七％削減となる。しかしながら、強制的歳出削減措置が発効するのは二〇一三年一月であるので、それまでに二〇一一年予算管理法を無効にするか覆すような法律を議会は提出することが考えられる。また、行政府としては、二〇一一年予算管理法が実際に無効化されるまでは同法に従う必要があることから、強制的歳出削減措置の無効化が遅れれば遅れるほど、二〇一二年二月に開始されるとされるFY二〇一三の予算編成作業に混乱が生じることが考えられた。

7　軍事費削減四つのシナリオ

ただ、具体的にどれほどの軍事費削減がなされるか定かではなかったために、様々な憶測がなされた。この点新アメリカ安全保障センター（CNAS）は「厳しい選択、緊縮財政下の責任ある国防（Hard Choices-Responsible Defense in Age of Austerity）」という報告書で軍事費予算削減に伴う四つのシナリオを提示した[20]。

第一は、国防予算が三五〇〇～四〇〇〇億ドル削減された「再配備とリセット（Reposition and Reset）」のシナリオである。ここでは削減総額を海軍一％、空軍三％、陸軍一九％、国防関連活動七三％、それ以外四％に割り当てる。具体的には、二〇一四年からのアフガニスタンからの撤退兵力数と関連して二〇一五年会計年度から陸軍が五二万人を四八万二〇〇〇人、海兵隊一八万七〇〇〇人を一七万五〇〇〇人まで削減し、二〇〇一年の水準に戻す。したがって、シナリオ1では過度に広範囲に、あるいは急速な計画変更により生じる潜在的な脆弱性を極限する。

現状維持が可能なシナリオでグローバルな脅威への米軍の対処能力が維持される。調達においては、老朽化したプラットフォームのハイテク兵器システムへの転換、既存システムの更新および新たな革新的技術によるハイ・ロー技術による近代化を目指す。LCS、F-35、陸軍近代化およびミサイル防衛プログラムを実質的に削減し、削減額の大部分をDDG-51クラス、F/A-18、F-16、ブラッドレー戦闘車および装軌車両等高性能の既存のプラットフォームに再投資する。

第二は、国防予算が五〇〇〇～五五〇〇億ドル削減された「抑制されたグローバルなプレゼンス（Constrained Global Presence）」のシナリオである。このシナリオでは、米国の死活的国益にかかわる地域を優先し、世界の他の地域のリスクを許容する。中東における米国の国益を守りつつ、環太平洋地域を越えて米国の軍事力を維持することに焦点を当てる。それと同時に、予期せぬ脅威に対して戦略投射能力および地上部隊能力を維持する。ここでは削減総額のうち海軍二％、空軍七％、陸軍一五％、国防関連活動七二％、それ以外四％に割り当てる。陸軍と海兵隊はシナリオ1と同じく二〇〇一年の水準にされる。また、アラビア湾における海軍展開に選択的に関与する一方、地中海、アフリカ、南米への展開規模は縮小される。調達面においては、海兵隊のV22オスプレイの削減、海軍ではMQ4CとF-35プログラムを削減し、その一部をDDG-51等の既存プラットフォームに再投資し、戦闘UAS開発に投資する。つまり、第二のシナリオでは老朽化した装備の近代化と更新に重点を置くこととなる。

第三は、国防予算が六五〇〇～七〇〇〇億ドル削減された「選択的レベレッジ（Selective Leverage）」のシナリオである。インド洋、西部太平洋と同様に中東、アラビア湾の米国の国益の防御に焦点を当てるが、より大きなリスクと重要度の低い地域からは米軍プレゼンスを減少させる。シナリオ3ではシナリオ2の削減を行い、削減総額を海軍八％、空軍七％、陸軍一四％、国防関連活動六七％、それ以外四％に割り当てる。陸軍の総兵力は四六万人、海兵隊は一六万二五〇〇人に削減する。そして重部隊を予備役に移行させることにより大きな予算削減となる。最終的に、太平洋および他の海域を越えた前方展開戦略の中核となるバージニア級攻撃潜水艦および揚陸艦といった海軍艦艇が削減される。さらに次世代型有人航空戦力も削減される。シナリオ3の予算削減は海軍艦艇の削減を強いるものとなり、米軍前方展開を減少させ、グローバルな米軍の関与がさらに困難となる。そして、海空のアセット不足に加え、陸軍と海兵隊の総兵力が削減により地上戦力が必要とされる不測事態では大きなリスクを負うこととなる。

第四は、国防予算が八〇〇〇～八五〇〇億ドル削減された「経済重視の軍事力（Focused Economy of Force）」のシナリオである。シナリオ4は、米国の中核的国益に脅威を与える敵に対する高強度戦争の遂行が可能な近代戦力維持を目的とするが、その他の分野では大きなリスクを負う。ここでは多額の予算削減が可能であるが、選択の幅を制限し苦痛を伴う決断が迫られることとなる。米軍の主要地上戦力と統合戦闘機の削減は、危険な世界から米軍を後退させるとのメッセージとなりかねない。ここでは削減総額のうち海軍四％、空軍八％、陸軍一六％、国防関連活動六四％、それ以外四％に割り当てる。シナリオ4では、陸軍総兵力が四三万人、海兵隊を一五万人まで削減され、また、海軍艦艇数の削減が行われ、米軍前方展開を減少させ、グローバルな関与はさらに困難になる。このギャップを埋め合わせるため、前方駐在米兵のローテーションや海上での長期展開、優先度の低い地域からのアセットの移動を行う。海兵隊は揚陸艦三隻態勢から二隻態勢となりその遠征打撃群（ＥＳＧ）能力は低下するが、それを前方展開やローテーションの再編を通じて補う努力がなされる。結果的にシナリオ4では米軍を使用するタイミングにより慎重な選択が求められることとなり、大規模な紛争は多大な損害を被る覚悟が必要となる。それと同時に、シナリオ4はますますアジアの同盟国に対する米国の安全保障上のコミットメントに疑問を生じさせ、結果的に独自の軍事力構築に向かわせ、ひいては当該地域の不安的化につながりかねない。また、米軍の介入能力低下は、当該地域諸国を中国へのバンドワゴンへと導きかねない。

以上四つのシナリオの主な共通点は、以下の通りである。①次世代の戦争における米国の優位確立に必要なステルス、海上および地上ベースの長距離戦闘ＵＡＳおよび無人潜水艦等の技術への優先的投資、②将来の軍事作戦で重要な役割を果たす特殊部隊に関する現行計画の維持、③CG47級巡洋艦六隻の退役およびLCS（沿岸戦闘艦艇）調達予定数の削減、その削減分をイージスミサイル防衛システム装備のDDG‐51級駆逐艦へ再投資、④F‐35ステルス短距離戦闘攻撃機の取得予定数の削減、削減の一部を性能向上型F／A‐18E、F‐16の取得および先進UASの開発へ再投資、⑤一五機のC5Aの退役と関連インフラおよび人員の削減による、米戦略空輸飛行隊の保有数を三一六機から三〇一機までの削減、⑥米国のアフガニスタンおよびイラクからの撤収による地上兵力への作戦要求低下に伴う、陸軍と海兵隊の総兵力の縮小。リスクに対する備えとして、シナリオでは州兵および予備役の戦略および運用における最大限の活用の追求、⑦陸軍の地上戦闘車両（GCV）、統合軽戦術車両（JLTV）および統合戦術無線システム（JTRS）を含む地上戦力プログラムの中止または大幅な延期、⑧現行の調達予定では、今後一〇年間での経費削減が相対的にほぼ見込めないことから、国防省の予算内における次世代核戦力運搬手段の削減を回避。代わりに、シナリオでは国家核安全保障局予算内での投資、⑨国防省がすでに決定した効率化イニシアティブ以上に、人権費および関連経費を削減することによる戦闘能力の維持、⑩二〇一七年会計年度をもって統合即製爆発装置対処機構（JIEDDO）の廃止。これによりアフガニスタンからの米軍戦闘主力部隊の撤収後、数年間でJIEDDOの最も有用な技術を広範な軍の開発活動への統合、⑪イージス海上ベースシステム等の戦域ミサイル防衛プログラム関連の作戦行動を優先し、本土ミサイル防衛プログラム関連の実験への資金の削減。

8　グアム関連予算の行方と普天間基地移設問題

普天間基地が辺野古へ移転するためには、その資金が必要となる。それに関してはグアム協定で日本側とアメリカ側の分担金の取り決めが確認され、グアム移転費用一〇二億七〇〇〇万ドルのうち、日本側が六〇億九〇〇〇万ドル、米側が四一億八〇〇〇万ドルの予算を計上できるかどうかが注目された[21]。もし、米側がグアム関連予算を計上できなければ、たとえ辺野古に代替基地が建設されたとしても海兵隊要員約八〇〇〇人とその家族約九〇〇〇人のグアムへの移転、さらに嘉手納飛行場以南の施設の返還が不可能となるからである。したがって、米側のグアム関連予算が計上されるかどうかは非常に重要であった。グアム関連予算に関しては、「国防予算授権法案」と「ミリタリー・コンストラクション・退役軍人予算歳出法案」（ミリコン法案）の二つの予算関連法案で検討がなされる。「国防予算授権法案」は軍事委員会で、「ミリコン法案」は歳出委員会でいずれも審議される。法案の決定は、上下両院の委員会がそれぞれ決定を行った後、上下両院の軍事委員会同士で、また同じく歳出委員会同士で、法案の違う部分について調整を行う。そして調整が済んだところで、それぞれの院に持ち帰り本会議で採決がなされる。もし上院と下院で違う結論が出た場合には、上下両院で意志統一がなされた上で、米議会としての意思を固め法案として可決される。法案は大統領が署名をして法律となる。

「国防予算授権法案」は軍事委員会で国防予算の大枠を決めるものである。米軍普天間飛行場をキャンプ・シュワブ沿岸部に移設するとした日米合意計画を断念し、普天間の機能を米軍嘉手納基地に統合するよう求めている軍事委員会が提案したものである。同法案は、嘉手納統合案の実現可能性について、国防総省に調査を求めているほか、海兵隊グアム移転に関する詳細な計画が議会に提出されるまで、いっさいの関連支出を禁じる条項が盛り込まれた。

二〇一二年度の「国防予算授権法案」に関しては、下院は二〇一一年五月にすでに政府が要求する通り移転費一億五六〇〇万ドル（約一二〇億円）を盛り込んだ法案を可決した。一方、上院では一二月一日に本会議で、在沖縄海兵隊のグアム移転費の支出を認めない一二会計年度（二〇一一年一〇月〜一二年九月）の「国防予算授権法案」を賛成多数で可決した。その理由として、グアムのインフラ整備が遅れていることと、海兵隊移転の前提となる普天間飛行場の移設実現のメドが立っていないことを挙げている。それを受けて上下両院協議会で、上下両院の軍事委員長と野党筆頭理事の計四人が中心となり七日以降、断続的に最終的な取り扱いをめぐり協議を行った。

その結果、上下両院の軍事委員会で、沖縄駐留の米海兵隊のグアム移転の関連費一億五六〇〇万ドルについて二〇一二会計年度を「国防予算授権法案」から全額削除して、全会一致で可決した。軍事委員会は、①必要と見込まれるグアム移転関連費の総額、②移転の具体的なスケジュール、③海兵隊のアジア太平洋地域での最新配備案を提示することを米政府に求め、これらの条件が満たされなければ支出を認めないことで合意した。また、日本が提供した移転費についても執行を凍結する条項が盛り込まれた。一方、グアムのインフラ整備が遅れたことにより支出されず未消化となっている予算約五億ドル（約三八〇億円）については、支出禁止条項の例外として支出を認めた。米政府側の未執行のグアム移転関連予算には、米軍のアジア太平洋戦略と密接に絡む事業となる米空母接岸のための新しい岸壁建設に向けた港湾改修などが含まれていた。

一方、二〇一二年の「ミリコン法案」は歳出委員会で軍事施設にかかわる予算の大枠を決めるものである。米国の法令第一〇編第二章一一四節によって、ミリタリー・コンストラクションに関しては議会によって予算が策定されなければならない。ここで言うミリタリー・コンストラクションとは、軍事施設にかかわる建設、開発、改造、拡張を指すが、それらの施設は国有だけでなくリースされているものも含み、また恒久的、一時的を問わずいかなる軍事施設をも対象としている。具体的には土地の取得、核兵器や戦艦のための新たな軍事施設の建設、軍の再配備に伴う新たな基地の建設、軍の生活や活動環境の改善、基地の再編と閉鎖（ＢＲＡＣ）に関する経費、環境回復のための費用、また、ＮＡＴＯ関連で基地の建設などの費用も含まれる。さらに基地関連の他には軍の家族のための宿舎の建設も含まれる。[22] したがって、ここにグアム関連費用が入るわけである。

米下院歳出委員会は二〇一一年六月一四日、在沖縄米海兵隊のグアム移転費（一億五六〇〇万ドル）を含む二〇一二会計年度の予算法案を可決した。また、同時に同委員会は前述した約六四九〇億ドル（約五二兆二九〇〇億円）の国防歳出法案も可決した。

一方、米上院歳出委員会は二〇一一年七月三〇日、二〇一二会計年度の軍事建設等歳出法案をオバマ政権が要求した在沖縄海兵隊グアム移転費約一億五六〇〇万ドル（約一二〇億円）を全額削除して全会一致で可決した。その上で、グアム移転とその前提条件となる沖縄県の米軍普天間飛行場移設について、二〇一二年五月二五日までに進展状況や将来展望を詳しく報告することを求めた。同委員会は一部海兵隊のグアム移転について厳しい財政事情の中での巨額の予算支出に懸念を表明した。そして国防総省がこれまで基本計画を提出していないことに加え、日本政府が普天間移設を実現できない可能性を指摘し、同年度の予算計上は認められないと結論づけた。

米下院本会議は一二月一六日、二〇一二会計年度歳出法案を、在沖縄海兵隊グアム移転費を全額却下して、賛成多数で可決した。また、これに続いて上院本会議でも翌日、賛成六七、反対三二で可決された。歳出法案は付属文書で、アジア太平洋地域での米軍の態勢強化を支持すると表明する一方、グアム移転の基本計画を策定し、費用見積もりのやり直しを国防総省に要請していた。また、今回予算計上を見送った理由については、現地の環境影響評価などをめぐり「予期しない障害が多数生じ、施設の建設を妨げたため」だと説明した。結果的に米側のグアム移転費は軍事委員会（国防予算授権法案）でも歳出委員会（ミリコン法案）でも認められなかった。その結果、日本政府も一二月一四日、日本側の分担経費（在沖縄米海兵隊のグアム移転関連経費）につき、二〇一二年度予算案は二〇一一年度予算で計上した約五一八億円を一〇〇億円未満へと減額し、さらに普天間の辺野古移設の建設費についても二〇一二年度予算案で計上しないこととなり、必要性が生じた場合は予備費で対応することとなっていた。

日米とも二〇一二年度のグアム予算がつかなかったため、米海兵隊の普天間基地の辺野古移設はほぼ不可能となった。その結果、普天間基地に海兵隊は残留する可能性が非常に高くなり、嘉手納飛行場以南の施設の返還はご破算となり沖縄に関する特別行動委員会（ＳＡＣＯ）以前の状況に戻ることが濃厚となった。

米側の決定にいかに対処するのか。日本政府ばかりでなく、沖縄も苦境に立たされることとなった。

それに対して、沖縄をめぐるタイムテーブルは目白押しであった。現在予定されているのは、二〇一一年末の日本政府からの環境影響評価書の提示、それを受けての沖縄県側からの解答の公示閲覧、一二年四月に普天間基地へのオスプレイ飛来の通知、五月は米国防総省の米議会報告への現状報告、六月沖縄県議会選挙、七月オスプレイの普天間飛来と、ここまでも地元沖縄と日本政府、米国政府との間にかなりの摩擦が起こることは容易に想像ができた。その後は日本政府の沖縄県への埋め立て許可申請となっていたが日本政府はグアム関連予算がつかない米側の責任だと言いわけをすることもできた。

しかし、手続きが進まなければ実質的には海兵隊は普天間に残留することになる。海兵隊はオスプレイ用の格納庫を造ったり、滑走路を補強したり普天間基地の補強を行うことになる。沖縄県民や反基地闘争家がいかに成田闘争並の運動を展開したとしても、いったん米国が大戦略を決定しその延長線上に米海兵隊が普天間への残留を決定すれば、それを変更させるのはきわめて難しかった。

結果的に沖縄がかたくなに辺野古移設を拒んだために海兵隊は普天間に居座ることとなったとすれば、沖縄県や沖縄住民はどう反応するのであろうか。

注

（1） Remarks by President Obama to the Australian Parliament House, Canbera, Australia, the White House, Office of the Press Secretary, November 17, 2011.

（2） US Department of State, Secretary of State Hillary Clinton, *On America's Pacific Century*, November 10, 2011, East-West Center, Hawaii.

（3） Michael Green, "Dezzy yet ? Pros and Cons of Asia 'pivot'," *ForeignPolicy*, November 21, 2011.

（4） ロムニーは二〇一一年一〇月七日に外交政策を発表し、中国について警戒感を示し、その外交・安全保障顧問大にチャートフ前国家安全保障長官、ヘイデン元CIA長官、フリードバーグ・チェイニー副大統領次席補佐官などのブッシュ前政権の強硬派を指名した。

（5） Kenneth N. Waltz, *Theory of International Politics*, USA, McGraw-Hill, 1979.

(6) John Mearsheimer, *The Tragedy of Great Power Politics,* Norton & Company, Inc, New York, 2001, pp. 15–16.
(7) Christopher Layne, *The Peace of Illusions,* Cornell University Press, Ithaca and London, 2006, p. 16.
(8) 吉川直人、野口和彦編『国際関係理論』、勁草書房、二〇〇七年一一月一五日、一四七ページ。
(9) Hans J. Morgenthau, *Politics Among Nations,* Alfred Knopf, New York, 1967, p. 194.
(10) John J. Mearsheimer, *The Tragedy of Great Power Politics,* Norton & Company, Inc., New York, 2001, pp. 269–272.
(11) Department of Defense, *Quadrennial Defense Review Report,* February 2010, p. 14.
(12) Evan Feigenbaum, Strengthening the U. S. Role in Asia, CFR interview, November 16, 2011 〈http://www.cfr.org/asia/strengthening-us-role-asia/p26520〉.
(13) Christopher Layne, *The Peace of Illusions,* Cornell University Press, Ithaca and London, 2006, pp. 198–205.
(14) 2012 Republican Presidential Nomination 〈http://www.realclearpolitics.com/epolls/2012/president/us/republican_presidential_nomination-1452.html〉.
(15) "Romney's Mormon Faith Likely a Factor in Primaries, Not in a General Election," 23 Nov. 2011 〈http://www.pewreserch.org〉.
(16) "Romney's Mormon Faith Likely a Factor in Primaries, Not ina General Election," 23 Nov. 2011 〈http://www.pewreserch.org〉.
(17) "Romney's Mormon Faith Likely a Factor in Primaries, Not ina General Election," 23 Nov. 2011 〈http://www.pe-wreserch.org〉.
(18) "The insider–outsider divide over Newt Gingrich," *The Washington Examiner,* 05 Dec. 2011 〈http://campaign2012.washingtonexaminer.com〉.
(19) "Some Democratic Strategists Worry about Gingrich's Potential Appeal," *Washington Post,* 03 Dec. 2011 〈http://www.washingtonpost.com〉.
(20) David Barno, Nora Bensahel, Travis Sharp, *Hard Choices, Responsible Defense in an Age of Austerity,* Center for a New American Security, October 2011.

(21)「第三海兵機動展開部隊の要員及びその家族の沖縄からグアムへの移転の実施に関する日本国政府とアメリカ合衆国政府との間の協定」〈http://www.mofa.go.jp/mofaj/gaiko/treaty/pdfs/shomei_43.html〉。

(22) Daniel E. Else, Military Construction: Analysis of the FY2012 Appropriation and Authorization, RES Report for Congress, July 13, 2011.

（初出：二〇一二年一月）

第6章　パワー・シフト下の日米同盟——沖縄と日米同盟

1　吉田路線の呪縛

沖縄は二〇一二年で本土復帰四〇周年を迎えた。沖縄は米軍占領時代から返還後も苦難の歴史の道を歩んできた。しかし、日本の安全保障を論じる時、沖縄がアジアの安定に不可欠な戦略的地位を占めていることは言うまでもない。したがって沖縄問題を論じることは、日本全体の安全保障問題を論じることになる。究極のところ歴史的に遡り、第二次世界大戦後の米軍の占領期に日本の安全保障体制を定めた吉田ドクトリンを再考する作業が必要となる。吉田ドクトリンは、日米安全保障条約が締結されて過去六〇年余り日本の安全保障政策に枠をはめるものとなってきた。今はこの吉田ドクトリンの呪縛から解放される時が来たのではないだろうか。

一九四九年一〇月の中華人民共和国の創設、および五〇年六月に勃発した朝鮮戦争は米国の軍事戦略にとり大きな転換点となった。トルーマン大統領は同年四月のNSC‐68(1)でソ連との戦争に備えて勝利する体制を強調した。その結果、米国は日本の戦略的価値を重視し対日講話への動きを加速させた。一方、日本国内では早期講和を目指す吉田茂はその動きを見越して五〇年四月に池田ミッションを訪米させ、米軍への基地提供を申し出た。五〇年九月のNSC－60／1で[2]「日本の必要と思われる場所に、必要と思われる期間、必要と思われる規模の軍隊を保有する権限をアメリカに与える」こととし、日本全土を米軍の基地とする「全土基地方式」が米国にとっての優先課題とした。そして五一年五月のNSC－48／5では[3]、講和後の日本の再軍備が明確に示されるようになった。

一九五一年九月午前、サンフランシスコのオペラハウスで、「日本との平和条約」（サンフランシスコ平和条約）が調印され、日本は独立を回復した。その日の午後五時、米陸軍第六軍司令部で吉田茂が日米安全保障条約に署名した。さらに五二年二月二八日に行政協定が岡沢勝男国務大臣、ディーン・ラスク国務次官両代表の間で調印され、「サンフランシスコ体制」が確立された[4]。ここでサンフランシスコ平和条約、日米安全保障条約、日米行政協定の三つが締結されたことにより、吉田茂の言う「サンフランシスコ体制」が確立されたのである。これがいわゆる「吉田ドクトリン」である。後に高坂正尭は戦後の「吉田ドクトリン」を「米国との同盟関係を基本としそれによって安全を保障し、日本の防衛力は低く抑える一方、それで得られた余力を経済活動にあてる」[5]と説明した。

吉田茂はその回顧録の中で、日米安全保障条約を締結する際の根本問題は、アメリカ軍に日本駐留を認めるか否かであったと述べている[6]。サンフランシスコ平和条約は第六条で「占領軍は九〇日以内に撤退しなければならない」と定め、そうでない場合は、「二国間もしくは多国間の協定」を結ぶこととされた[7]。そして結果的に日米は、講和後における米軍の日本駐留について日米双方が期せずして意見が一致したと吉田は説明している。ここで日本を対ソ封じ込めの前進基地として継続して使いたい米国と、経済復興を図りつつ漸進的に再軍備を進める一方、講和後も米軍の日本駐留を認め、当面の間は日本防衛を米軍に委ねるという考えに立ち、早期講和を実現させたい日本の思惑が一致したのである。吉田茂は「平和条約により日本は独立し、この独立を安全保障条約によって護る」という点を強調した。つまり、独立のために日米安保条約の締結は不可欠であったのである[8]。

しかしながら、冷戦が崩壊し、9・11テロとの戦いを終焉させ、オバマ政権が根底的にその戦略を転換させた現在、吉田ドクトリンでは日本の安全保障は確保できなくなってきている。その背景には、米中間のパワー・シフトに伴う戦略環境の変化がシステム・レベルの問題、さらには、米国の財政赤字問題に伴う大幅な軍事費削減に伴う国防戦略の転換が大きな要因となっている。つまり、日米同盟は米軍（矛）と自衛隊（盾）が一体となり抑止力を発揮する。ところが、米軍の戦略および在日米軍の再編が行われようとしているため、このままでは日米同盟の抑止力が低下することとなる。日米同盟の抑止力を一定のレベルに維持するためには、日米間のRMC（役割・任務・能力）の分担を日本が大きく引き受けねばならなくなっている。その意味からも、今後は日米同盟の「組み替え」が必要となり、自衛隊の役割増大は喫緊の課題となった。本章では以上の観点から日米安保体制を再考するものである。

2　アメリカ衰退論の神話

冷戦終結後、国際社会には一時的にアメリカによる第二次覇権システムが確立されたが、二〇〇一年九月一一日の米国同時多発テロ（9・11テロ）以降、米国は対テロ戦争を開始した。米国はイラクとアフガニスタンへ一〇年間にわたり米軍を展開して国家創造活動（Nation Building）を行ったが、その結果、自国財政を急速に圧迫した。黒字であった財政は赤字に転落し、累積二兆四〇〇〇億ドルに達した。また、〇八年のリーマン・ブラザーズの破綻により金融危機に陥った。その結果、現在アメリカは財政再建と経済立て直しが急務となり、それまで聖域であった軍事費削減を余儀なくされている。

一方、BRICs（ブラジル、ロシア、インド、中国）やNEXT11（イラン、インドネシア、エジプト、韓国、トルコ、ナイジェリア、パキスタン、バングラデシュ、フィリピン、ベトナム、メキシコ）(9)の台頭が著しい。それら諸国の大部分はアジアに位置するため、欧米からアジアへのパワー・シフトが起ころうとしている。その中でも中国の台頭は著しく、二〇一〇年に国内総生産（GDP）で日本を抜き、二〇二六年にはアメリカを抜くと予測されている。[10]

そういった中、アメリカは衰退するのか？との論議がいま、アメリカ国内で盛んである。この論調に対して、大統領選挙を争っていた民主党のオバマ大統領も共和党のロムニー候補も「アメリカは衰退せず！」と強気であった。その背景にロバート・ケーガンがいるという話でワシントンはもちきりであった。ケーガンは言わずと知れたネオコンの代表格であり、共和党のミット・ロムニー候補の外交アドバイザーであったからである。

オバマ大統領は、ロバート・ケーガンの「消え失せなんかしない――アメリカ衰退の神話」[11]を読みいたく感銘を受け、その後の二〇一二年一月二六日の一般教書演説で「アメリカが衰退するなんて誰が言ったのか⁉」と述べている。[12]ケーガンは「アメリカの衰退という論議は過去にも何度もあったが、現在アメリカは衰退するということは本当なのか」と疑問を呈した上で事例を挙げながら否定している。そして、「今日の世界で最も重要な側面――すなわち民主主義の普及、繁栄、超大国による平和――はアメリカのパワーと影響力に直接的、間接的に依存している」とし、「アメリカのパワーの衰退は、アメリカにより維持されてきた制度と規範（ノーム）も衰退することである」と警告を発し、そうなってはならないとする。オバマ大統領が好むゆえんである。[13]

また、ジミー・カーター大統領の国家安全保障顧問であったズビグニュー・ブレジンスキーも、著書『戦略的ビジョン』で同様の考えをより明快に指摘している。[14]ブレジンスキーは「アメリカのＧＤＰが世界の四分の一を占め」「アメリカに軍事的に対抗できる勢力は皆無だ」とする。

この見解をケーガン、さらにはシカゴ大学教授のジョン・ミアシャイマーも同じくする。ミアシャイマーは対中「関与」政策は台頭する中国への処方箋にはならず、状況を悪化させるだけだとする。このスクール（学派）はリアリスト（現実主義者）に位置づけられ、国際社会は無秩序であり国家間の権力闘争（Power Struggle）が特徴であるため国際政治の中心課題は戦争と武力行使にあるとする。そしてアメリカが卓越システムを維持したければ積極的外交が必要であると論じる。[15]

アメリカ衰退論の背景には言うまでもなく中国の台頭がある。覇権国のパワー・シフトがある場合はどうなるのであろうか。移行が平和的に行われたケースとして、イギリスからアメリカへの覇権の移行があった。しかしながら、コロンビア大学教授のリチャード・ベッツは、この場合は両者の間に文化、イデオロギー的同資性があったから平和的に行われたが、米中で起こる場合、異質であるため大きな確執が起こると指摘する[16]。

では、現状維持国アメリカが現状打破国（中国）に対する政策にはどのような選択肢があるのであろうか。これをクラシカル・リアリストのシカゴ大学教授のハンス・J・モーゲンソーの理論で説明するならば、三つの選択肢がある[17]。第一に自らの力を増大すること、第二に自らの力に他国の力を加えること、第三に敵対国から他国の力を引き離すという政策である。この場合、第一の政策のみを追求した場合には安全保障のジレンマ（軍拡競争）に陥るが、第二および第三の選択肢をとれば同盟政策を追求することになる。現在のオバマ大統領はその三つの政策をすべて採っている。

中国の経済力が二〇二五年頃に米国の経済力を抜くとすれば、次第に米国は台頭する中国に単独で対応することは困難になる。そうなると、バック・パッシャー（米国）はバック・キャッチャー（同盟国および友好国）に対中ヘッジをより負担させるバック・パッシングを行うオフショア・バランシングを展開することとなる。アメリカはオフショア・バランサーである限り戦争には巻き込まれない。唯一、バック・キャッチャーだけの力で中国に対処できなくなった場合に限り、米国は介入することになろう。過去の例として、普仏戦争（一八七〇～七一年）と日露戦争（一九〇四～〇五年）では米国は傍観してきたが、第二次世界大戦ではドイツの台頭に対して介入を行った。アメリカはアジアにおけるバック・キャッチャーだけでは中国をバランシングできないと判断したために、オバマ大統領は戦略機軸（Strategic Pivot）をアジアへシフトさせ中国に対してリバランシングを行うという戦略決断の発表を二〇一一年末にオーストラリア議会で述べた。

3　緊縮財政下の米国防新戦略

そして、具体的にオバマ大統領は「米国のグローバルな指導力の堅持――二一世紀における国防の優先順位（Sustaining U. S. Global Leadership: Priorities for 21st Century Defense）」と題する米国の新しい国防戦略を二〇一二年一月五日に発表した。アメリカ衰退を真っ向から否定するリバランス（巻き返し）の戦略である。イラクとアフガニスタン後のそして軍事費大幅削減を受け今後一〇年間の指針となるもので、在日米軍を抱える日本への影響が大きい。この新国防戦略は、そのポイントは三つある。

第一に、これまでの「二正面戦略」から米軍が後退したことである。オバマ大統領は政権発足時、「米国は二つの同時に生起する大規模戦争に対処する」（四年ごとの国防戦略の見直し：QDR2010）と述べ、2MRCs（二正面戦略）を踏襲していたが、今回は軍事費削減のため「一つの地域での大規模戦争対処と、同時に生起する一つの地域での敵の意志と能力を粉砕する」と、二正面戦略から「一正面プラス（ワンプラス）」戦略への移行を宣言した。

このことは、アジアにおいては日本や韓国などの同盟国への拡大抑止の信憑性の問題となる可能性もある。二正面戦略からの撤退は、イランと北朝鮮で同時に紛争が起こった場合、どちらを優先させて地上軍を投入するのか優先順位の問題となる。またイランの他、アフガニスタン、パキスタンで紛争が起こった場合、兵力をどこから調達するのか。もしアジアから投入するのであれば、アジアに軍事的空白が生じることになり、北朝鮮の軍事的暴挙を誘発しかねない。

第二に、中国の台頭への備え（Hedge）である。新戦略では「戦略的利益がある地域」をアジアと中東であると明記し、北朝鮮とイランにそれぞれ誤ったシグナルを送らないようにした。しかし、実態はイラクとアフガニスタンに展開していた米軍兵力をアジアへ移動させるため、米国の「戦略機軸」のシフトとなる。この決断はすでにオバマ大統領が二〇一一年一一月一七日にオーストラリア議会で宣言していたが、その背後にはゲーム・チェンジャーとして台頭する中国をヘッジすることがある。報告書では「長期的にみて、中国の地域大国としての対等は米国の経済および安全保障につき影響を及ぼす」と明記し、台頭する中国をヘッジしながらアジア地域での地域覇権を維持する米国の強い戦略的意図が見てとれる。

米軍はその戦略機軸をアジアに移し、中国とのリバランスを目指す。米軍は対艦弾道ミサイルなど米軍の接近を拒否する中国の能力（Anti-Access Area Denial：A2AD）を考慮に入れ、海兵隊を沖縄からグアム、ハワイ、オーストラリアへと分散化させ脆弱性を低める一方、Air-Sea（空海）軍力とサイバーおよび宇宙への増強を行う。さらに、米韓、米日、米豪、米比などの同盟国との軍事的関係を深化させながら中国に対する包囲網を強化する。またそれと同時に、これまで中国と近かったベトナム、ミャンマー、モンゴル等の諸国を自らの陣営に引き寄せる政策をとる。オバマ大統領はまさにリアリストの戦略を忠実に履行している。そこでは、米国は衰退せず覇権の維持を目標とするのである。

第三にアジア地域の同盟国への影響である。とくに、二〇一一年一二月一七日に北朝鮮の金正日総書記死去後の韓国では議論が噴出している。このため、米国は北朝鮮に誤ったメッセージを送らないように新戦略で北朝鮮に対するヘッジと朝鮮半島の平和維持につき言及した。さらに韓国政府に対しても、米国防総省は事前に新国防戦略が「韓国には（否定的な）影響を与えない」と伝え、動揺が起きないようにした。

しかし、新戦略では今後、主要な戦争での同盟国や友好国を支援の際、これまでのような大規模な地上軍を投入するのではなく、Air-Sea（空海）軍主体の遠距離精密打撃による支援に重きを置く「オフショア戦略」に重きを置くと考えられる。これにより朝鮮半島有事の作戦計画（OPLAN5027）のような米軍総兵力六九万人を派遣する朝鮮半島有事戦略の見直しも避けられず、韓国は二〇一五年一二月の戦時作戦統制権委譲問題も加わり、北朝鮮の非対称戦力に対応可能な精密打撃兵器や情報・監視体制が早急に必要となる。そのために韓国は国防費を増額せねばならない。それならば中国と朝鮮半島の平和と維持を行ったり、北朝鮮との融和政策を推し速めたりすべきだという議論もある。そのため、米国は韓国が中国にバンドワゴン(吸収)されないようさらなる米韓同盟の強化を目指す。

また日本への影響は、言うまでもなく大きい。米国の新国防戦略で米軍のアジア・シフトが決定され在沖米軍の役割が増したことになる。

報告書では米軍の増強すべき分野として、CT(対テロ)および非対称戦、抑止および紛争の撃破や、敵国のA2ADに対するパワープロジェクション、対WMD、サイバーおよび宇宙空間での優位、安全で確実な核抑止の維持、本土防衛と文民活動家支援、プレゼンス維持、安定とCOIN(対反乱作戦)、人権と災害救援を挙げている。そして、「サイバー戦、特殊作戦、情報収集、偵察能力の強化が米軍の競争力を維持する」と述べていることから、当該分野で日本は米軍に対していっそうの協力がとくに求められてこよう。具体的には、無人機(UAV)や哨戒機活動を含むISR(情報・監視・偵察)の強化、海上交通安全維持のための機雷掃海、海上阻止活動、捜索・救難、日米軍施設・区域等の警護、空中・海上給油を含む後方支援活動、航空輸送、高速輸送艦等を含む海上輸送、港湾・空港、道路、水域・空域および周波数帯の使用――といった役割任務の分担が日米同盟には必要となる。

4　パネッタ国防長官の軍事費削減の真意

新国防戦略の意図は、その直後の一月二六日に国防総省が出した国防予算の概算要求の骨子である「予算の優先順位と選択(Defense Budget Priorities and Choices)」を併せて読むと明確になる。(18) ここでパネッタ国防長官は、オバマ政権がこのタイミングで新国防戦略を出した理由として、第一に、一〇年にわたる戦争後のターニング・ポイントであり、それまでは戦争のため国防予算の伸びが著しかったこと、第二に、米議会の予算管理法（Budget Control Act）によって今後一〇年間で国防予算の四八七〇億ドル削減が決められたこと――を述べている。

まずパネッタ国防長官が述べた第一の点であるが、米軍はテロとの戦いで一〇年にわたり駐留してきたイラクとアフガニスタンから撤退する。そのため、必要ではなくなった陸上部隊を今後五年で陸軍を五六万二〇〇〇人から四九万人に、海兵隊を二〇万二〇〇〇人から一八万二〇〇〇人へと削減する。これは、イラクとアフガニスタンでの戦争以前の二〇〇一年の水準に近づける一方、陸軍および海兵隊による戦いを終わらせ、今後は空軍と海軍（Air-Sea）を中心とした戦い方に移行することを示唆している。そしてそのことは、新国防戦略では今後主要な戦争を行う際、これまでのような大規模な地上軍を投入するのではなく、Air-Sea（空海）軍主体の遠距離精密打撃やサイバーを使った攻撃に重きを置く戦略（Off Shore Strategy）に移行していくと分析される。

第二にパネッタ国防長官が指摘したのは、国防予算の削減であり、五年間で二五九〇億ドル（約二〇兆円）の予算削減に基づく措置である。ただ二〇一一年八月、米議会で一一年予算管理法が通過したため、一三年一月以降、米軍は国防費を今後一〇年間で四八七〇億ドル（約三七兆五〇〇〇億円）以上削減せねばならなくなる。そうなれば今後五年間で五〇二五億ドルの削減となり、さらなる米軍戦略の見直しは必至となると考えられた。

この点、アメリカ安全保障センター（CNAS）が「厳しい選択、緊縮財政下の責任ある国防（Hard Choices-Responsible Defense in an Age of Austerity）」の中で提示した四つのシナリオが参考になる[19]。一番目は「再配備とリセット」（国防予算の一〇年間で三五〇〇～四〇〇〇億ドル削減）のシナリオである。この削減額は現状維持が可能なシナリオ、グローバルな脅威への米軍の対処能力が維持される。二番目は「抑制されたグローバルなプレゼンス」（五〇〇〇～五五〇〇億ドル削減）のシナリオである。ここでは米国は死活的国益のある地域（中東およびアジア）を優先し、他の地域のリスクは許容する。そして予期せぬ脅威へ戦略投射能力および地上部隊能力を維持する。三番目は「選択的レバレッジ」（六五〇〇～七〇〇〇億ドル削減）のシナリオである。ここではインド・西太平洋と中東・アラビア湾の国益の防御に焦点を当てるが、大きなリスクのある地域と重要度の低い地域から米軍のプレゼンスを減少する。四番目は「経済重視の軍事力」（八〇〇〇～八五〇〇億ドル削減）のシナリオである。ここでは、米国本土に脅威を与える敵に対する攻撃能力維持、その他地域では大きなリスクを負うことになる。そして大規模紛争では米軍は多大な損害を被る可能性がある上、同盟国は米国のコミットメントに疑問を抱き、地域が不安定化する可能性がある。

したがって、二〇一〇年時点の削減額は十分に現状維持できるが、強制的歳出削減措置が発動された場合は、上記の二番目～四番目のシナリオが当てはまることとなり、米国のパワーの相対的低下につながりかねない。それを先取りするような形で新国防戦略は、米国は「米国の戦略的利益がある地域」で「効率的に米軍が軍事的優越を確保する」と述べる。予算配分の最優先分野として特殊作戦部隊や無人機など偵察能力向上を挙げ、南シナ海やホルムズ海峡などで米軍の戦力展開阻止を狙う中国やイランに対して「効率的に米軍が優位を確保する」ことを目指す。シナリオ次第では、イランに対しては従来型の戦争遂行は不可能になるかもしれないことが考えられた。

しかしながら予算管理法の施行は二〇一三年以降となるため、それまでに一一年予算管理法を無効にするか覆すような法律を議会は提出することが可能であり、一二年一一月の大統領選挙に向けて論議がなされていくこととなった。

5　米軍の戦争形態の変化

新国防戦略では「戦略的利益がある地域」をアジアと中東であると明記し、北朝鮮とイランにそれぞれ誤ったシグナルを送らないようにした。しかし実態はイラクとアフガニスタンに展開していた米軍兵力をアジアへ移動させるため、米国のアジアへの「戦略機軸（Strategic Pivot）」のシフトが起きる。この戦略機軸の移動に関しては、オバマ大統領が二〇一一年一一月一七日にオーストラリア議会で宣言していたが[20]、その背後にはゲーム・チェンジャーとして台頭する中国をヘッジすることにある。新国防戦略では「長期的にみて、中国の地域大国としての台頭は米国の経済および安全保障につき影響を及ぼす」と明記し、台頭する中国をヘッジしながらアジア地域での地域覇権を維持する。そのため米軍は対艦弾道ミサイルなど米軍の接近を阻止する中国の能力（A2AD）を睨みながら陸軍と海兵隊を削減する一方、Air-Sea（空海）軍とサイバーおよび宇宙への増強を行うことになる。

それと同時に、米軍はこれまでの「二正面戦略」から二正面プラス（ワンプラス）」戦略への移行を新国防戦略で宣言した。オバマ大統領は政権発足時、「米国は二つの同時に生起する大規模戦争に対処する」（QDR2010）と述べ、2MRCs（二正面戦略）を踏襲していたが、新国防戦略では、軍事費削減のため「一つの地域での大規模戦争対処と、同時に生起する一つの地域での敵の意志と能力を粉砕する」とした。

これは、今後米軍の戦い方が変化することを意味する。パネッタ国防長官は新国防戦略で目指す将来の米軍の主要エレメントを五つ挙げている。第一は、米軍は小規模でスリム化されるが、機敏で柔軟性に富み、緊急展開が可能となり、最新技術を取り入れる。その結果、米軍は最先端なものとなる。第二は、世界中で潜在的問題がある場所へ投入できるよう米軍の態勢とプレゼンスを再びバランス（rebalance）させる。第三は、同盟国関係の強化と新たな友好国を確保し米軍は世界中でのプレゼンスを維持する。第四は、どのような時、いかなる場所でも敵からの攻撃を打ち負かし立ち向かう。第五は、技術および新たな能力を守り、投資を行う――といったことである。

このことは、米軍が従来の戦い方を改め、陸上では特殊作戦部隊や無人機などを中心とし、Air-Sea（空海）とサイバー、宇宙から陸上の潜在敵国やテロリストを攻撃する戦闘形態へと転換することを意味する。そして「効率的に米軍が優位を確保する」ことを目標とすることで、米国は地域覇権を維持すると考えられるのである。

新国防戦略を発表した後の二〇一二年一月二四日、オバマ大統領は一般教書演説（State of Union）を行った[21]。そこで同大統領は、まずイラクとアフガニスタンでの戦争を終結し、オサマ・ビン・ラディンを殺害してアルカイダに勝利した実績を訴えた。その他、中東、北アフリカ、エジプトなどにおける変革について述べ、強く安定した民主主義へと導く政策を支援していくと述べたが、そのスピーチのほとんどが経済問題に割かれ、アメリカ経済の立て直しが強調された。経済問題に大部分を絞った内容はまるで大統領の選挙演説であり、共和党の対立候補を強く意識したものであった。

つまりオバマにとっては二〇一二年一一月の大統領選挙での勝利が優先課題であり、中国、イランへの強硬姿勢が欠かせなかった。共和党候補者から弱腰であると批判されかねないからである。しかしながら、軍事費削減と中国の台頭で米国の相対的パワーの低下は免れないかもしれない。そうなればタフな外交政策を打ち出す一方、軍事費削減に直面し米軍はペーパータイガー（張り子の虎）となる可能性もあった。朝鮮半島などでの主要な戦争でこれまでのような大規模な地上軍を投入するのではなく、先述したようにAir-Sea（空海軍）主体の遠距離精密打撃に重きを置くオフショア戦略を重視する可能性も否定できないこととなった。

その背景には、米国内で「ディフェンシブ・リアリズム」よりも「オフェンシブ・リアリズム」をとるべきだとの論議が優勢となってきていることがあり、そのことを見逃してはならない。オフェンシブ・リアリストの米中関係の考え方は、同盟国や友好国に肩代わり（バック・パッシング）をさせ、アジアでの地域覇権を維持しようとするものである。

新国防戦略では、日本や韓国など同盟国のいっそうの支援を求めている。オバマ政権のQDR2010では「テイラード・ディタ－ランス（適合抑止）」として、米軍の前方展開を併せ持つ同盟国と友好国（バック・キャッチャー）からなるアーキテクチャーを強化すると述べている。アメリカはここでバック・パッシングを行うためバック・キャッチャーの数を増やし、中国包囲網を形成し抑止を強化する。アジアにおける対中包囲網の構成国は日本、韓国、台湾、豪州、フィリピン、タイの五カ国を中心とし、これにインドネシア、インド、ミャンマー、ベトナム等を加えようとしている。

しかしながら、アジアでは経済と安全保障のバランスが崩れ、これまでとは異なる戦略環境が生まれている（エヴァン・フェイゲンバーム外交問題評議会上級研究員）。つまりアジア諸国は安全保障で米国、経済で中国に多くを依存する環境で、安全保障と経済のバランスをどうとるかという問題に直面している。

現在、中国から脅威を受けている米国のバック・キャッチャーは、アメリカとともにバランシング同盟を形成している。今後、中国はアメリカのバック・キャッチャーを少しでも多く自らの陣営へと引き込もうとするであろう。中国の経済力および軍事力が米国のそれを凌駕するようになれば、米国のバック・キャッチャーへの影響力行使もますます増えてくるに違いない。

したがって、米国がどれくらいニュー・アーキテクチャー（中国包囲網）を強固に作り上げ維持できるかが、今後のアジア情勢に直結する。もし米国がアジアでの中国との地域覇権競争に負ければ、オフショア・バランサーとなり、アジア地域から米軍を撤退させることになるであろう。この状況になることをオフェンシブ・リアリストの論者は予測している。日本にとって由々しき状況が将来待ち構えているのかもしれない。

6　どう読む米軍のアジア・シフト

その後、パネッタ国防長官は二〇一二年六月二日、世界各国の国防大臣が集う英国戦略研究所（IISS）のシャングリア会議で、今後一〇年を見据えた米軍の国防ガイドラインの詳細を発表した。一二年一月五日にオバマ大統領が発表した新国防戦略の指針では、イラクとアフガニスタンでのテロとの戦争の後の行動指針として発表していたが、その詳細は定かでなかった。

パネッタ国防長官は、「米国は台頭する中国を睨みながら米国の戦略軸足（Strategic Pivot）をアジアに移し、中国とのリバランス（rebalance）を目指す」と踏み込んだのである。台頭する中国への脅威とともに不安定な北朝鮮情勢に対処せねばならない。そして、対中包囲網を行う第一のリストに日本、韓国、オーストラリア、フィリピン、タイを米国の中核的同盟国（Key allies）として、第二のリストにインド、シンガポール、インドネシアを中核的パートナー（Key patners）に挙げた。また、これまで米中との等距離外交をとっていたベトナム、マレーシア、インドネシア、インド、ニュージーランドも米国の陣営に引き寄せ、米国と軍事協力を緊密化して対中包囲網を形成する。

このように日本は米国にとり最重要拠点に再び位置づけられ、日米同盟の重要性はアジア太平洋地域の平和と繁栄のためにさらに高まった。日本には第七艦隊司令部（横須賀）、第五空軍司令部（横田）がある。そして沖縄県には第三海兵機動展開部隊司令部（普天間）と東アジアで最大の嘉手納飛行場があり、沖縄は世界最大の米軍のハブ基地となっている。沖縄は第二次世界大戦終了以前の一九四五年一〇月に米軍から最重要拠点と定められ（JCS470-40）、現在では在日米軍施設・区域（専用施設）の約七四％が集中する。そして、在沖米軍基地に占める海兵隊の構成比は四四・一％であり、空軍二七・六％）、陸軍（一一・八％）と比べ突出している。

しかしながら沖縄に集中する海兵隊は、ここで米国の軍事戦略が転換された結果、第三海兵遠征軍（ⅢMEF）と第三一海兵遠征部隊（31MEU）を残し、海兵空地任務部隊（MAGTF）をグアム、ハワイ、そしてオーストラリアへと分散化することが方向づけられた。むろん主にこれは中国の軍事力が対艦弾道ミサイルなど米軍の接近を拒否する能力（A2AD）の向上で、沖縄海兵隊の脆弱性が高まったことを考慮に入れた結果である。

しかしながらここで留意せねばならないのは、海兵隊の要員は沖縄から分散化されるが、米軍にとっての沖縄の重要性は低下せずむしろ増している、という点である。有事の際の沖縄普天間の飛行場基地としては不可欠となる。沖縄の米軍基地は地政学上、朝鮮半島、台湾、日本本土といった中核的地域を睨んだ中央基地を占め、きわめて重要な意味を持っているのである。その意味で普天間基地問題は日本の安全保障問題と沖縄地元からの普天間軽減という課題は逆に大きくなっている。

また、このことは中国にとって何を意味するのであろうか。日米首脳会談で高らかに対中軍事協力を謳った直後の四月三〇日に、中国海軍は艦艇三隻で東シナ海から太平洋に向かって堂々と通過した。大隅海峡通過は二〇〇三年以来のことであり、日本に対する中国からのメッセージである。日本は米国からの抑止をリ・アシュアー（確保）しその緊急事態に対処できるのか。戦略的重要性を増す沖縄の目の前で中国との争いはいま、始まろうとしている。沖縄は本土復帰四〇周年を迎えた。ここで沖縄と日米安保を再考することは、日本の国家としてのあり方も考える上で最重要の課題となってきている。

7　どう読む「日米合意見直し」――冷戦後三度目の米軍再編

米国の二〇一二年一月五日の新国防戦略に呼応して、二月八日に「在日米軍再編に関する日米共同報道発表」日米共同文書）、それに続き四月二七日に日米安全保障協議委員会（「2プラス2」）共同発表が出された[22]。

二月八日の日米共同文書の背景には、今回の海兵隊のグアムとハワイ分散化の決定は米側の戦略的決断でなされたという点で特徴がある。日米共同文書は新国防戦略に沿ったものであり、日米間の交渉はそれを受けたものである。共同文書には、「米国は、地理的により分散し、運用面でより抗堪性があり……（中略）……アジアにおける防衛の態勢に関する戦略的な見直しを行ってきた」と述べ、その結果を「日本はこのイニシアチブを歓迎する」と明確に謳っている。したがって、今回の協議は米側が全世界規模での再編を行うために二〇〇六年に日米で合意されていたパッケージを切り離したわけであり、その結果を米側から日本へ協議を持ちかけたことになる。

米国の新国防戦略では、軍事予算が大幅に削減される中でのイラクとアフガニスタン後の世界戦略の概要が述べられており、それが米軍の全世界規模での再編につながっている。

今回の米軍の国防戦略の大幅な見直しは、冷戦後三度目となる。一度目は「冷戦崩壊」後に出されたクリントン政権の「ボトム・アップ・レビュー（BUR）」（一九九三年九月）に対する橋本総理との「沖縄に関する特別行動委員会（SACO）」（九六年一二月）。二度目は、「テロとの闘い」後に出されたブッシュ政権の「四年ごとの国防計画見直し（QDR2001）（二〇〇一年一〇月）に対応する「在日米軍再編協議（DPRI）」（〇二年一二月）。そして、今回は三度目の見直しとして、「テロとの戦いの終焉」に出されたオバマ政権の「新国防戦略の指針」（一二年一月）に対応する「在日米軍再編計画の見直し」（一二年四月）として打ち出したものである。(23)

以上のように、世界システムが変化することにより国防戦略は見直され、そのことによって在日米軍の再編見直しが行われるが、それには四つの要因がある。

一番目の要因は、戦略環境の変化である。ブッシュ大統領が始めたテロとの戦争で、米軍はイラクとアフガニスタンに駐留した。そしてオバマ大統領は国際テロ組織アルカイダの指導者オサマ・ビン・ラディン容疑者を殺害し、テロとの戦争を終結させ、両国から兵力を撤退させる。その結果、米陸軍および海兵隊は当該地域からアジアにシフトし軍事的な戦略環境が変化する。二番目は、財政的制約である。オバマ大統領は二五九〇億ドル（今後五年間）の国防予算削減に加え米議会の予算管理法が施行されれば二〇一三年一月以降四八七〇億ドル削減（今後一〇年間）され、米国の軍事的影響力は低下する。三番目に、地政学的変化の影響である。現在、欧米からアジアへとグローバルなパワー・シフトが起ころうとしている。そのためにオバマ大統領は戦略機軸（Strategiv Pivot）のアジアへのシフトを宣言した。四番目は、米軍統合化の深化である。一月一七日にディンプシー米統合参謀本部議長が発表した文書「統合接近作戦概念（JOAC）」では、米軍は、陸海空、宇宙空間、サイバー空間の各ドメイン（圏域）に接近が不可欠であり、そのために陸海空と海兵隊四軍の統合化を述べている。この傾向は米軍の闘い方に変化をもたらし、米軍態勢にも影響を及ぼす。

以上の四つの要因がすべて整い今回の米軍再編につながったわけであるが、中でも第二の財政的制約がとくに影響し、それが在沖海兵隊のグアムへの先行移転を加速化したのである。つまり、普天間基地の辺野古移設には資金が必要となるが、米側がその資金を調達できない事態に陥ったのである。二〇〇九年二月の日米間で取り交わされた「在沖縄海兵隊のグアム移転に係る協定」（グアム協定）[24]で日本側と米側の分担金の取り決めが確認され、グアム移転費用一〇二億七〇〇〇万ドルのうち、日本側が六〇億九〇〇〇万ドル、米側が四一億八〇〇〇万ドルの支払いが決められた。したがって日米両政府が予算を計上することが課題となり、日本側は毎年計上しているのに対して米側は次年度の予算を計上できなかったのである。

以上から受け入れ先のグアムに施設が整備されない限り、米議会から予算も認められず沖縄海兵隊のグアム移転はできない。足かせとなっているのが遅々として進まない普天間の辺野古移設であり、将来とも現在の沖縄の実情を考えるとかなり難しい。業を煮やした末、米側はパッケージの切り離しに踏み切ったと言えよう。これにより、普天間基地の辺野古移設がなくとも、海兵隊の再編のブループリントを提示して米議会の要求事項をクリアーすれば次年度のグアム移転費は確保できることになったわけである。

そのような背景の下、二〇一二年四月三〇日に日米首脳会談が行われた。日米首脳会談の最大のハイライトはオバマ政権の新国防戦略の指針に対して、野田総理がどのくらい応えるか、にあったと言えよう。新国防戦略の指針は、今後一〇年間における米国の戦略の基本を示すもの（パネッタ国防長官）で日本も今後一〇年、米国のパートナーとしてこの路線に沿った戦略的指針を出せるかどうかという点であった。日本はその答を、前述した四月二七日の「2プラス2」の共同発表で事前に示した。日本は米国がアジア太平洋に防衛上の優先度を移す新たな戦略指針を受け入れた。そして日米関係において最大の懸念事項であった普天間基地移設問題を棚上げして、野田首相は一歩踏み込んだ日米同盟関係を約束した。そのことにより、暗礁に乗り上げていた日米関係をブレークスルーさせた。

8　尖閣諸島と米軍の抑止力

そうした矢先に日米首脳会談の直後、米国からの抑止の確保を前提とした石原都知事の尖閣諸島購入発言が起こった。二〇一二年四月一六日、ワシントンのヘリテージ財団で講演した石原慎太郎東京都知事は、東京都による尖閣諸島購入の意思を発表した。問題は、その直後に総理と藤村官房長官が「尖閣諸島は日本の領土だ」とし「国が買い上げる」ことも示唆したため、尖閣問題は一気に日米間の政治課題となった。すなわち領土問題と所有権は別問題として国が関与しなければ日中間にはさざ波は立たなかったのである。これに対して丹羽宇一郎中国大使は「尖閣諸島購入計画は日中間に重大な危機を引き起こす」と発言した。(25)

これに対して六月一一日に国会（衆院決算行政監視委員会）に招致された石原都知事は、「なぜ国は尖閣諸島を守らないのか」と政府の姿勢を厳しく非難。さらに、「政府見解と違う発言をする大使を置いておく必要はない」と、丹羽大使更迭を要求した。

ここに来て、野田総理の決定に注目が集まる。「所有権と領有権は別だ」と東京都の購入を無視すれば、中国に対して言い訳が可能だ。しかしながら購入後に石原都知事が「尖閣諸島に港を整備し人が住めるように」した場合、中国側は黙っていないのは明白である。さらに東京都が開設した「東京都尖閣諸島寄付金」口座には二カ月足らずですでに一一億円を超える寄付が国民から集まった。これだけの国民の支持を総理は無視できるのか。そうなれば、野田政権も国による尖閣諸島の購入を決定せざるを得まい。そうなった場合には、中国との緊張は極度に高まることが予想される。

中国と事を構える場合は、在沖海兵隊の中でも31ＭＥＵが大きな抑止力となる。31ＭＥＵは今後とも唯一沖縄に留まる海兵隊の実戦部隊である。抑止力とは、攻撃を拒否し報復する能力と意思を相手に認識させることにより攻撃を思いとどまらせることである。31MEUは地上戦闘部隊、航空戦闘部隊、兵站戦闘部隊、司令部部隊から成る総員二二〇〇人の部隊で、自力で約一五日間の継戦が可能である。31MEUは沖縄からベトナム戦争へ投入された最初の部隊であり、その後レバノン、イラク戦争、アフガニスタン戦争へも派遣された。最近では東日本大震災の際にはトモダチ作戦に参加し、仙台空港や松島基地の復旧支援活動に協力した。また、海兵隊は朝鮮半島、台湾海峡との有事の作戦計画（OPLAN）に加え、尖閣諸島をめぐる作戦にも関与する。このように在沖海兵隊はわが国の対中抑止に不可欠な存在なのである。

ここでの大きな疑問は、日中が軍事的に対立する場合、日米安保は機能するのかということである。二〇一〇年九月の尖閣諸島沖での中国漁船衝突事件の折に米政府は、尖閣諸島が日米安保第五条の適用対象になると発表した。それから二年が経過したが、その間にワシントンでは「これ以上、日本は尖閣カードを使うな」「その前に日米間の合意事項（普天間の辺野古移転、〇六年五月のロードマップで定めた事項の履行等）を行え」「米側の庇護を求める前に日本独自の防衛努力を」との声が非常に高まった。これは米国の日本の民主党政権への不信感が沸点に達していたこともある。しかも一一月に大統領選挙を控えるオバマ大統領は、軍事費削減を迫られる一方でイラン、シリア問題に忙殺されている。中国との対立は可能な限り回避したい。

これに対して野田総理は、四月三〇日の日米首脳会談で日米同盟の深化を謳い、日本は米国とともに対中ヘッジ（軍事的囲い込み）を行うことを明確化した。今や米国は日本が対中作戦計画を共同で履行することをカウント（あてに）している（Mike Mochizuki ジョージワシントン大学教授）。したがって、わが国の領土である尖閣諸島での紛争が起こった場合、米軍の出動を最初から期待できない。野田総理が自国の領土防衛のために防衛出動も決断し、そこで初めて日米安保第五条が発動されるのである。そのことを野田総理は理解しているのか。もしそうであれば、購入までに早急な米国と作戦協議が必要となる。

9 オスプレイ配備は両刃の剣——日米安保と沖縄

小泉総理が普天間問題を解決したのは二〇〇五年一〇月であった。その後民主党政権となり、鳩山総理が〇九年一〇月に沖縄で普天間を「最低でも県外」に移設すると言って日米間の合意を反故にした。それから三年。普天間移設は混乱をきわめ、「普天間基地の固定化の危機」「オスプレイで危機の増大」という「怒」の声が沖縄では高まった。

オスプレイは米軍の新型兵員輸送機で、主翼両端に傾斜式回転翼があり、回転翼を上に向ければ垂直離着陸でき、前方に傾ければ固定翼機並みの高高度飛行も可能となる。米海兵隊は計三〇六〇機を調達する計画で、普天間飛行場にはCH46輸送ヘリの後継機として最終的に二四機の配備を予定している。オスプレイの普天間への配備に関して、沖縄で反対の渦が高まっている。オスプレイは一〇年四月にアフガニスタン南部で墜落しその危険性が危ぶまれていたが、今年四月にモロッコ、さらに六月にフロリダで墜落事故が起きたからである。沖縄では普天間飛行場の横の国際大学に二〇〇四年八月CH53Dヘリコプターが墜落し大問題となった。危険性の除去を叫び続けてきた沖縄に危険性を増す新型ヘリが導入されることになるから、その怒りは頂点に達している。米国は事故調査の結果、構造上の問題はないということですべてのオスプレイの飛行訓練や実戦運用は継続されている。

米軍は新国防戦略に基づいて米軍の再編を開始し、オスプレイはグアムなど分散移転する在沖海兵隊再編の前提となっている。すでにCH46の中型輸送ヘリの代わりとしてオスプレイはそこに組み込まれている。米国政府としては、日本政府が日米安保の第六条義務をしっかり果たすことを期待する。したがって、普天間基地へのオスプレイ導入は粛々と行われる。六月二九日に米国はオスプレイの普天間基地への配備を行うとした接受国通報を正式に行った。現在のところ、米側はオスプレイ（最初に一二機）を七月中旬に岩国基地に搬入し、二〇一三会計年度の一〇月初旬から普天間に配備して本格運用する予定である。その間、岩国での試験飛行はモロッコと米フロリダ州での墜落事故の追加的調査結果を八月に日本に提供するまでは控える、としている。

しかしながら、沖縄では仲井真県知事が「(配備後に事故が起きれば)全基地即時閉鎖という動きにいかざるを得なくなる」として、オスプレイ導入反対の動きは強まっている。米国から日本へ事故の十分な開示がないまま、オスプレイを普天間に配備する可能性はないのであろうか。米側は、オスプレイの沖縄配備は「米国の国防戦略実現に間違いなく資する」とし、抑止力の強化を強調する。

この問題を解くためには、「抑止力の維持」(米軍の戦略)と「地元からの負担軽減」(地元沖縄の声)の二次元方程式を解かねばならない。

「抑止力の維持」の観点からするならば、米海兵隊が沖縄県内に駐留することにより、また、オスプレイ配備による抑止効果は高い。まず在沖米軍の戦略的合理性であるが、これは海兵隊の「一体運用」の問題と有事の際に展開する米軍の時間と距離の壁をいかに克服するかという「距離の専制」を解くことが重要となる。

海兵隊の一体運用の問題は、地上部隊の基地、航空部隊の飛行場、演習場、湾岸施設という五つの施設を二〇〇マイル(約三二二キロ)域内に集中配備させることにより解決するが、そういった地域を探すのが容易ではない。沖縄の戦略的地位は非常に高い。つまり海兵隊は沖縄からは台湾、朝鮮半島、尖閣列島へは一～二日で展開可能である。しかしながら海兵隊がたとえば富士に移設された場合には、朝鮮半島へ二日、台湾へは三日かかる。その一～二日の遅れが有事の際には致命傷となる。また、グアムに移駐した場合、日本へ四日(沖縄から二日)、韓国へ五日(沖縄から二日)、フィリピンへ四日(沖縄から二日)、タイへ六日(沖縄から三～四日)となる。

ここで、新たに導入されるオスプレイが注目される。オスプレイの最高時速は五〇九キロ、航続距離は九五三キロで、現在のヘリ機種の約三倍の飛行が可能となる。となれば、「距離の専制」もオスプレイ導入により克服可能となる。オスプレイは空中給油を行いながら東シナ海と南シナ海を縦横無尽に飛行可能となる。しかも、沖縄からグアム、ハワイへ沖縄から移駐する海兵空地任務部隊（Marine Air-Ground Task Force：ＭＡＧＴＦ）も容易に朝鮮半島や日本本土へ移動することが可能となろう。

10 「抑止力の維持」をどう確保するのか

小泉総理が基地問題を解決した時の標語は、「抑止力の維持」と「地元からの負担軽減」という二つの相反する要因を解くことであった。それはまた、日米安保と沖縄という関係のバランスを保つことでもあった。二〇一二年四月の野田総理の日米安全保障協議委員会（２プラス２）での合意はその二つの要因をどう扱ったのか。野田政権の日米合意を「抑止力の維持」と「地元からの負担軽減」のバランスシートの視点から見ると、前述したように「地元からの負担軽減」はできずむしろ増えている。

一方、「抑止力の維持」に関しては今回の日米合意の結果、確保できるのであろうか。今回の合意は野田総理が早急に自衛隊の増強をしない限り、抑止力の低下につながりかねない。在沖海兵隊一万九〇〇〇人のうち約九〇〇〇人を海外に移転し（グアムに約五〇〇〇人、ハワイに約四〇〇〇人）、オーストラリアへのローテーションを行う。その結果、日本に残る要員は主に司令部要員と第三一海兵遠征部隊（31ＭＥＵ）などを合わせた約一万人となる。ここでの問題は、31ＭＥＵが訓練、実戦のためローテーションするので沖縄駐留期間が数カ月であることである。つまり米海兵隊の実戦部隊がほとんど日本にいないため、有事への即時対応が可能なのかという疑問が生じる。

そのため、四月の日米合意で野田首相は、普天間問題を棚上げして一歩踏み込んだ日米同盟関係を約束した。そこではとくに南西諸島地域の防衛態勢強化を確約した。同地域は、中国が第一列島線から第二列島線へと進出する出口となる。これによって、二〇〇五年の「２プラス２」で決定し、〇七年の「２プラス２」で確認した「役割・任務・能力」——自衛隊による国際平和維持活動、国際緊急援助活動及び周辺事態への対応の本来任務化など——

の早急な履行が責務となった。言い換えるならば、米軍の抑止力の低下を自衛隊で補うことを約束したのである。

このことはまた、今後少なくとも一〇年間、対中政策において日本は、米国との一枚岩を強いられることになるであろう。また、いっそうの防衛力強化か求められよう。米軍がオフショア戦略（沖縄からグアムへの移転など）に移行し、日本におけるフットプリントを薄くした場合には、それを穴埋めするべく自衛隊の強化が課題となる。

そのことは、中国からしてみれば、脅威として映るであろう。カウンターとして、尖閣諸島などをめぐり活発な活動をすることが予想できる。事実、日米首脳会談で中国の台頭に対して同盟強化を謳った直後の三〇日に、中国海軍の艦艇三隻（フリゲート艦二隻と情報収集艦一隻）が大隅海峡（鹿児島の大隅半島と種子島の間）を東シナ海から太平洋に向かって堂々と通過した。同海峡通過は二〇〇三年以来のことである。日米首脳会談で、米国との対中軍事協力の強化を表明した野田政権に対する中国からのメッセージだと考えられる。

日本は米国からの抑止を確保（リ・アシュアー）することができるか。それができない場合、日本は独自でどれくらい対中抑止を実現することができるか。日米首脳会談で防衛政策を数歩進めた野田政権には大きな課題が残った。米国は当然ながら有事においても自衛隊をカウント（あてに）しているため、それを履行するならば当然ながら防衛費増加、集団的自衛権、憲法改正問題が野田政権の中核的な課題となる。わが国の防衛にとって一番重要な問題である。

注

（1）NSC68, A Report to the National Security Council by the Executive Secretary, April 14, 1950, FRUS, 1950, I, pp. 234-292.
（2）NSC60/1: Japanese peace Treaty, September 8, 1950.
（3）NSC-48/5: United States Objectives, Policies, and Courses of Action in Asia, May, 1951 〈http://www.wad

sworth.com/history_d/special_features/ext/world_hist/unbound/product/wawhm01c/content/whis/modules/war/historicaldocuments/wac_usobjectives.html〉.

（4） 吉田茂『回想十年』、中公文庫、一九九八年一一月、一三四〜一六三ページ。

（5） 高坂正堯「宰相吉田茂論」、『宰相吉田茂』、中央公論社、一九六八年、四〜七ページ。

（6） 吉田、一五五ページ。

（7） 「日本国との平和条約」、『国際条約集』、有斐閣、一九九九年四月、七一〇ページ。

（8） 米軍の日本駐留は安保条約第三条の日米両政府の行政協定で決定するとされた。そして、米軍は占領軍として継続するのではなく、日米安保に基づき米軍が日本に駐留させ「切り替え」をはっきりさせることが重要である点を強調し、北大西洋条約機構（ＮＡＴＯ）の例にならい行政協定を定めた。よって、日本の選択は米軍を駐留させることにより安全を担保することにしたわけである。

（9） ＮＥＸＴ11に関しては〈http://rnavi.ndl.go.jp/research_guide/entry/theme-honbun-102883.php〉参照。

（10） 東京財団「日本の対中安全保障戦略」、二〇一一年六月、一二〜一三ページ。

（11） Robert Kagan, "Not Fade Away: The Myth of American Decline," *The New Republic*, January 11, 2012.

（12） Josh Rogin, Obama embraces Romney advisor's theory on "The Myth of American Decline," *Foreign Policy*, January 26, 2012 〈http://thecable.foreignpolicy.com/posts/2012/01/26/obama_embraces_romney_advisor_s_theory_on_the_myth_of_american_decline〉.

（13） Robert Kagan, *The World American Made*, Alfred A. Knopf New York, 2012.

（14） Zbigniew Brezinski, *Strategic Vision*, Basic Books, New York, 2012.

（15） John Mearsheimer, *The Tragedy of Great Politics*, Norton & Company, New York, 2003.

（16） Richard Betts, Conflict or Cooperation, *Foreign Affairs*, November/December 2010.

（17） Hans J. Morgenthau, *Politics Among Nations*, Knopf, New York, 1967.

（18） Department of Defense, Defense Budget Priorities and Choices, January 2010 〈http://www.defense.gov/news/Defense_Budget_Priorities.pdf#search='Defense Budgd Priorities and Choices'〉.

（19） Center for a New American Security, Hard Choices-Responsible Defense in an Age of Austerity, October 2011 〈http://www.cnas.org/file/documents/publications/CNAS_HardChoices_BarnoBensahelSharp_0.pdf#search='Hard ChoicesResponsible Defense in an Age of Austerity'〉.

（20）Remarks by President Obama to the Australian Parliament, November 17, 2011 〈http://www.whitehouse.gov/photo-and-video/video/2011/11/17/president-obama-speaks-australian-parliament#transcript〉.

（21）Obama's State of the Union Address, January 24, 2012 〈http://www..npr.org/2012/01/24/145812810/transcript-obamas-state-of-the-union-address〉.

（22）日米安全保障協議委員会共同発表、二〇一二年四月二七日〈http://www.mofa.go.jp/mofaj/area/usa/hosho/pdfs/joint_120427_jp.pdf〉。

（23）新国防戦略の指針は、次期大統領が今回の新国防戦略をより具体化した形でＱＤＲ２０１５として打ち出すことになろう。

（24）「第三海兵機動展開部隊の要員及びその家族の沖縄からグアムへの移転の実施に関する日本国政府とアメリカ合衆国政府との間の協定」（グアム協定）〈http://www.mofa.go.jp/mofaj/gaiko/treaty/pdfs/shomei_43.pdf〉。

（25）Mure Dickie, Tokyo warned over plans to buy islands, *Financial Times*, June 6, 2012 〈http://www.ft.com/cms/s/0/af98fc54-aef7-11e1-a4e0-00144feabdc0.html#axzz1zMPDOEJf〉.

（初出：二〇一二年一月）

第7章　アメリカ海兵隊の「抑止力」

1　普天間基地移設問題

普天間基地移設問題は、米国の戦略的ニーズを満たし、地元沖縄の合意がなければ解決はできない[1]。沖縄の合意がないままに日米政府間の合意だけが先行すれば将来に禍根を残し、普天間基地移設が履行できなかった時の日米同盟に及ぼす影響は計り知れない。その意味で日米関係のアキレス腱は普天間基地移設問題である。

鳩山前総理は、「最低でも県外へ移転する」と約束し、日米間の取り決めを反故にした。しかし、その後鳩山前総理は「学べば学ぶほど沖縄の海兵隊の抑止力の重大さがわかった」として、普天間の辺野古移転を再び容認した。

このように鳩山前総理が普天間基地の県外移設を諦めた最大の理由は「海兵隊の抑止力」であるが、その実体の説明は明確にされていない。そもそも海兵隊が何故、沖縄にいるようになったのか、何をしているのか、どういった役割があるのかを正確に説明した形跡がない。それに加えて、抑止力とは何か――。また、「何を」「どのように」抑止するのか――。そのことはまたわが国の安全保障の根底に対する質問でもある。本章ではその解明を行う。

抑止力に対する解答があって初めて、鳩山前総理が普天間基地の県外移転を主張した根拠が理解でき、それを踏襲する菅総理の「抑止力」をわれわれは納得できるのである。

2　何に対する「抑止力」なのか

「抑止力」とは、攻撃を拒否し報復する能力と意思を相手に認識させることによって、攻撃を思いとどませることであるが、抑止は、「何を」「どうやって」抑止するのか――という論議につながる。

「何を」抑止するのかに関しては、抑止する相手を脅威であるという脅威認識が必要となる。この点に関しては国会において短いやりとりがあった。二〇一〇年五月一四日の衆議院安全保障委員会で佐藤茂樹議員が「海兵隊は、何に対する抑止力なのか、なぜ沖縄に基地がなければならないか」という何に対する抑止なのかとの質問をした。これに対して岡田外務大臣は、「北朝鮮」と「中国」に対する抑止だと答えた。[2]

脅威は「能力」と「意思」で計られるが、岡田外務大臣の言う、北朝鮮には両方存在する。北朝鮮の「能力」に関しては、二〇〇七年の時点でプルトニウムの備蓄が四六〜六四キロあり、そのうち二八〜五〇キロが核兵器用に抽出されたと見られ、五〜一二個の核爆弾を保有していると見られている。[3] また、生物・化学兵器に関しても、「約二五〇〇〜五〇〇〇トンの化学作用剤を分散して施設に貯蔵し、炭疽菌、天然痘、コレラなどの生物兵器を自力で培養して生産できる能力を保有していると推定される」とメイプルズDIA長官は、二〇〇九年の上院軍事委員会で証言している。[4] また、これらのWMD（大量破壊兵器）の運搬手段のミサイルはノドン（射程約一三〇〇キロメートル）とテポドン1（射程約一五〇〇キロメートル以上）が日本全域をその射程内に入れている。また、ノドンに関してはすでに一〇〇基以上が実戦配備されている。

また、北朝鮮の「意思」に関しては、日本をことあるごとに「火の海にする」と脅してきた。[5] しかも日本国民を拉致しているから、日本にとっては脅威そのものである。さらには二〇一〇年四月には韓国の哨戒艦を魚雷で撃沈し、韓国の乗組員四六人が死亡した。韓国にとっても北朝鮮は最大の脅威である。

岡田外務大臣が述べた中国の脅威に関して、オバマ政権は二〇〇九年三月、国防総省は『中国の軍事力 二〇〇九年』で詳細に論じている。(6) この報告書では、中国軍の空母建造計画と海南島の新潜水艦基地に警鐘を鳴らし、軍備費の伸びや装備近代化の意図の不透明性に懸念を示した。

また、言うまでもなく台湾にとり中国は最大の脅威である。台湾の情報機関である台湾国家安全局によると、台湾対岸の福建省を中心に約一四〇〇基の短距離弾道ミサイルと巡航ミサイルを配備する。また、中国は台湾北部の海峡空域全体を封鎖することを目的として、福建省の竜田軍用飛行場に射程二〇〇キロの地対空ミサイルを新たに配備したとされる。(7) これに対して台湾は、北京を射程圏内とする一〇〇〇キロ以上の中距離弾道ミサイルと巡航ミサイルの開発に再着手した。(8) これは、鳩山民主党政権がスタートして日米同盟の抑止力の信憑性が低下したためだと考えられている。(9) 台湾を中国が支配することになれば、大規模な海軍艦隊を収容できる軍港、海軍基地を確保することになる。そうなれば、中国は太平洋に面した国家となり、南シナ海、バシー海峡、台湾海峡、東シナ海といった日本のシーレーンの重要な拠点が押さえられることになり、輸出貿易に頼る日本は中国に生命の与奪権を握られることとなる。

では、日本に対する中国の具体的な脅威とは何であろうか。中国のミサイルが未だに日本に照準を合わせているのは周知の事実である。(10) また、日中の中間線で日本海側海域にある春暁ガス田で中国は二〇〇四年から天然ガスを採掘する施設建設を開始した。この地域で二〇〇五年一月に中国海軍の駆逐艦が航行しているのが確認され、また、同年九月には、春暁ガス田付近を航行中の中国海軍の駆逐艦、フリゲート艦、補給艦、情報収集艦を確認した海上自衛隊P3C対戦哨戒機に対して、中国フリゲート艦は一〇〇ミリ砲を向けた。

また二〇一〇年四月には中国の海軍艦隊（駆逐艦や潜水艦など）が沖縄本島と宮古島の間を抜けて南下し、東京都沖ノ鳥島西方海域で大規模軍事演習を行った。それを監視中の海上自衛艦に中国艦載ヘリが五〇メートルまで異常接近し、挑発的な行為を行った[11]。これに対して、中国の国際情報紙には「日米同盟との決戦の時がきた」「気合いで日本の覇権主義を焦らせた」との書き込みが後を絶たない[12]。中国は、「沖ノ鳥島は岩であり、EEZ（排他的経済水域）は認められない」と主張している[13]。二〇〇八年以降、宮古島と沖ノ鳥島近海で中国の駆逐艦は五回確認されている[14]。これら一連の言動を見れば、日本の領海とシーレーンを脅かす中国の軍事力は日本にとって脅威である。しかしながら、日中は経済的には相互依存関係にある。したがって日本の対中政策は、経済的には「関与」し軍事的には「抑止」することが必要となる。

3　どう「抑止」するのか

これらの脅威に対して、どう「抑止」するのかということはわが国防衛の基本事項である。わが国は憲法第九条により専守防衛を基本方針として[15]、自衛隊を「盾」、米軍を「矛」とした日米同盟の抑止力により国の防衛を行っている。

アメリカは第二次世界大戦後、朝鮮戦争を経て、対共産主義「封じ込め」戦略の一環として「基地を前方に展開して敵を抑止・阻止する」前方展開戦略を採ってきた。そしてその戦略を維持することにより、冷戦終結後の北東アジアでは北朝鮮を脅威とし、中国を潜在的脅威として軍事的にヘッジ（抑止）してきた。

そのアメリカの前方展開戦略の最前線基地が日本である。アメリカの前方展開には、脅威に対する抑止機能と有事の際の即応兵力投入機能の二つがある。そもそも米軍はシーパワーの国家（アルフレッド・マハン提督）として海洋戦力に重きを置く。米海軍は基本的に空母一二隻体制と水陸両用即応戦団（ARG）一二個体制を取る。空母一二隻は、空母群と巡洋艦・駆逐艦群とに区別して運用されるが、基本的に空母戦闘団（CVBG）一二個を維持する。CVBGとは、航空団を搭載した空母を中心に六〜八隻の水上戦闘艦と一〜二隻の攻撃型潜水艦で構成される。

ＡＲＧとは、強襲揚陸艦（ヘリ空母、軽空母）を中心に三～四隻の揚陸艦で構成され、それに海兵隊遠征隊（ＭＥＵ）が搭乗した部隊構成となる。その空母のＣＶＢＧの拠点として横須賀、ＡＲＧの拠点として普天間、それに空の拠点として嘉手納の三つが合わさって、北東アジアで強力な抑止力を維持している。

今回の普天間基地移設問題は、海兵隊のロール・アンド・ミッション（任務と役割）を明確にせねば解決できない。上述のように、海兵隊はＡＲＧとして他の二つとともに抑止力の三本柱の一本として、とくに当該地域における唯一の陸上兵力として抑止力に貢献している。

海兵隊は個別に航空戦力、輸送艦艇、補給部隊を持つ独立戦闘集団であり、その順応性、適応能力は高く、戦場においては最先鋒を務める。海兵隊は大西洋海兵部隊と太平洋海兵部隊とに分かれ、それぞれ実戦部隊を配置している。大西洋海兵部隊は、大西洋地域を担当し、ノースカロライナ州キャンプ・レジューン基地の第二海兵遠征軍（ⅡＭＥＦ）を持つ。

太平洋海兵部隊は太平洋地域を担当し、太平洋海兵隊基地、艦隊海兵軍、中央海軍海兵隊部隊、在韓海兵隊部隊を統括し二つの海兵遠征軍（ＩＭＥＦ、ⅢＭＥＦ）を持つ。第一海兵遠征軍（ＩＭＥＦ）は米西海岸のカリフォルニアのキャンプ・ペンドルトン、第三海兵遠征軍（ⅢＭＥＦ）は沖縄にそれぞれ司令部を置いている。

そして各海兵遠征軍（ＭＥＦ）は、それぞれの隷下に第一、第二、第三と一個ずつ海兵遠征旅団（Marine Expeditionary Brigade: ＭＥＢ）と呼ばれる約三〇〇〇～二万名規模の旅団を編成することができる[16]。指揮官は海兵隊少将である。ＭＥＢは海兵隊歩兵連隊、海兵航空群、戦闘支援連隊、司令部部隊より編成され、総兵員は編成によって変わるが、ＭＥＢの特徴は、諸兵科混成で独立して作戦行動が可能な規模の地上戦力と、固定翼機・Ｖ／ＳＴＯＬ機[17]・回転翼機[18]により前線防空から近接航空支援までを遂行できる航空戦力とを統合、独立した作戦行動能力を有する戦闘単位として常設し、さらに、独自の兵站部隊により、三〇日間にわたっての戦闘継続能力を持ち、完全に自己完結した陸空の戦力を有する。また、ＭＥＢ司令部部隊は、ＭＥＦ司令部から要員増強を受けることにより、統合任務群の司令部機能を務める能力を有する。旅団の強襲部隊（ＡＥ）は、海軍の両用艦船二〇隻ないし二六隻に搭載され、また、強襲第二弾部隊（ＡＦＯＦ）は、一一隻の一般船舶に分乗する。陸上戦力は比較的軽装備であり、航空戦力は、前線防空および近接航空支援に重点を置いているため、制空や阻止攻撃については海軍航空隊や空軍の支援を要する。ＭＥＢの特性はあくまでもその優れた機動性にあり、その意味できわめて重要な役割を担う[19]。

そのＭＥＢよりも機動性に優れた小規模の部隊として、その下の海兵遠征隊（ＭＥＵ）がある。各海兵遠征軍（ＭＥＦ）は、ＭＥＵと呼ばれる「海兵遠征軍のミニチュア版」をそれぞれⅠＭＥＦが三個、ⅡＭＥＦが三個、ⅢＭＥＦが一個隷下部隊として保有する。ＭＥＵは総兵力約二〇〇〇人で一五日間の独立継戦能力を持ち、三隻以上の揚陸艦（ⅢＭＥＦは四隻）からの支援を受け、捜索・救難・市街戦・空港確保・警備・地域安定化作戦（ＣＯＩＮ）等の作戦に従事することが可能な特殊部隊である。ＭＥＵが遠征打撃軍（ＥＳＧ）の三隻の揚陸艦のみで紛争の初期に投入され、ＭＥＢはそのＭＥＵの増強部隊としての役割がある。

4　在日海兵隊のロール・アンド・ミッション

そもそも在日海兵隊は、朝鮮戦争に投入された第三海兵遠征軍（ⅢＭＥＦ）が休戦協定後に日本本土の岐阜県各務原市のキャンプ岐阜[20]と山梨県北富士演習場に移転したことが駐留の始まりである。その後、一九五〇年代後半にアイゼンハワー政権が大量報復戦略を採用しアジア戦略が核兵器への依存度を高め[21]、戦術核の導入により米兵の数を削減する効率化が図られる一環として日本本土から戦闘部隊を撤退させた。しかしながら、アジアにおいて北緯三八度線の非武装地帯に展開する米陸軍部隊以外に地上戦闘部隊がハワイまで後退してしまうことは得策ではないと判断した米軍は、ⅢＭＥＦや第三六航空グループを戦略予備軍として沖縄に移転した。こうして当時の沖縄のうるま市にあった物資集積所跡に兵舎を建て、補助飛行場だった海軍の普天間飛行場や、さらには名護市に新規にキャンプ・シュワブを建設した。そして北部のヤンバルにジャングル訓練のできる施設を入手し、現在のⅢＭＥＦの基地が形成された[22]。

ⅢＭＥＦの司令部は沖縄にあり、沖縄に一万八〇〇〇人、岩国基地に三〇〇〇人、ハワイのカネオヘベイ基地に六二〇〇人がそれぞれ配備されている。ⅢＭＥＦに出動命令が出されると、国家を対象とする大規模戦闘、対テロの小規模紛争、ＣＯＩＮ、津波や地震などの自然災害の救難支援など、任務の規模や種類に応じて必要な部隊を各基地から集めて機動展開部隊を編成する。

ⅢＭＥＦのロール・アンド・ミッションは、一九七〇年代から冷戦終了までの冷戦期間は、米ソ戦が開始された際に、オホーツク海から出ようとするソ連太平洋艦隊を封じ込めるため、日米が宗谷、津軽、対馬の三海峡を封鎖すると同時に、千島列島に上陸し、占領することであった[23]。ソ連の太平洋艦隊の活動はベトナムのカムラン湾を足場にしてインド洋にまで拡大され、インドシナ半島でもソ連の影響力が増大し、アジア太平洋地域の地域秩序は米ソの対峙を基礎としていた。このような情勢の下で、米国は、共産主義の拡大の封じ込めを基本政策とし、地域の同盟国および友好国の防衛能力の強化を支援するとの立場をとっていた。

日本は戦略的にきわめて重要な位置にあり、対ソ戦での通常戦のみならずソ連の核ミサイル攻撃の対象となる可能性があったため、日本国内では「巻き込まれ論」と米国の核の傘による「抑止論」とが対立していた。日本政府は日米同盟を堅持し、米国の拡大抑止により戦争を抑止するとの政策を採った。海兵隊との関係では、日本政府は岩国の施設・区域を海兵隊に使用させ、多額の接受国支援を行った。そして冷戦末期は、日米は対ソ戦に対する抑止と備えを維持する共通認識を共有していた。そこでの日米の役割分担は、「日本が盾、米国が矛」であり、その中で在沖縄海兵隊は対日防衛コミットメントの証でもあった。

冷戦終焉後、米国はアジア太平洋での戦略目標を「対ソ脅威への対応」から「地域の安定」に変更した。米国は一九九〇年三月の国家安全保障戦略（ＮＳＳ１９９０）で脅威の対象をソ連から第三世界へと転換した。これに呼応して、海軍・海兵隊は一九九二年九月の「From the Sea」で作戦の焦点を地域紛争対処に移行するとして、紛争地域に近接した沿岸地域（littoral）を、同沿岸地域からの攻撃ならびに強襲上陸作戦により支配し、米本土から展開してくる戦力のための橋頭堡を築く役割を果たすことを明言した。

さらに、米国は、一九九三年九月にボトム・アップ・レビュー（ＢＵＲ）で二正面戦略へと冷戦後の国防戦略を確固たるものにした。しかしクリントン政権で経済重視・安保軽視の政策を展開したことから、中国重視・日本軽視の姿勢が余りにも極端となった。そこでアジア太平洋内での国益が失われるという観点から、それを是正すべく、一九九五年二月に東アジア戦略報告（ＥＡＳＲＩ）を発表した。ＥＡＳＲＩで米国政府は、経済偏重を改め、域内の米軍プレゼンスの維持（一〇万人体制）、同盟関係の重視を打ち出した。またその後、海兵隊の任務として一九九九年の東チモールでの総選挙後の治安回復のための多国籍軍への参加など、域内各国との共同演習や、大規模災害救援・人道支援活動が増大した。それと同時に域内プレゼンスの重要性も再確認されることとなった。

日本は、冷戦後も海兵隊に施設・区域の使用を許可したが、一九九五年九月の米海兵隊による少女暴行事件により、施設・区域が集中している沖縄の負担が日米関係の論点となり、沖縄の海兵隊施設・区域の整理、統合、縮小や沖縄以外への訓練の移転などが進められた[24]。その一方で、「日米防衛協力のための新たな指針」が作成され、周辺事態での日本から米軍への後方地域支援のための枠組みが整備された。

ブッシュ政権下では二〇〇一年に９・11テロが起こり、これに対して二〇〇二年にアフガニスタン攻撃が行われた。さらに二〇〇一年の「四年ごとの国防戦略の見直し」（ＱＤＲ２００１）や二〇〇〇年の「核態勢の見直し」（ＮＰＴ２０００）に基づくブッシュ・ドクトリンが発表され、これに基づき二〇〇三年にイラク攻撃が行われた。そして信頼できる同盟国とともに先制攻撃を行うブッシュ・ドクトリンの実行は、海兵隊の役割を増大させることになった。海兵隊にとり、地域紛争は不測の事態の抑止と対処、シーレーンの保全、同盟国への防衛コミットメント確保などの役割が大きくなったと言えよう。

また、沖縄駐留米海兵隊は、①地域紛争および地域の不測事態の抑止・対処、②シーレーンの安全確保、③大規模災害救済および人道支援その他の協力措置、④地域安全保障に対する米国のコミットメントの確証、⑤米国と同盟国にとり優位なパワー・バランスの維持——などの重要な役割を果たしている。

5　海兵隊の抑止機能①——朝鮮半島作戦計画（ＯＰＬＡＮ）

海兵隊は海軍に属し、陸・海・空の能力を兼ね備えた独立戦闘集団であり、その順応性、適応能力は高く、戦場においては最先鋒を務める。海兵隊の「役割」には、地域紛争および地域の不測事態の抑止・対処、シーレーンの安全確保、大規模災害救済および人道支援、地域安全保障に対する米国のコミットメントの確証、米国と同盟国にとり優位なパワー・バランスの維持などがある。日本にとっては、本土への脅威に対する米海兵隊の抑止が最も重要である。日本は北朝鮮からたびたび「火の海にする」と脅されてきた。また、朝鮮半島有事の際には北朝鮮からのＷＭＤ搭載のミサイル攻撃や特殊部隊の上陸などが想定される。

韓国から、「海兵隊が日本からいなくなることは韓国の安全保障にとって深刻な問題である」との懸念の声が最近とくに強まっている。韓国外交安保研究院の尹徳敏教授が、「朝鮮半島有事では、沖縄の海兵隊が最初に投入される。もし普天間の移設先がグアムになった場合、韓国の安全保障に深刻な影響が出る。日本の考えを問いただすべきだ」と述べるように、在沖海兵隊が重要な役割を果たす。

朝鮮半島の有事に際しての米韓の作戦計画（Operation Plan：ＯＰＬＡＮ）には「５０２６」「５０２７」「５０２９」「５０３０」があり、在日米軍はここへ投入されることとなる。また、この作戦計画は太平洋軍司令部（ＵＳＰＡＣＯＭ）、米韓連合軍司令部（ＵＦＣ）、国連司令部（ＵＮＣ）の指令下にある。[25]

「ＯＰＬＡＮ５０２６」は、一九九三〜九四年に核危機が起こり、クリントン政権下でＵＳＦＫ司令官のギャリー・ラック将軍によって、数日間で遂行される核施設（寧辺など）、化学・生物兵器施設の約七〇〇カ所をターゲットとしたピンポイント爆撃（外科的攻撃）計画として策定され、二〇〇三年六月に完成された。「OPLAN5026」では、F‐117を含む追加飛行隊、第二歩兵師団増援の地上部隊数個大隊の配備、他の空母打撃軍が韓国へ増強されることになる。(26) しかしながら、核施設に対する攻撃では放射能汚染の懸念もあり、また、地下施設に対する攻撃では核を含む高性能兵器を使用せねばならず、作戦実施のハードルは高い。

「OPLAN5027」は朝鮮戦争直後に作成され、その後暫時改定されている。当初は、北朝鮮が三八度線を侵略した際の防衛的戦略に焦点が当てられていた。一九七三年になり前方防衛戦略が採用され、北朝鮮の高雄市を占領する計画となったが、北朝鮮全土を掌握する計画までには至らなかった。そして、一九七四年には核戦争に備えるものとなった。

その後、一九八〇年代になり、それまでの北朝鮮軍を休戦ラインに追い戻し戦争を終結させることがOPLANの目的であったが、北朝鮮を占領する戦略がOPLANの一部となっていく。一九九四年の「OPLAN5027‐94」では、米韓連合軍が韓国を統一するというもので四段階に分かれる。第一段階で抑止力を増強し、第二段階で北朝鮮の侵略を阻止し北朝鮮のフロントラインを崩壊する。第三段階で北朝鮮の主力を打破し、米海兵隊遠征部隊と第八二空中襲撃師団は、韓国師団と協力して、東海岸から北方の元山市や他の都市部に大規模な水陸両用作戦を遂行し、平壌に前進する。第四段階で米韓連合軍はソウル北方から平壌へ進行し、両者は平壌で合流するものである。(27)

一九九八年の「OPLAN5027‐98」は先制攻撃を持つ計画となった。そして、米軍が北朝鮮に侵入し朝鮮人民軍と平壌を攻撃し、北朝鮮体制を終結させることが目標とされている。この計画は、第一段階で北朝鮮攻撃に先立つ活動、第二段階で北朝鮮の当初の攻撃の停止、第三段階で逆襲のための再編、第四段階で平壌を奪回するための北朝鮮への完全進行で実行される。「OPLAN5027‐00」では、朝鮮半島への米軍の動員数が増加され、九〇日以内に米国から兵員六九万人、海軍艦艇一六〇隻、航空機一六〇〇機が補給されるとされた。「OPLAN5027－02」は、米国同時多発テロ（9・11テロ）後に採用された先制攻撃論が取り入れられ、北朝鮮の大量破壊計画を打破する戦略となった。そして、アメリカが韓国との協議なしで行う北朝鮮と金正日への先制攻撃を含む北朝鮮の大量破壊兵器への打撃が取り入れられた[28]。その後の「OPLAN5027－04」では、ミサイル・ディフェンス（MD）の概念が、「OPLAN5027－06」では、北朝鮮の核および核施設への先制攻撃の戦略がそれぞれ取り入れられている[29]。

「OPLAN5029」は北朝鮮で政情が不安定化した場合に備える作戦計画として、二〇〇八年一〇月に米韓軍事委員会（MCM）の席で米側から提案され米韓国防長官の間で合意されたもので、具体的には、北朝鮮からの難民、大量破壊兵器の流出などいくつかの非常事態に備えるものである[30]。また、韓国軍はその遂行に当たり指導的な役割を果たすが、核兵器および核関連施設の除去に関しては米軍が対処する作戦計画である[31]。「OPLAN5029」はもともと一九九九年に、北朝鮮の内部混乱（クーデターなどで崩壊した場合など）を戦時とみなし、軍事介入することを想定したものであった。しかし、内部混乱が戦時と判定されれば、米韓相互防衛条約に基づき韓国軍は米軍の指揮下に入ることになるため、「韓国の主権に重大な制約がかかる」として盧武鉉政権は二〇〇四年末からの協議を二〇〇五年一月に中断させていた[32]。

その後、二〇〇六年六月の南北首脳会談以後、南北関係がデタントに向かう中で、在韓米軍は北朝鮮崩壊を積極的に誘発させるために「OPLAN5030」を策定した。「OPLAN5030」はラムズフェルド国防長官が二〇〇三年に立案したものであり、北朝鮮の軍事アセットを枯渇させ、金正日への軍事クーデターを誘発させる諜報・工作作戦である[33]。当作戦遂行に当たり、米国防情報局（DIA）が主体となり、①食料、水、その他の戦時備蓄を枯渇させる目的で軍事演習を実施し、②スクランブルにより北朝鮮の航空燃料を消費させるため頻繁な偵察飛行を実施し、③戦略的な偽情報により内部の混乱を助長させ、④政権中枢の幹部の亡命を積極的に支援し、⑤金正日の資金源を壊滅させるため外貨の流入経路を遮断する。[34]

6　海兵隊の抑止機能②――台湾海峡有事計画（ＯＰＬＡＮ５０７７）

抑止力は「能力」と「意思」、それに抑止を受ける側（抑止対象国）の「認知力」の三つの要素に加えて、抑止対象国が「合理性」を持つという四つの要素が整っている場合に成立する。[35] これを米中関係における台湾問題に当てはめた場合、米軍の「能力」を中国が台湾に侵攻した場合で行使するという「意思」を中国に「認知」をさせることが抑止にとっては重要である。そのために、作戦計画の存在が必要となり、中国にその存在を認知させることも重要課題である。

米国の台湾有事の作戦計画（ＯＰＬＡＮ）の存在は、ウィリアム・アーキンの二〇〇六年六月のワシントン・ポスト誌への寄稿で明らかにされた。[36]「ＯＰＬＡＮ５０７７」は二〇〇一年にレーガン政権がスタートしてすぐに概念計画（Concept Plan：ＣＯＰＬＡＮ）からＯＰＬＡＮへと格上げされ、その後更新され続けている。二〇〇二年一二月、台湾海峡のＯＰＬＡＮは米太平洋軍に委ねられ、デニス・ブレア米太平洋軍司令官（当時）を中心として新たに「ＯＰＬＡＮ５０７７－０４」が立案され、二〇〇三年七月に更新された。二〇〇四年には、ラムズフェルド国防長官および統合参謀本部のガイダンスに従って米軍の任務が最終的に決定された。「ＯＰＬＡＮ５０７７－０４」は空、海、地上／水陸両用、ミサイル防衛の軍事力で台湾防衛に当たる作戦計画であり、選択肢には台湾海峡での海上妨害を含み、中国本土の目標への攻撃、情報戦、非物理的な選択、核兵器使用の可能性も含まれている。また、アーキンは台湾有事では、とくにアメリカのグローバルな軍事能力が試されると指摘する。すなわち、米軍の優れたコンピュータ・ネットワーク、航空防衛ネットワーク追跡能力、効果的な海上阻止能力、それに台湾海峡にアメリカが介入可能となる高度な海上ミサイル防衛能力である。[37]

中国の長期目標はグローバルなパワーへの台頭であり、短期目標は、言うまでもなく台湾危機への準備であり、それが当面の中国の軍近代化の主目的である。

中台軍事力バランスは中国に有利にシフトし続けている。一方台湾は、過去一〇年間に比べて防衛支出を削減させたが、現在その削減傾向に歯止めをかけようとしている。[38] アメリカの台湾海峡問題に対する立場は、中台いずれかが現状を一方的に変更することに反対する立場を明確にし、台湾海峡の平和的解決を支持している。それと同時に、台湾関係法九六条八項（一九七九年[39]）に基づき米国は台湾に武器を売却し、台湾は米国から二〇〇六年九月に台湾にキッド級ミサイル駆逐艦（ＤＤＧ）二隻（四隻のうちの最後の二隻）を購入した。[40] しかしながら、台湾野党の反対により[41]、二〇〇一年に米国から売却が許可された主要な防衛システムのうち、パトリオットＰＡＣ－３と、Ｐ３Ｃ対潜哨戒機、ディーゼル潜水艦を獲得していないためこれを台湾は購入する必要性があると米国は警告していた。[42]

オバマ大統領は、二〇一〇年一月二九日、台湾へＰＡＣ３システム[43]、ＲＴＭ／ＡＴＭ－84Ｌハープーン／ブロックⅡミサイル一二発、ＵＨ－60Ｍブラックホーク・ヘリ×六〇機、オスプレイ級掃海艇×二隻、ＭＩＤＳ通信ネットワーク端末×六〇台など合計約六四億ドル相当の売却を政権発足後初めて決め、米議会に通知した。しかしながら、米側が台湾へ売却するのは台湾の防御的兵器に限られ、Ｆ－16Ｃ／Ｄ戦闘機や潜水艦は含まれていなかった。

国防総省は、中国の軍事力行使が行われるレッドラインは、①台湾独立宣言が出された場合、「独立に向けての」動きがあった場合、②台湾への外国の干渉があった場合、③統一に関する海峡間の対話再開が無期限に遅延した場合、④台湾が核兵器を入手した場合、⑤台湾で国内騒乱が起きた場合――であると分析する。[44]

以上のレッドラインを越えた場合は、中国の台湾への軍事力行使の可能性は高まるが、中国が台湾に対して紛争コストが介入により得られる利益を上回ると計算する限り、直接介入を行う可能性は低いと分析する。しかしながら、中国の軍事能力が改善されているため敷居は次第に低くなりつつある。国防総省が分析する台湾海峡有事の際の中国の行動針路は、①米国（や他の諸国）の対応前に軍事的政治的圧力を加える、②迅速な解決ができない場合、米国の介入を阻止する、③それに失敗した場合には、介入を遅延させ、非対称的で限定的な即決的戦争によってアメリカの介入をうち破るか、④戦争を膠着状態に持ち込み、長期化させることを追求する――と分析する。

国防総省は、このような中国の行動針路に次の四つのシナリオを概観している。[45] すなわち、①戦力の限定的投入：サイバー攻撃、特殊作戦部隊の破壊工作、短距離弾道ミサイル攻撃、空爆、②航空・ミサイル作戦：台湾の防空システムに対する短距離弾道ミサイルによる奇襲攻撃や精密空爆、③封鎖：演習宣言、ミサイル封鎖地域設置宣言、空域封鎖、ミサイル攻撃、機雷敷設、海上交通措置、④上陸侵攻：共同島部上陸作戦――である。[46]

7　「距離の専制」の論理――なぜ、海兵隊は沖縄にいる必要があるのか

オバマ政権は二〇一〇年二月の「四年ごとの国防戦略の見直し」（ＱＤＲ２０１０）で国防戦略を初めて提示したが、ＱＤＲ２０１０を策定する過程で中台紛争と朝鮮半島の有事シナリオを検討し、そこでの在沖海兵隊実戦部隊（31ＭＥＵ）の継続駐留の必要性を再確認した。

海兵隊が沖縄に駐留せねばならない根拠は米国の対北・対中抑止戦略にあり、それはＯＰＬＡＮ（作戦計画）に組み込まれていることは前述したとおりであるが、これは「有事の際に展開する米軍の時間と距離の壁」という「距離の専制（tyranny of distance）」をいかに克服するか、という課題につながる。

沖縄に海兵隊が駐留せねばならない最大の理由は、この「距離の専制」という課題を乗り越えることができないからである。沖縄をベースとする海兵隊実戦部隊の移転先がグアムになった場合、朝鮮半島有事の際には展開期間が沖縄から二日であったものが四日となる。そうなれば、海兵隊の支援が間に合わず、韓国の安全保障に深刻な影響が出る。それと同様、台湾海峡有事の場合もしかりである。海兵隊は沖縄からは台湾、朝鮮半島、尖閣列島へは

一～二日で展開可能である。しかし、たとえば、富士へ移設された場合には朝鮮半島へは二日、台湾へは三日かかる。その一～二日の遅れが致命傷となるために沖縄県内に駐留せねばならない。この「距離の専制」の具体的例を沖縄とグアム移駐を例にとりキース・スタルダー米太平洋海兵隊司令官は上の表のように説明している[47]。

表7－1　海兵隊の沖縄移駐とグアム移駐の比較

展開場所／駐留場所	沖　縄	グアム
日　　本	2日	4日
韓　　国	2日	5日
フィリピン	2日	4日
タ　　イ	3～4日	6日
マレーシア	5日	7～8日
ミャンマー	8日	10日

台湾有事の際には中国人民解放軍（PLA）が台湾に上陸を図ろうとするであろうが、その前に、在沖縄海兵隊が在台湾米国民のNEO（保護・救出）の名目で投入されれば、PLAは米軍との戦闘を覚悟せねばならず、紛争のエスカレーションは避けられると考えられる。その際は、普天間基地の米海兵隊ヘリコプター部隊が佐世保の強襲揚陸艦の到着を待たずに直接台湾に飛来する可能性も推測できる。普天間から台北までは約七〇〇キロであり、一五機のCH53Eシースタリオン（航続距離二〇〇〇キロのフェリー航続距離、戦闘行動距離三〇〇～五〇〇キロ）はそれぞれ兵士（最大五五名）と装備を乗せ、また、一四機のCH46Eシーナイト（航続距離四二六キロ）も兵士（最大二六名）と装備を乗せ、途中空中給油をしながら二～三時間ほどで到達する。また、七機のAH－1攻撃ヘリコプラも同行する。さらに、岩国基地の戦闘機部隊は四〇分で台湾に到着し、嘉手納のF－15が制空権を確保することになる。

以上の「距離の専制」の問題のために海兵隊は沖縄に駐留する必要性があるが、将来の技術革新の進展によってこの時間と距離の壁を克服できれば、沖縄に駐留する必要性は低減することになる。

また、沖縄に海兵隊が駐留せねばならないもう一つの理由に、海兵隊の訓練の問題がある。海兵隊の訓練をこれ以上沖縄の他に分散化した場合は海兵隊の機動力、つまり抑止力に支障が出る恐れがあるため非常に難しい。ここに米側が海兵隊の一体運用を求める理由がある。もし移設するのであれば、海兵隊の全機能を持っていかねばならない。海兵隊は緊急事態では最初にその場に駆けつける部隊である。陸軍の地域投入、海軍の大量輸送、空軍の迅速な移動という三軍の特性を持った部隊である。そして海兵隊の戦略ニーズとは、第一に地上部隊の基地、第二に航空部隊の飛行場、第三に演習場、第四に港湾施設、第五に補給施設の五つの施設を二〇〇マイル（約三二二キロ）圏内に集中配備せねばならない(48)。この条件を満たす、代替基地を探さねばならないのが前提条件となる。

さらに、中国海軍の日本近海での活動は度重なるようになり、台湾海峡有事の際には中国の領海侵犯もしくは尖閣諸島をはじめとする先島諸島への領土侵犯などが想定される。もし、尖閣諸島を占有された場合、自衛隊には単独で対処する能力も装備もないため自衛隊独力での奪回は困難であり、海兵隊との共同作戦は不可欠である。しかし、日米に能力と意志がある限り中国はそういった行動には出ないであろう。

また、その他の米国の沖縄海兵隊の駐留理由は、米国はアジア太平洋地域の安定に国益を持ち(49)、その安定のために日米同盟は大きく寄与し、沖縄の米軍基地は地政学上、当該地域を睨んだ中央位置を占めきわめて重要な意味を持っていることに依るところが大きい。

注

（1）『時事通信』、二〇一〇年六月六日。
（2）衆議院安全保障委員会第五号、平成二二年五月一四日〈http://www.shugiin.go.jp/index.nsf/htm/index_kaigiroku.htm〉（二〇一〇年六月八日アクセス）。
（3）David Albright and Paul Brannan, *The North Korean Plutonium Stock, February 2007*, INSS, February 20, 2007.
（4）防衛省『日本の防衛』、平成二一年度版防衛白書、平成二一年七月一七日、三七ページ。
（5）『日本経済新聞』、二〇〇九年五月二九日。
（6）Office of the Secretary of Defense, *Miritary Power of the People's Pepublic of China 2009*, Department of De-

fense, March 25, 2009.

（7）『毎日新聞』、二〇一〇年四月二五日。

（8）楊念祖・国防部副部長、二〇一〇年三月二九日、立法院答弁（『毎日新聞』、二〇一〇年四月二五日）。

（9）「日米安保条約は冷戦終結後、アジア太平洋の安全を守る条約となった。条約の継続的な存在は台湾の安全にとって肯定的なものだ」（王高成・淡江大学国際事務戦略研究所教授）。

（10）日本攻撃を想定している山東省の中距離弾道ミサイル基地が強化されている（時事通信社、二〇〇八年六月二一日）。

（11）『産経新聞』、二〇一〇月四月二〇日。

（12）『産経新聞』、二〇一〇年五月二二日。

（13）衆議院国土交通委員会ニュース、第一七四回国会第一八号、平成二二年五月〈http://www.shugiin.go.jp/itdb_rchome.nsf/html/rchom/News/honbun/kokudo17420100511018.pdf/$File/kokudo17420100511018.pdf?OpenElement〉（二〇一〇年六月二〇日アクセス）。

（14）*Asahi Shinbun*（英文朝日）, June 21, 2010.

（15）防衛省『日本の防衛』、平成二一年度版防衛白書、平成二一年七月一七日、一〇三ページ。

（16）一九八〇年代には、六個のＭＥＢ（第一、第四、第五、第六、第七、第九）が常設されていたが、海兵隊の体制の変更などにより現在の組織となった。

（17）垂直離着陸機（Vertical Take Off and Landing：ＶＴＯＬ）は、ヘリコプターと同じように垂直に離着陸可能な飛行機のことである。なお飛行船や回転翼機であるヘリコプターはＶＴＯＬ機とは言わない。

（18）航空機の一種で、ヘリコプターなど、主として回転翼により揚力を得る重航空機を言う。

（19）http://ja.www.wikipedia.org/wiki/%E6%B5%B7%E5%85%B5%E9%81%A0%E5%BE%81%E6%97%85%E5%9B%A3（二〇一〇年五月三〇日アクセス）。

（20）現在の航空自衛隊岐阜基地。

（21）Mac Tractenberg, "A Wasting Asset: American Strategy and Shifting Nuclear Balance, 1949-1954," *International Security*, Vol. 13. N0. 3（Winger 19898/89）, pp. 46-47.

（22）我部政明「東アジア多国間アメリカ枠組創出のための研究」、科学研究補助金基礎研究（C）研究成果報告書、二〇〇八年二月二一日、六ページ。

(23) 西脇文昭「米軍事戦略からみた沖縄」、日本国際政治学会編『国際政治』、一九九九年二月。

(24) 拙著『米国の対日政策』、同文舘、二〇〇一年、二六三〜二六四ページ。

(25) Ko Young Dae, US Military Strategy on the Korean Peninsula and Missile Defense in Northeast Asia 〈http://www.spark946.org/bugsboard/index.php?BBS=eng_1&action=viewForm&uid=67&page=1〉（二〇一〇年六月二一日アクセス）・

(26) OPLAN 5026–Air Strikes, Global Security. org 〈http://www.globalsecurity.org/military/ops/oplan-5026.html〉（二〇一〇年六月二一日アクセス）。

(27) Kim Jin Ho, Moon Young Hee, Kang Byung Cheol, The Farewell to Mediation for the national Security In South Korea 〈http://www.ausdispute.unisa.edu.au/apmf/2006/papers/kim-moon-kang.pdf#search〉（二〇一〇年六月二一日アクセス）・

(28) OPLAN 5027 Major Theater War–West, Global Security. org 〈http://www.globalsecurity.org/military/ops/oplan-5027.html〉（二〇一〇年六月二一日アクセス）。

(29) Ko Young Dae, US Military Strategy on the Korean Peninsula and Missile Defense in Northeast Asia May 12, 2010 〈http://space4peace.blogspot.com/2010/05/transcript-of-speech-at-gn-meeting-in.html〉（二〇一〇年六月二一日アクセス）。

(30) OPLAN 5029–Collapse of North Korea, Global Security. org 〈http://www.globalsecurity.org/military/ops/oplan-5029.html〉（二〇一〇年六月二一日アクセス）・

(31) Korea, US Complete Plans to Handle NK Collapse, *The Korea Times*, November 1, 2009,『人民網』日本語版、二〇〇九年五月四日。

(32) 恵谷治「韓国を守るのではなく北朝鮮を崩す在韓米軍の『作戦計画５０３０』」〈http://d.hatena.ne.jp/ubasawa/20100521/1274434558〉（二〇一〇年六月二一日アクセス）。

(33) Bruce Auster, Kevin Whitelaw, and Thamas Omstad, "Upping the ante for Kim Jong Il; Pentagon Plan 5030, a New Blueprint for Facing Down North Korea," U. S. News and World Reort, July 21, 2003; OPLAN 5030, Global

Security. org 〈http://www.globalsecurity.org/military/ops/oplan-5030.html〉（二〇一〇年六月二一日アクセス）。

（34）惠谷、前掲。

（35）Patrick M. Morgan, *Deterrence Now*, Cambridge University Press, 2003, p. 69.

（36）Charles Snyder, US plan for defending Taiwan disclosed, *Taipei Times*, June 05, 2006 〈http//www.taipeitimes.com/News/taiwan/archives/2006/06/05/2003311784〉（二〇一〇年六月二一日アクセス），〈http://www.washingtonpost.com/wpdyn/content/article/2006/05/23/AR2006052301552.html; http://blog.washingtonpost.cim/earlywarning/2005/11/inside_us_war_plans.html〉（二〇一〇年六月二一日アクセス）。

（37）Charles Snyder, US plan for defending Taiwan disdosed, *Taipei Times*, June 05, 2006.

（38）しかしながら、二〇〇五年には二〇〇八年までにＧＤＰの三％防衛費を増強すると発表し二〇〇六年の防衛費はＧＤＰ比二・四％、二〇〇七年は二・八五％（見込み）となっている。

（39）Taiwan Relations Act Public Law 96-8 96th Congress 〈http://usinfo.state.gov/eap/Archive_Index/Taiwan_Relations_Act.html〉（二〇一〇年六月二一日アクセス）。

（40）二〇〇一年、ブッシュ政権は台湾に売却可能な兵器リストとして、キッド級駆逐艦四隻、通常動力型潜水艦八隻、Ｐ３Ｃ対潜哨戒機一二機を挙げた。キッド級駆逐艦は、装備を全面的に刷新し五〇〇キロ以内の二五六の標的を捜索、追尾し、六～八の標的を同時に攻撃可能などイージス艦に近い性能を備え、二〇〇二年に契約を結び、二隻が二〇〇五年に実戦配備され、残る二隻は二〇〇六年一〇月に台湾に回航された（ＤＯＤ２００７）。

（41）二〇〇〇年の陳水扁政権成立以来、立法院では民進党は少数与党であり、野党（国民党・親民党）により購入を妨害されている。二〇〇四年六月、国防部が三項目をまとめて「軍備購入特別予算案」として六一〇八億台湾元（約一九一億米ドル）を計上し立法院に送付していたが、野党の反対で審議入りできない状況が続いた。二〇〇六年一一月には国防部のパトリオット3型の購入費用を計上したが立法院で六二回の審議拒否に遭っている（村井・阿部・浅野・安田編著『中国をめぐる安全保障』、ミネルヴァ書房、二〇〇七年七月、一〇二～一〇三ページ）。

（42）ＤＯＤ２００７.

（43）ＰＡＣ３ミサイル×一一四発、Ｍ９０２発射機×二六基、ＡＮ／ＭＳＱ１３２射撃管制装置×三基、アンテナマストグループ×五基等。

(44) 二〇〇五年三月の「反分離法」第八条は、「分離主義勢力が……台湾の中国からの分離という事態を引き起こした場合」、あるいは「台湾の分離を引き起こすような重大な事件が起きた場合」、また「平和的統一の可能性」が消滅した場合、中国は「非平和的な手段」に訴えるであろうと規定している。
(45)『中国の軍事力 二〇〇六』(二〇〇六年五月二三日)では、中国が台湾統一に踏み切る場合の想定として、圧力攻勢、限定的武力行使、航空・ミサイル攻撃、封鎖、上陸作戦――の五つのシナリオを呈示した。
(46) 沿岸防衛体制を突破ないし出し抜き、海岸の上陸拠点を構築し、台湾全体や重要攻撃対象を分断し、占拠し、占領するために、兵站、電子戦争、航空・海上支援などの面での支援作戦に依拠する複合作戦を想定する。
(47) Interviewed with Lieutenant General Keith Stalder, Commanding General, U. S. Marine Corps Forces Pacific, Feb 17, 2010.
(48)「守屋元防衛事務次官に聞く」、『朝日新聞』、二〇一〇年一月一三日。
(49) 戦略的に重要な地位のことであり、A・T・マハンが唱えた。Alfred T. Mahan, *The Interest of Sea Power upon History 1660-1783*, Boston: Little Brown, 1890.

（初出：二〇一〇年七月）

第8章　アメリカ海兵隊創設の歴史と役割の変遷

1　海兵隊の組織

海兵隊は独立戦争以来国家に忠誠を尽くしてきた独特のカルチャーと精神を持つ小規模で結束の固い集団である。海兵隊は時代の変化とともに新たな作戦を開発し革新し続けてきた。今またグローバルにかつ急速に変化する世界情勢の中で新たな事態に対応するべく自らを改革し続けている。

海兵隊は「合衆国法令10」で海軍の組織下に入り、海軍作戦部長と海兵隊司令官は同等の地位に置かれた。海兵隊は独特の組織をもっており複雑で把握しにくい。まず海兵隊の目的、存在意義であるがそれはただひとつである。それは「即応態勢」にある。「真っ先に駆けつけて闘い（first to fight）」、いつでもどこへでも直ちに赴くのが海兵隊であり、それができるのは海兵隊が陸海空の三軍すべての機能を兼ね備えた「海兵空地任務部隊（Marine Air-Ground Task Force：ＭＡＧＴＦ）」であるからである。ＭＡＧＴＦは通常、特定の作戦上の要求に合致するよう柔軟に編成され、限定された期間、独立した作戦を遂行することができる。そのためＭＡＧＴＦは最近では紛争だけでなく自然災害でも出動して活動している。

ＭＡＧＴＦの中で、最も規模が大きいのが「海兵遠征軍（Marine Expeditionary Force：ＭＥＦ）」である。およそ五万人を有し司令部と海兵師団と海兵飛行団と後方支援団で構成される、混成編成軍である。次に大きい規模は「海兵遠征旅団（Marine Expeditionary Brigade：ＭＥＢ）」でおよそ一万五〇〇〇人を擁する。三〇日間は独立して作戦遂行する能力をもつ。歩兵連隊、航空群を有し後方支援団による支援を受ける。もっとも小さい規模の「海兵遠征部隊（Marine Expeditionary Unit：ＭＥＵ）」は、二二〇〇人前後で、地上部隊、兵站支援部隊、固定翼やヘリから成る航空編隊から成り揚陸艦や水陸強襲艦などに乗艦する。この最小部隊だけでも独立して一五日間は作戦を遂行する能力を持つ。どのＭＥＵも特殊作戦を遂行する能力を持っている。そしていかなる現場であっても六時間以内に到達する。

組織として作戦部門、司令部、予備兵部門、支援部門の四つの部門に分かれる。さらに作戦部門は戦闘部隊、海軍施設の護衛部隊、在外大使館等の護衛部隊の三つに分かれる。在外大使館や海軍基地の護衛は海兵隊の重要な役割である。司令部機能をもつ部隊は大西洋海兵隊軍と太平洋海兵隊軍である。大西洋軍にはⅡＭＥＦが属し、司令部はキャンプ・レジューーン（ノースカロライナ州）にある。ＩＭＥＦとⅢＭＥＦは太平洋軍に属し、司令部はＩＭＥＦがキャンプ・ペンドルトン（カリフォルニア州）、Ⅲがキャンプ・コートニー（沖縄県）にある。唯一の在外遠征軍基地として沖縄のⅢＭＥＦはアジアや中東までも網羅する地政学上きわめて重要な位置にある。

世界のどこかで紛争が起こると直ちにＭＥＵを派遣し一五日間で次のＭＥＦを整えて派遣するということが可能である。そのため現在七個のＭＥＵがあるが、常に二〜三個は六カ月間艦隊に乗船して海洋を動いている。地中海に一個、太平洋に一個を即応態勢に置いてさらに状況次第で一個が中東方面に派遣される。この艦隊は三から五隻の水陸両用揚陸艦から構成され、自由に航海している。他のＭＥＵは六カ月の訓練熟成期間と三カ月の休息・基礎訓練期間となっている。この休息期間・訓練熟成期間・艦上配備期間をそれぞれの部隊がローテーションしている。11ＭＥＵ、13ＭＥＵ、15ＭＥＵはキャンプ・ペンドルトン、22ＭＥＵ、24ＭＥＵ、26ＭＥＵはキャンプ・レジューン、31ＭＥＵはキャンプ・コートニーに属している。
海兵隊は小規模でつねに「真っ先に駆けつけて闘う（first to fight）」ものであり、最初に敵と遭遇する。そのため事前の情報収集は欠かせない。しかもたとえハイテク装備が完備されていても海兵隊は人間の五感で得た情報をもっとも重視し、ＭＥＵはそれぞれ自前の偵察隊を備えている。それが海兵隊偵察部隊フォース・リーコン（Force Recon）である。リーコンは偵察（Reconnaissance）に由来している。彼らは個々のＭＥＵ（遠征隊）に所属しており、所属する遠征隊の必要に応じて行動する点に特徴がありきわめて機動性の高い特殊な作戦を担う部隊であるが、それは隊単位での任務に限られる。彼らリーコンは実際には特殊な任務につき限りなく特殊部隊に近いが、海兵隊流に言えば特殊部隊ではない。海兵隊は特殊部隊を嫌うのであくまで一つの部隊として扱われる。

しかしながら海兵隊の設立当初はそのような集団ではなく、酒場で新兵として招集された素人の集団であった。しかも、戦争が始まれば創設され終戦すれば消滅するという不安定な地位に長らく置かれていた。したがって、常に「存亡の危機」にあるという創設時代からの宿命から海兵隊はその存在意義を示すために戦い実績を積み上げる必要があった。本論ではその海兵隊の二〇〇〇年の軌跡を追い、海兵隊がどこに存在意義を求め、そのためにどう改革してきたかを明らかにする。

2　海兵隊の起源

海兵隊という言葉が世界で公式記録に初めて登場するのは一六七二年である。それ以前には海兵隊とは呼ばなかったが海兵隊の機能を持つ部隊はすでに存在しており、一五三七年のスペインで誕生した。スペインに続きポルトガル（一六一〇年）、フランス（一六二二年）と海兵隊の創設が続いた。(1) そして一六六四年一〇月二八日にイギリスで海兵隊が誕生した。イギリス・オランダ戦争のために海軍の歩兵部隊として一二〇〇名の兵士が艦隊に勤務することになり、この部隊は「ヨーク卿の海上歩兵連隊」と呼ばれ[2]、やがて「提督連隊」と呼ばれるようになり、海軍の下に存在し続けた。彼らは歩兵であると同時に船乗りでもあり、全員がマスケット銃を持っていた。海兵隊は誕生したときから全員が「ライフルマン」であり、その伝統は今日でもアメリカ海兵隊で守られている。

一七三九年になると海兵隊はアメリカ大陸でのジェンキンスの耳戦争のために編成された。そのうちのひとつの連隊は大陸植民地市民で構成され、先住民族とイギリスとの戦争においてイギリス側について参戦した。これが「グーチの海兵隊」と呼ばれ、アメリカ大陸では初めての海兵隊部隊であった[3]。グーチの海兵隊は一七四一年にはキューバのグアンタナモを制圧して活躍したが、この部隊の司令官のひとりにローレンス・ワシントンがいた。後の初代大統領ジョージ・ワシントンの兄である。やがてこの部隊は一七四八年に解散した。

アメリカ大陸の植民地が成長を遂げイギリスから独立する方向へ向かっていた一七七五年、大陸議会はフィラデルフィアのタン酒場で「植民地には海軍が必要かどうか。海の歩兵を創設するか否か」を論議した。時の大陸議会は、イギリスの王立海兵隊海軍を倣って遠征部隊としての海兵隊の創設を考えていた。大陸議会は同年一一月一〇日、二個大隊で大佐一名、中佐二名、少佐と士官二名、他の大隊と同数の兵卒から構成される新たな軍隊の創設を決定した[4]。そしてアメリカの新たな軍はイギリスの海兵隊を模して「大陸海兵隊」と命名された。次に議会はサミュエル・ニコラスに海兵隊の招集をまかせ、ニコラスはさっそく新兵の招集にかかった。タン酒場の持ち主であったロバート・ムランを募集係の責任者に据え、タン酒場で募集が行われた。タン酒場で集まった隊員は職業軍人や民兵ですらなくまったくの素人の集団だったが、動機はともかく大陸海兵隊は誕生しつつあった[5]。この大陸会議の一一月一〇日が海兵隊の誕生の日だとされ、世界中の海兵隊がこの日にはお祝いをする。

海兵隊の最初の任務は一七七六年、バハマに上陸することであった。海岸から接近して上陸し二つの砦を制圧して大成功を収めたその帰路の途上で、デラウェア川を渡りトレントへ向かうワシントン司令官の陸軍部隊を追いかけ、一七七七年のプリンストンの戦いで合流した。このように独立戦争時代は、大陸海兵隊は海軍の歩兵部隊であり遠征部隊として機能していたが、一七八三年にパリ条約によって戦争が終結すると大陸海兵隊は消滅していった。(6)もっとも大陸海軍も消滅していったので、消滅は海兵隊だけの現象ではなかった。一七八五年には最後の艦船が売却され事実上海軍は消滅した。一七八九年合衆国憲法が発効したとき戦争省が陸軍と海軍を統括する行政省と定められたが、実際には海軍からは行政に参加することがなかった。(7)

3　海兵隊の創設――トリポリからモンテズマまで

一七八九年にフランスとの戦争を契機に海上防衛の必要が高まり海軍が戦争省から独立して海軍省となり、海軍長官の地位が新設された。海軍の歩兵が戦艦に乗船する必要に迫られ、新たに海兵隊（corps of marine）の創設を議会は求めた。一七九八年七月一一日、ジョン・アダムス大統領はアメリカ海兵隊（United States Marine Corps）創設の法案に署名して、正式に合衆国海兵隊は創設されることとなり、海兵隊歩兵中隊と派遣隊から構成され大統領からの直接の命令で動くことが定められた。(8)第二代目の司令官となったのは、ウイリアム・ワード・バロウズであった。その後一八三六年にジャクソン大統領は海兵隊に対して陸軍に従軍して先住民族のセミノール族との戦闘に参加する命令を出したため、海兵隊は陸軍とともに戦闘に参加するようになった。

アメリカの商船は地中海を航海する際にフランス海軍から護衛をしてもらっていたが、一七八九年以降その護衛がなくなり、そのために海賊から襲撃されるようになっていた。さらにトリポリを中心としたアルジェリアなど北アフリカの連合軍が合衆国に宣戦布告をした。そのため、一八〇五年にトマス・ジェファーソン大統領はギリシャ軍などの国際軍を編成しアメリカからは陸軍と海兵隊を派兵してトリポリを上陸制圧させた。こうして海兵隊は旧世界の地に初めて星条旗を立てたのである。

一八四六年になり、アメリカはメキシコに宣戦布告し米墨戦争の戦端が開かれた。海兵隊は直ちに西海岸へ派遣され、一八四七年モンテズマの砦を制圧してメキシコ戦争は終結し合衆国はカリフォルニアの獲得に成功した。この戦闘以来海兵隊は「トリポリからモンテズマの砦まで」と活躍を讃えられるようになり、また海兵隊そのものを表す言葉となった。

一八五三年、ペリー艦隊が日本を訪れ翌一八五四年には再び来日して開国を迫り通商条約を締結して日本を開国させた。このときペリー艦隊には約二〇〇人の海兵隊員が乗船していた。しかしながら、アメリカ国内では奴隷制度をめぐって南部と北部の対立が深化していき、一八六一年、南北戦争が始まった。南北戦争が始まった当時、海兵隊は一八九二人の兵員規模に成長していたが、さしたる実績を上げることもないうちに南北戦争は終結した。そのため戦後まもなく陸軍と海軍の中では活躍のなかった海兵隊は不要だという議論が高まり海兵隊は存亡の危機にさらされた。つまり、存在意義を示さなくては生き残れないことが明らかとなったわけである。

南北戦争が終結すると合衆国は新たな市場を求めて本格的に海外進出に乗り出し、海兵隊は「アメリカ人の生命と財産を守る」という名目で各地に遠征して上陸を繰り返した。その範囲は広く一八七二年には韓国、一八八〇年にはパナマに上陸し、その後も太平洋を横断しカリブ海諸国へは頻繁に上陸を繰り返した。その間に「Semper Fidelis（常に忠実であれ）」が海兵隊の信条として定着していった。

合衆国は一八九八年にキューバとフィリピンでスペインとの戦争に突入したが短期間で米西戦争は終結し、キューバは独立を認められ合衆国はグアムとフィリピンを譲り受けた。海兵隊はこの戦争では、キューバでは海軍の中で、フィリピンでは陸軍の片隅で従軍したにすぎず、海兵隊の存在意義は相変わらず風前の灯火であった。やがて海兵隊ではもっとも主要な任務を水陸両用作戦に求める動きが強くなっていった。

合衆国はハワイを併合し太平洋に前線基地を獲得して中国を目指すのは時間の問題となった。一九〇〇年に義和団の乱に乗じてアメリカ市民の保護という名目で海兵隊は北京に送られた。一方フィリピンではアメリカと協力してスペインからの独立を果たした後に、占領を続けるアメリカとフィリピンの間でフィリピン独立闘争が始まり海兵隊が送られた。

海兵隊が派兵される一方で海兵隊を封じる動きも強まり、一九〇八年にはセオドア・ルーズベルト大統領が大統領指令九六九号によって海兵隊の海軍艦船乗艦を禁止した。ここに至って海兵隊はついに艦船から追放され、これは海軍の中での海兵隊不要論の勝利であった。しかし意外にも海兵隊支持派が猛烈に巻き返し、結局支持派の尽力によって一九〇九年には海兵隊は再び乗船勤務が可能となった(9)。

当時、海兵隊の存否に強い影響を持っていたのが海軍将官会議であった。一八一五年に創設され海軍長官に専門家として進言することがその仕事とされた。この将官会議では海兵隊による前方展開する海軍基地の防衛の重要性を主張し海兵隊の存在意義を基地防衛に求めた。それに対して海軍の将校の中では相変わらず根強い海兵隊排除の動きがあったが、将官会議は海兵隊に好意的であったので海兵隊の消滅は免れることができた。しかし、将官会議の存在感は一九一五年に海軍作戦部長室が設置されたため薄れ一九五一年に消滅した。

一九一四年にヨーロッパで第一次世界大戦が勃発するとウイルソン大統領は中立を宣言していたが一九一七年には参戦に転じ、遠征部隊を派遣することに決定した。主力は陸軍であったが海兵隊は一個旅団六〇〇〇人を加え、海兵隊は第四旅団としてヨーロッパへ渡った。しかしながら海兵隊の遠征部隊司令官は陸軍将軍で、海兵隊はあくまで陸軍の補助として扱われて冷遇された。そのためその冷遇に海兵隊は奮起して実績をあげるべく、一九一八年ベローの森でドイツ軍を相手に熾烈な戦闘を展開し打ち破った。この戦いで海兵隊は一躍名を馳せ、世界最強の部隊としてそして「真っ先に駆けつけて闘う（first to fight）」遠征部隊としての評価を得たのであった。

戦後海兵隊は中国に駐留していたが次第に日中関係が険悪になるにつれて、日本との衝突を想定して内部で軍事研究が行われていた。その研究テーマは「水陸両用の戦闘」で一九三四年ころまでには「上陸作戦にむけて実験的なマニュアル」が作成された。それまでの海兵隊の任務は基地の防衛と遠征がメインであった。しかし日本との衝突を想定すると、太平洋諸島の地理から観て島嶼への海からの上陸と奪取が不可欠と考えられた。そのため海兵隊は水陸両用や海岸への上陸能力を主とする軍に転換しようとしていた。一九四一年にハワイ真珠湾で日本から攻撃を受けて日米間で戦争が始まると、海兵隊艦隊は太平洋に展開して日本軍と対峙した。

4　水陸両用作戦の完成に向かって

第一次世界大戦が海兵隊を有名にした戦争といえるのであるならば、第二次世界大戦は海兵隊の新たな役割である「水陸両用作戦」という任務を完成させた戦争だったといえる。

第一次世界大戦後は海軍や海兵隊の一部で「水陸両用」という任務を海兵隊が担うことには反対があった。一方で一部の士官の間では前線基地の防衛だけでなくより積極的な任務、すなわち上陸して敵地を奪取するという任務こそが海兵隊の存在意義であると考える者もいた。兵器が革新的に向上し上陸する敵を海岸で迎え撃つ能力が高まると敵前への上陸はより危険で高度なスキルと専門性が必要となるのは自明の理であった。海兵隊はその専門性に自らの存在意義を求めたのである。

水陸両用作戦の要は上陸艇であった。特に水陸両用作戦に存在意義を求めていた海兵隊には新たな上陸艇は死活問題だった。「上陸作戦にむけて実験的なマニュアル」はあっても実戦経験もなく必要不可欠な上陸艇もなかった。

海兵隊は打開策を探し求めていたが二人の民間人が海兵隊を救うことになる。ニューオーリンズの造船企業のアンドリュー・ジャクソン・ヒギンズと、フロリダのエンジニアだったドナルド・ローエブリングが優れた上陸艇を開発したのである。もともとヒギンスはユーリカというミシシッピ川の航行用で吃水の浅いボートを持っていた。このユーリカを基に改良を重ね後に発展してＬＣＶＰ（車両および人員揚陸艇）となり、大いに活躍したのである。この上陸艇は海兵隊の中ではヒギンズ・ボートと呼ばれて親しまれた。一方のローエブリングは水陸両用で鋼板仕様の車両を思いつき改良を重ねて画期的な水陸両用上陸装甲車ＬＶＴ１「アリゲーター」を完成させた。ＬＶＴの優れた点はＬＣＶＰの近づけない珊瑚礁も乗り越えて上陸することができた点である。この二種の上陸艇は、もしなかったら海兵隊の水陸両用作戦は実現しなかったであろうともいえるほどの功績を残した。

一九四二年八月に上陸したガダルカナル島を皮切りに、マキン環礁やタラワ環礁を攻め、上陸と奪取を成功させた。その後もニューブリテン島、クワジャレイン環礁、エニウェトク環礁と水陸両用作戦のスキルを磨いていった。それは後にグアムやサイパン島、そして最大の激戦地であった硫黄島の上陸作戦に向かって完成されつつあった。こうして太平洋での上陸作戦をこなしながら海兵隊は水陸両用部隊としての腕を磨いていった。

硫黄島はテニアンやサイパンなどのマリアナ諸島から日本本土までのちょうど中間に位置していたため戦略上奪取する必要があった。作戦に要した人員は約一一万人、うち海兵隊は七万人強で、すり鉢山の頂上に海兵隊の星条旗が翻ったのを海上の旗艦から見た当時の海軍長官ジェイムズ・フォレスタルは、「すり鉢山の頂上に星条旗をはためかせたことは、今後五〇〇年にわたって海兵隊が存在することを意味する」と感激した。(10) 海兵隊の存在がようやく認められた瞬間だったといえよう。続いて沖縄へは一九四五年四月一日に上陸が決行された。陸軍と海兵隊の混成上陸軍団が形成されて沖縄戦を繰り広げた。このときの作戦動員数は四五万人を超える最大級の規模の上陸作戦で、そのうち海兵隊は八万人強が参加し上陸した。

第二次世界大戦を通じて戦死者が一万九七三三人、負傷者は六万七〇〇〇人以上だった。これだけの犠牲を払って海兵隊は水陸両用のスキルを磨き完成させたのである。それと同時に少数の軍隊ならではの規律の高さと結束の強さが高められた。海兵隊は「兄弟愛、友愛」を大切にし、また一度海兵隊になったら生涯海兵隊であるといわれる。海兵隊としての行動規範はその生き方や行動を生涯規律するのである。それが海兵隊の海兵隊たるゆえんであり、その結束の堅さは内部にいれば美徳とされるが、外部からみれば内向きな新興宗教集団のように映る。だが、まぎれもなくひとつのカルチャーを形成している。

第二次世界大戦後は軍の縮小が実施され、七万五〇〇〇人にまで削減されたが、海兵隊だけでなく陸軍も海軍も大きく削減された。同時に軍の改革が行われ、陸軍から空軍が独立し陸軍省と海軍省が統合されて新たに三軍と海兵隊を管轄する国防総省が設置され、初代長官に海軍長官だったジェイムズ・フォレスタルが就任した。

第二次世界大戦後は「核の時代」が到来した。核兵器による戦争では地上での戦闘は全く意味をなさない。また大戦の後遺症から平和への渇望が強まり陸軍と海兵隊は大幅削減の対象となった。新しく創設された国防総省内では海兵隊廃止の噂も流れ、相変わらず存亡の危機に立たされていた。この時点で海兵隊航空群はかろうじて新設の空軍に吸収されるのを免れた。海兵隊はヘリコプターの有効性にいち早く着目してヘリ部隊ＨＭＸ－１を創設して次のステージへと準備したからである。

5　朝鮮戦争と海兵隊

一九五〇年になると朝鮮半島で戦争が勃発した。開戦があまりに突然だったために直ちに行動できる軍が必要だった。一方海兵隊は存在意義を示すために朝鮮戦争で成果を上げることが必要だったが、このままでは海兵隊の出番はない。ただ、陸軍と異なり戦後も海兵隊は即応態勢にあった。陸軍のように戦後の占領政策に関わっていなかったので、隊員たちが十分に訓練を維持できた点は有利であったので「いつでもどこへでも」展開可能であると海兵隊上層部は売り込みに必死となった。この即応性「readiness」と機動力「mobility」こそが海兵隊の次のステージを示唆するものだった。

そのチャンスは、陸軍の極東司令部ダグラス・マッカーサー司令官が与えた。マッカーサー司令官は仁川上陸作戦を立案し、第一海兵師団およそ二万六〇〇〇人強と陸軍と韓国軍から成る上陸部隊を送った。仁川は水路が狭く干満の海面差が激しく海岸に砂浜も環礁もなくあるのは岸壁のみというきわめて困難な場所であった。だが仁川上陸作戦は海兵隊にとっては「存在意義を示す絶好の機会」となり海兵隊上層部はこの作戦に喜んで参加した。(11)そして海兵隊はまたも上陸作戦によって成果を上げ存在意義を示した。しかもこの上陸作戦の成功は戦局に大きく影響し、上陸部隊はソウルへ向かい北朝鮮軍から奪還した。その後第一海兵師団は半島東側の元山上陸作戦を遂行し上陸後北緯四〇度付近の長津湖畔まで進軍した。ここは気温は氷点下三〇度まで下がり風が吹き荒れる厳寒の山に囲まれた湖で、第一海兵師団は孤立した状態だった。しかも、冬支度をしないままの進軍だったので最大の敵は寒さだった(12)。

同年一一月二七日夜には少なくとも中国義勇軍八個師団を迎え撃ったが結局は退却を余儀なくされた。しかしながらここで海兵隊は士気を保ち規律正しく南下していき興南に奇跡ともいえる帰還を果たして新たな伝説を作った。海兵隊第一師団が長津湖畔で中国軍に包囲されたとのニュースがもたらされると軍の上層部をはじめ誰もが全滅したと思ったことと、他の戦場での陸軍の敗走が壊滅的かつ混乱の極みだったこともあって海兵隊の規律ある帰還は海兵隊の名声を高め、まさに「合衆国海兵隊」の名誉と地位を不動のものにしたのである。厳しい寒さと待ち伏せ攻撃によって一万五〇〇〇人のうち七三〇人が死亡、約四〇〇〇人が負傷した。そのほとんどは凍傷だった。海兵隊は「仲間を置き去りにしない」という精神に従って戦死者もともに帰還したことで一層名声を高め、内部においては結束の堅さが培われた。海兵隊が仲間を大切にして仲間意識が高いのは実戦で培われたものであり、新兵訓練所に一歩入った瞬間からたたき込まれる精神である(13)。

奇跡の帰還が成し遂げられた陰には海兵隊航空隊の活躍があった。かれらは空からの補給と支援によって仲間を助けたのである。この地上部隊への航空支援は次なる作戦コンセプトの基盤となった。つまり空地の協同作戦遂行、近接航空支援である。それはのちにベトナム戦争によって磨き上げられ高められた。

朝鮮戦争時は日本すべてがアメリカ軍の後方基地となった。海兵隊は京都近郊、富士、奈良、大阪などに駐屯し、第一海兵航空部隊は岩国、厚木、追浜などに駐留した。そのほかにも横浜はもちろん佐世保や横須賀、神戸などの港湾施設も使用された。さらに朝鮮戦争の停戦にともない岐阜、御殿場などに引き揚げてきた海兵隊は駐留していた。やがて各地で反基地運動が高まるにつれて駐留軍は沖縄へと集約されていった。

朝鮮戦争は一九五三年七月二七日に停戦となった。三年間の戦いだったが、四二六七人の戦死者と二万三〇〇〇人以上の負傷者を出した。第一海兵師団はその後二年間韓国にとどまった後帰国し第三海兵師団は沖縄へ引き上げた。

6　ベトナム戦争と海兵隊

朝鮮戦争が停戦を迎えた翌一九五四年にはインドシナ半島のディエン・ビエン・フーの戦いでフランス軍が敗北、ジュネーブ協定によって南北ベトナムが誕生した。(14) アメリカは当時朝鮮戦争で忙しかったためにしばらくはインドシナ戦争に関与する事態にはならなかった。

戦後の海兵隊の規模はおよそ一七万五〇〇〇人となり、その間インドシナ半島は南北での紛争が続いていた。一九六二年からケネディ大統領は軍事顧問団の規模を拡大していき、やがて軍事援助司令部が設置されて、南ベトナムのサイゴン政権を支援し解放戦線との闘争を支えるようになった。

海兵隊はいつでもどこへでも直ちに展開しなくてはならない。その機動力と即応性と高い戦闘能力を維持したまま世界中へ派遣するために、もっとも都合がいい組織が作られるのが海兵隊である。一九六三年の「海兵隊指令三一二〇－三」では海兵空地任務部隊（ＭＡＧＴＦ）と称される、一本の指揮系統の下に海上戦力と航空戦力と地上戦力が集約されて戦闘部隊が組織される新たな海兵隊独自のスタイルが確立された。この機構改革以後、海兵隊はそれぞれの部隊がすべてを備えていて独立して作戦を遂行できるだけの能力を備えることになった。実際の戦闘部隊は規模の大きい順に遠征軍（ＭＥＦ）、遠征旅団（ＭＥＢ）、遠征部隊（ＭＥＵ）があるが、それぞれが航空戦力と地上戦力および支援部隊を持ち、どの単位でもってしても戦闘能力を持つという体制が確立されたのである。

一九六五年三月八日、第九海兵遠征隊がベトナムのダナンに上陸した。海兵隊の特技である水陸両用作戦は仁川以来の規模で行われたが、このとき歓迎したのは敵の銃弾ではなくベトナム女性の笑顔と花束であった。上陸を指揮したケイツ司令官は南太平洋での一連の上陸作戦の生き残りであったので、この平和的な上陸に意表をつかれた。この上陸作戦は、これまでの水陸両用時代の終わりを意味しており、新たな時代の概念と新たな戦争の形態を予感させるものであった。海兵隊はまたしても新たな戦争に適応せねばならないのと同時に新たな存在意義を探す必要に迫られた。

ベトナムでは海兵隊は次第に派遣規模が大きくなっていったが戦略面で陸軍と海兵隊とでは意見が大きく異なった。海兵隊はハイチやニカラグアなどへ派遣された経験から、このタイプの戦争では地域の支配を上手に行うには海兵隊が地元の軍の司令官に立つのではなく地元の軍や人民軍とともに行動しあくまで協力者として振る舞う必要があると主張した。つまり戦闘ではなく平和的に地元の支持を得る方法が上策だと考えていた(15)。

しかし陸軍のベトナム支援軍のウエストモーランド司令官は「捜索して破壊」つまり、ジャングルへ分け入っていってベトコンを探し出し殺害するという作戦を採用した。

一九六八年一月のテト攻撃では、戦闘ではアメリカの勝利に終わったが政治的な勝利はベトナム側にあった。このテト攻撃でアメリカ国内での反戦運動が一層盛り上がり、ニクソン大統領は撤退へと段階を踏んでいくことになる。一九七五年四月三〇日、サイゴンのアメリカ大使館から撤退者を乗せた最後のヘリが離陸したとき、最後に搭乗したのは大使館を護衛していた海兵隊員であった。この撤退は朝鮮戦争の長津湖からの退却とは異なって不名誉なまさに「逃げる」であった。

ベトナム戦争中、海兵隊は三一万七四〇〇人の規模に拡大し第二次世界大戦時のピークに次ぐ大規模な軍となった。実際にベトナムに派遣されたのは八万五七五五人で、戦死者は一万三〇六七人、負傷者は八万八六三三人と多大な犠牲を払った戦争だった。ベトナム戦争はさまざまな禍根を海兵隊に残した。多くの兵士が麻薬やアルコール問題を抱え社会復帰が困難となってアメリカ社会に問題を引き起こした。そのため海兵隊の規模と存在意義がまたしても問題となって浮上してきたのである。海兵隊はまずはモラルを立て直すために、麻薬対策を強化し採用基準を厳しくした。

7　ベトナム以後の海兵隊——変化する海兵隊の役割と任務

一方、ヨーロッパでは冷戦の最中にあり、ＮＡＴＯの一員としてアメリカは各国と演習を重ねた。とりわけソ連を念頭においてノルウェーやドイツ北部での演習に海兵隊は派遣された。そうして世界中の紛争地域へ素早く展開するという即応性と機動力を鍛えた。

カリブ海諸国への海兵隊の派遣は相変わらず続き、一九八三年にはグレナダ、一九八九年にはパナマへと派遣された。一方ヨーロッパでは一九八九年はベルリンの壁が崩壊して冷戦が終わりを告げグローバルな激動の時代の始まりの年だった。国家対国家というそれまでの大規模正規戦ではなく過激派やテログループの闘争や地域での小規模紛争や内戦が増え、海兵隊はそれらの紛争に対応しなくてはならなくなった。敵前の海岸へとりついて基地を奪取するスタイルではなく、前線のないそして正規軍ではない相手に対してはより即応性と機敏さと情報収集が必要となる。しかも環境はジャングルや砂漠に限らず都市部での戦闘もあり得る。多様な作戦に対して対処せねばならなくなったのである。

一九九〇年八月二日イラクのサダム・フセインが隣国クエートに侵攻したことに対してアメリカはただちに国連決議を採択し国際軍を組織した。海兵隊は第七遠征旅団をペルシャ湾へ派遣した。この戦争の海兵隊はこれまでの海兵隊とは大きく異なっていた。これまでは装備とともに海路ではるばる目的地までいき海岸から上陸していた。今回は隊員のみが空路でサウジアラビアまで行き、輸送船で運ばれてきた装備と現地で対面したのである。そのためこれまでとは異なり圧倒的に短時間で配備が完了し、またまず海から上陸という手間が省略された。これは機動力と即応性を求める海兵隊にとっては大きな改革だった。

実は海兵隊はベトナム戦争後装備の輸送に関して事前集積船というアイデアを進めていた。いつでもどこへでも運べるように事前に装備を船積みしておき、人員は身一つで輸送機で移動し、現地で装備とランデブーするというのがこのコンセプトである。このシステムであれば世界中に短時間で海兵隊を送ることができ即応性と機動性が高まる。その最初の大規模な実施が湾岸戦争であり、四万二〇〇〇人の海兵隊がペルシャ湾に集結し一九九一年一月に「砂漠の嵐」と呼ばれる作戦が実施された。

冷戦が終了すると世界各地で小規模紛争が頻発し始め海兵隊は世界各地へ派遣された。ソマリア、ルワンダからの難民支援、ハイチへの上陸、一九九五年にはボスニア・ヘルツェゴビナ、その後も紛争地のシエラレオネ、コソボさらには東ティモールなどへ派遣され、その任務も戦闘にとどまらず人命救助、災害救助、難民支援、平和維持など多様化した。

二〇〇一年九月一一日、アメリカは同時多発テロにみまわれ、ブッシュ大統領はテロとの戦争を宣言しアメリカは戦時体制に突入した。国家安全保障戦略も国防戦略も大きく転換され、アメリカ軍は世界中の紛争に敏速に対処可能な「軽量で機動力があり短期間で展開できる」軍へのトランスフォーメーションを目指した。それは海兵隊の存在意義でもあった。「即応性」と「機動力」が持ち味の海兵隊の存在意義が再び問われようとしていた。

9・11テロの後、二〇〇三年三月一九日、クエートから国境を越えてイラクに米軍は侵攻し一路バグダッドを目指した。もはや戦場はこれまでの日常からかけ離れたジャングルや砂漠などの広大な環境ではなくなった。都市があり日常生活や非戦闘員が交錯する狭い空間での戦闘能力が必要となった。しかも敵は民間人と区別がつきにくく、戦闘動機も多様化している。イデオロギーや国家の利益だけではなく、民族や文化、宗教、貧困などに起因することも少なくない。戦闘はより複雑な環境におかれるようになってきた。

二一世紀をむかえて海兵隊の任務は多様化している。テログループとの戦い、自然災害への対応、人道支援、平和維持活動、内戦への対応などより複雑で繊細な任務も担わなければならなくなってきている。ハイテクノロジーの進歩によってより短時間で精密な作戦を立案し実施することも可能となっている一方で人的情報収集（ＨＵＭＩＮＴ）を重視し、海兵隊はさらなる進化を目指している。

注

（1）Royal Marines Online 〈http://www.royalmarinesonline.com/History-origins.php〉.

（2）Royal Marines Online 〈http://www.royalmarinesonline.com/History-origins.php〉.

（3）Gooch's American Regiment 1740～1742 America's First Marines 〈http://www.americas-first-marines.com/〉.

（4）Edwin Howard Simmons, J. Robert Moskin, "The MARINES," Marine Corps Heritage Foundation, Virginia, 1998

（5）Marion F. Sturkey, "Warrior Culture of the U. S. Marines," Heritage Press International U. S. A. 2010.

（6）Edwin Howard Simmons, J. Robert Moskin, "The MARINES," Marine Corps Heritage Foundation, Virginia, 1998.

（7）Papers of the Wa Department 〈http://www.wardepartmentpapers.org/index.php〉.

（8）Papers of the Wa Department 〈http://www.wardepartmentpapers.org/index.php〉.

（9）野中部次郎『アメリカ海兵隊』中央公論社、二〇〇九年。

（10）Iain C. Martin, *The Greatest U. S. Marine Corps Stories Ever Told,* The Lyons Press, Conneticut, 2007.

（11）デイビッド・ハルバースタム著、山田耕介・山田侑平訳、『ザ・コールデスト・ウィンター　朝鮮戦争（上）』文藝春秋、二〇〇九年。

（12）デイビッド・ハルバースタム著、山田耕介・山田侑平訳、『ザ・コールデスト・ウィンター　朝鮮戦争（下）』文藝春秋、二〇〇九年。

（13）ダン・キャリソン、ロッド・ウォルシュ著、小幡照雄訳、『アメリカ海兵隊式　最強の組織』日経ＢＰ社、二〇〇〇年。

（14）長谷川啓之監修、『現代アジア事典』文眞堂、二〇〇九年。

（15）Edwin Howard Simmons, J. Robert Moskin, "The MARINES," Marine Corps Heritage Foundation, Virginia, 1998.

第9章　第二期オバマ政権下の日米同盟——安倍政権は領土問題をいかに解決するか

アメリカでは二〇一二年一一月七日にバラク・オバマ大統領が再選された。一方、一二月一六日の日本での衆議院選挙では自民党が圧倒的勝利を収め、安倍晋三元総理が新政権をスタートさせた。また、ロシアではプーチンが大統領、北朝鮮では金正恩が第一書記、中国では習近平が共産党中央委員会総書記、韓国では朴槿恵が大統領にそれぞれ就任し、北東アジアではまったく新たな指導体制がスタートした。その結果、日米を取り巻く外交・安全保障環境は不透明性を増したと言えよう。

第二期オバマ政権は、中国の台頭、イランと北朝鮮の核の不拡散問題、中東問題等、課題が山積みである。また、第二期安倍政権は北方領土、竹島、尖閣諸島をめぐる領土問題、北朝鮮問題を抱える。本章では、二〇一二年のアメリカの大統領選挙の結果を踏まえ、再選されたオバマ大統領の外交政策を推測する。次に、日本の安倍新政権にとって最大の課題である領土問題を中心に論じ、その解決策を探る。

1　オバマ再選の意味するもの

アメリカ国内の構造変化

オバマ大統領は二〇一二年一一月七日、シカゴで勝利宣言を行った。二期目を続投するオバマ大統領はその演説で、共和党と民主党との融和、そして黒人と白人との融和を訴えた。オバマ大統領が述べたアメリカ合衆国の融和は、二〇〇年前のアメリカの建国の父の理念であった(1)。米国は建国以来、分裂の危機にさらされてきた。初代ワシントン大統領は一七九六年の告別演説で、国内でのフェデラリストと反フェデラリストの党派の争いを懸念してアメリカの融和を訴えてきた。それはやがて、奴隷をめぐって国内を二分する南北戦争に発展した。

二〇一二年のアメリカの大統領選挙は、全米でヒスパニック系など有色人種の人口が増え、その票田をオバマ大統領が獲得して勝利につなげた点に特徴があった。つまり、アメリカ国内に人口上の構造変化（demographics change）が起こり、それが選挙に大きく影響したのである。とくに大統領選挙の激戦州であったオハイオ州、ペンシルバニア州(2)、コロラド州など元来白人の比率が多い州で有色人種が増加し、彼らの票がオバマに入った。この傾向は全米で見られ、全米平均でオバマ大統領を支持したヒスパニック系は七一％、黒人は九三％、アジア系七三％とロムニー候補を圧倒したのである。その変化を早々に察知して有色人種に的を絞った選挙戦術を展開したオバマ陣営に対して、その変化を見逃して白人男性に的を絞ったロムニー陣営は敗北したのである。

現在アメリカの人口は約三億一〇〇〇万人であるが、そのうちの約三分の一の約一億二〇〇〇万人が有色人種である。また、「ミレニアムズ」と呼ばれる二〇〇〇年に幼青年期を過ごしたアメリカの人口に占める有色人種の割合が四〇％に及んでいる。さらに、一二年に生まれた赤ん坊の五〇・四％が有色人種であり、その現実から、アメリカ国内の人種、宗教の構図が大きく変わってきていることが理解できよう。とくにヒスパニック系は人口が年々増加しており、選挙への影響力は四年前よりも大きくなっている。この人口上の構造的変化は、次の一六年の大統領選挙ではさらに顕著となってくることが予測される。

そのことはまた、黒人であるオバマが四年前に大統領に選出されてから言われてきた白人と有色人種間の分裂の危機を意味する。それから四年経った現在、いっこうにその危機は回避されずむしろ高まったと言えよう。ロムニー候補に投票したのは白人であり、高額所得者であった。また、ロムニーはあえて白人保守票を取り入れるためにティーパーティから絶大な支持があるポール・ライアンを副大統領候補として受け入れた。そういった今回の大統領選挙は、アメリカの分裂をさらに深めることとなったのかもしれない。白人優位社会が非白人優越社会へと変革するにつれ、アメリカを今まで支配してきたＷＡＳＰ（White Anglo-Saxon Protestant）社会が崩壊したと言えるかもしれない。そして、白人と非白人との間に亀裂が生まれ、アーサー・シュレジンガーの言う「アメリカの分裂」につながる可能性もある。

「宗教」の壁の消滅

今回のアメリカ大統領選挙の次の特徴は、宗教がほとんど問題にならなかったことである。今まで歴代の大統領選挙では大統領の宗教が大きな要因となり争われてきた。二〇〇〇年の大統領選挙では福音派がブッシュ政権を誕生させた。しかし今回の大統領選挙では、共和党のミット・ロムニー大統領候補はモルモン教徒、ポール・ライアン副大統領候補はカトリック教徒であったし、民主党のジョー・バイデン副大統領はカトリック教徒であり、唯一オバマ大統領がプロテスタントであったが、これら大統領候補の宗教はほとんど問題視されなかった。それにはいくつかの理由が挙げられる。

二〇一一年一一月のピュー・リサーチ・センターの共和党員に対する世論調査では、「ロムニー候補の宗教は投票に影響を与えない」と答えた共和党支持者は四〇％、「宗教によって投票が左右される」と答えた支持者が二％

であった[3]。しかも五二％の党員が「ロムニーの宗派すら知らない」と答えている。一二年二月二七日の同社の世論調査でも、共和党保守派の中で「政治と宗教は切り離すべき」と考える党員が〇四年で三〇％であったが一〇年には四〇％と上昇した。明らかにアメリカ国民の中で宗教と政治の分離が進化している[4]。

また、今回の選挙では白人プロテスタントが六九％、白人カトリック五九％がロムニーに投票した。一方、黒人プロテスタントは九五％がオバマに投票している。注目すべきは、ヒスパニック系カトリックの七五％がオバマに投票している点である。この投票は前回の七二％よりも増加している[5]。ヒスパニック系の人口が増加していることを考えると、この三％の増加率は大きい。

宗教による投票への影響はアメリカ社会が非白人社会へ移行するにつれ、それほど問題にならなくなりつつある。その意味ではアメリカ国民の意識がいま大きく変わりつつあるのかもしれない。ジョージ・ワシントン初代大統領は一七九六年の告別演説でナショナル・ユニオン（国家の統一）を訴え、国家を統一するためには宗教の支えが必要であることを説いた。またトマス・ジェファーソン第三代大統領は、信教の自由を保障することにより宗教を紐帯としてアメリカの統一を確保しようとした。人種の壁を超え、宗教のくくりが外れれば、国が分裂していく可能性もある。

「格差」の及ぼす影響

また、今回の大統領選挙で最も顕著だったのは、貧困層と富裕層の間の格差であった。

二〇〇八年で年収五万ドル以下の国民が三八％だったのに対して、一二年では四一％と三ポイントも拡大した。そして一二年の選挙では、五万ドル以下の層は圧倒的にオバマを支持し、収入が増えるにつれてロムニー支持が広がったのが特徴的である。オハイオ州、フロリダ州、ヴァージニア州、コロラド州などの激戦州を見れば、それが顕著となっていたのが明らかである。

表9-1　激戦州の5万ドル以下の割合

	全米	オハイオ	フロリダ	ヴァージニア	アイオワ	コロラド	ニューハンプシャー	ウィスコンシン
2008年	38	44	39	30	43	25	33	42
2012年	41	45	45	35	43	39	31	41
差	+3	+1	+6	+5	0	+6	-2	-1

（出所）*Washington Post* 電子版出口調査。

そして、ロムニーが勝利したモンタナ州やインディアナ州でさえ年収三万ドル以下の層は五九％がオバマを支持した。逆にオバマが勝利した州、たとえばオハイオ州でも一万ドル以上の収入のある層は五八％がロムニーを支持した。米国ではトップ一％の富裕層が四〇％の米国の富を独占している。(6) その一％にロムニー候補が属して反発を持たれた。そこにロムニーが「四七％の貧困層は切り捨て」という発言をしたことで、貧困層の怒りをいっそう買ってしまった。この時点でロムニーは四七％の支持を失い、そしてその不支持は党を超えて広がった。

オバマの政策は、中間所得層から貧困層を手厚くしたものであり、オバマの推し進めてきたメディケア（健康保険）や倒産した自動車産業に公的資金を投入して雇用を確保した手腕を米国民は評価したということになる。大きく変わろうとしているアメリカは、ここにきて「大きな政府」を一貫して追求するオバマを大統領に選んだのである。

ロバート・ライシュ元労働長官は、国家の所得や富の大部分を占める少数の人々と、残りの富を分けるその他大勢に、国家が分断されれば国家は破綻へと向かう、と警句する。(7) したがって、米国内における貧富の格差をどうなくすかがオバマ大統領の大きな課題となる。

財政の「崖」

二期目のオバマ大統領のスタートは決して楽なものではない。最大の課題は、二〇一三年早々に減税停止と歳出削減が集中する「財政の崖」問題をどう回避するかである。金融危機対応の巨額の財政出動などで財政は急速に悪化し、赤字は四年連続で一兆ドルを超える。しかしながら財政健全化策をめぐる与野党の対立が解決を困難にしている。減税延長などで財政の崖を全面的に回避すれば、財政の改善は見込めず、景気への悪影響が懸念されていた。

オバマ大統領は富裕層を除く減税延長を主張し、景気下支えと財政健全化を考慮するが、共和党は「中小企業経営者など富裕層の増税は雇用を減らす」とし、歳出削減を中心に財源の確保を要求するなど対立した。税財政策の先行きが不透明となれば、個人消費や企業投資にも影響が及び、その他財政面の制約はオバマ大統領が目指す教育やインフラ投資などの政策実行を困難にする。そのため、オバマ大統領は再選後すぐに民主党のリード上院院内総務や共和党のジョン・ベイナー下院議長らに電話をかけ、超党派の協力を要請していた。この「財政の崖」の合意の道筋が描けぬままクリスマスの休暇に入り、このまま回避策が講じられなければ、急激な財政緊縮で二〇一三年の米経済は深刻な景気後退局面に陥ると案じられていた。(8) しかしながら二〇一三年一月一日に、上下両院で妥協案が成立した。

また一方、オバマ大統領は、金融機関は「無謀な振る舞いで危機を引き起こした」と非難し、規制強化を継続するため金融機関からの反発は強い。さらに、オバマ大統領の政策は企業に厳しい「アンチ・ビジネス」だとの企業側の不満は根強い。減税や規制撤廃による「小さな政府の下での自由競争」を訴えたロムニー氏が最後まで接戦を繰り広げたのも、経済停滞が大きな要因である。これが今後、景気にどうつながっていくかである。

また、今回の選挙で明らかになった「格差」問題を放置することはできない。雇用問題や歳出削減問題も解決していかなければならない。外交政策も課題が多いし、何よりもアメリカ経済を回復させて強いアメリカを復活させなくてはならない。冷徹な大統領がますます冷徹になり、厳しい要求を内外に求める可能性は決して低くない。

アメリカの大統領は、二期以上は再選されない。一九五一年の憲法修正第二二条により、二回以上の再選は認められていないからである。そのため、大統領は二期目に自分のやり残した課題をやり遂げようとすると言われている。では、オバマ大統領の課題とは何か。それは四年前にオバマが黒人大統領として初めて就任した時に誓った

「合衆国再生」である。彼は著書 *Audacity of Hopes*（大胆な希望）(9)で、建国の父の時代に戻って「合衆国再生」を訴えた。

今回もオバマ大統領は勝利宣言で「米国は言われているほどに分断されてもいないし、冷めてもいない」と、明るい国家像を提示し、「前へ進む旅」「最も偉大な国、アメリカ」という力強い言葉で演説を締めくくった。

2　再選オバマ大統領の課題

財政赤字縮小とその軍事戦略への影響

アメリカ合衆国の「分裂」がより顕著となった今回の大統領選挙の結果、二期目のオバマ大統領の政策のプライオリティは外交より内政に置かれよう。オバマ大統領の課題は「合衆国再生」にあり、そのためには財政赤字を回復せねばならない。大統領選挙戦ではロムニー候補は、「オバマ大統領は、失業率を半減させると約束し、財政赤字も半分にすると約束した。結果はどうか。財政赤字は二倍になり、二三〇〇万人の失業者、六人に一人の貧困層、四七〇〇万人の食料切符受給者、さらに、大卒者の半分が職を得られていないではないか」と、オバマの経済政策について非難した(10)。

事実、オバマ大統領は二〇〇九年一月の大統領就任時に財政赤字を半減させると公約したが、四年経った時点で公約は守られなかった。財政赤字額は〇九年のオバマ政権スタート時点に比べて三二〇億ドル増加した。一二年度の予算教書によれば、一二年会計年度（一一年一〇月～一二年九月）の財政赤字は一兆六四五〇億ドル（GDP比一〇・九％）であり、政権発足時の〇九年会計年度の一兆四二二〇億ドル（GDP比一〇％）に比べ悪化している(11)。

この財政赤字を緩和するため、オバマ政権はそれまで聖域であった国防予算の削減に大幅に切り込んだ。予算教書では、オバマ政権が五年間で二五九〇億ドル（約二〇兆円）の予算削減を報告した。それに加えて、二〇一一年八月二日の米議会の予算管理法（Budget Control Act）が通過した。もしトリガー条項が発動された場合、一三年から米軍は国防費を今後一〇年間で四八七〇億ドル（約三七兆五〇〇〇億円）以上削減せねばならない。もしそうなれば、行政府の決めた二五九〇億ドルが加算されるため、五年間で七四六〇億ドルの削減となり、米軍戦略の大幅な見直しは必至となる。

問題は、この削減額がどの程度、米軍戦略に影響するかである。アメリカ安全保障センター（CNAS）の試算に基づけば、このように大規模に軍事費が削減された場合、米国本土に脅威を与える敵に対する攻撃能力維持、その他地域では大きなリスクを負うことになる。そして、大規模紛争では米軍は多大な損害を被る可能性がある上、同盟国は米国のコミットメントに疑問を抱き、地域が不安定化する可能性がある。[12]そのため米国の至上命題は、今後の米国の防衛費削減により同盟国や友好国を中心としたセキュリティ・アーキテクチャーを強固にしながら、そこへの参加国に相応の分担を求めていくことが予想される。

米国のテイラード・ディターランス（適合抑止）

オバマ政権は二〇一二年一月に今後一〇年間を見据えた米軍の新国防戦略[13]を発表した。そこでは、「米国は台頭する中国を睨みながら米国の軍事的軸足（Strategic Pivot）をアジアに移し、中国とのリバランス（rebalance）を目指す」ことを目論む[14]ことが述べられている。新国防戦略では、「長期的に見て、中国の地域大国としての台頭は米国の経済および安全保障につき影響を及ぼす」と明記している。米国は台頭する中国を軍事的にヘッジ（封じ込め）しながらアジア地域での地域覇権を維持することを狙うわけである。

そのために新国防戦略では日本や韓国など同盟国のいっそうの支援を求めている。オバマ政権のQDR2010では、テイラード・ディターランス（適合抑止）として、米軍の前方展開を併せ持つ同盟国と友好国からなる対中包囲網を形成するセキュリティ・アーキテクチャー（対中包囲網）を強化すると述べている。パネッタ国防長官によれば、米国はアジアにおける対中包囲網を行う第一リストに日本、韓国、オーストラリア、フィリピン、タイを米国の中核的同盟国（Key allies）として、第二のリストにインド、シンガポール、インドネシアを中核的パートナー（Key partners）に挙げた。また、これまで米中との等距離外交をとっていたベトナム、マレーシア、ニュージーランドも米国の陣営に引き寄せ、米国と軍事協力を緊密化して対中包囲網を形成する。[15]

したがって、米国がどれくらいセキュリティ・アーキテクチャーを強固に作り上げ維持できるかが今後のアジア情勢に直結する。もし、米国がアジアでの中国との地域覇権競争に負ければ、オフショア・バランサーとなり、アジア地域から米軍を撤退させることになるであろう。[16]

東南アジアでの米中のパワー・ストラグル

米中のパワー・ゲームは、南シナ海を舞台に繰り広げられている。南シナ海において中国と利害関係を持つASEAN諸国は、「島嶼国」のブルネイ、マレーシア、フィリピン、ベトナム、インドネシア、シンガポールと、「非島嶼国」のカンボジア、ラオス、ビルマ、タイに分かれる。当然のことながら島嶼国が中国と領土・権益で争っている。中国とは、「南沙（スプラトリー）諸島」については台湾、ベトナム、マレーシア、フィリピン、ブルネイが、「西沙（パラセル）諸島」についてはベトナムと台湾がそれぞれ争っている。

米国のアジア回帰に伴い、フィリピンやベトナムなどの島嶼国は米国と再接近を果たし、米国のパワーを背景に中国との対立を激化させている。逆に、カンボジアやラオスなどの非島嶼国は中国からの経済的援助を受けている。フィリピンはスカボロー礁（黄岩島）で約二カ月、中国艦船と睨み合いを続け、ベトナムは南沙（スプラトリー）諸島をめぐり中国と軋轢がある。その後中国はベトナム近海での資源開発計画を発表している。

このような中、パネッタ国防長官は二〇一二年六月二日にシャングリア会議で「当該地域の紛争を平和理に解決するために、中国は行動規範に基づいて安全保障と平和活動の役目を果たす重要な役割を持つ」と、中国に対して

「行動規範」を受け入れるように求めた上で、アメリカは一五年までにアジア地域へ保有する一一隻の空母のうち六隻を、二七六隻の艦船のうち六〇%を投入すると述べ、中国とのリバランスを図ると述べた[17]。

そして、カンボジアのプノンペンで二〇一二年七月一二日と一三日に開催された第一九回東南アジア諸国連合（ASEAN）地域フォーラム（ARF）は、南シナ海問題に対して法的拘束力を持つ「行動規範」を採択するかどうかをめぐり米中の「力のせめぎ合い」の場となった。

ここで、フィリピンとベトナムを初めとする親米の島嶼国グループは領有権問題で法的拘束力がある「行動規範」策定に向けた記述を声明に盛り込もうとしたが、中国側についた議長国のカンボジアをはじめとするラオス、タイなどの親中の非島嶼国グループからの激しい反対に遭った。また、中国船が居座るスカボロー礁に言及を求めるフィリピンに対して、中国の意向を受けてそれを拒絶する議長国のカンボジアとが鋭く対立した。その結果、ASEAN外相会議としてASEAN創設以来、初めて声明採択が出せないままに閉幕した。

中国に軍配が上がった一因は、中国がASEAN議長国であるカンボジアを完全に取り込んだこと、また、スカボロー礁をめぐる中比の争いに米国が積極的な介入姿勢を見せなかったことにある。ASEAN会議の直後の二〇一二年七月一五日には、中国海南省の漁船三〇隻が漁業監視船の護衛をつけ、南シナ海の南沙諸島近辺に到着して操業を開始した。さらに一七日に中国政府は、南沙、西沙、中沙の三諸島を管轄する「三沙市」を発足させ、市議会の設置準備を始めた。また、中国は一三年までに三六隻の大型海洋監視船を建造し、南シナ海などの監視強化に充てることを明らかにしている。

オバマ第二期政権のリバランシング政策

しかしながら、二〇一二年一一月七日に再選されたオバマ大統領は、まず中国に対するリバランシングを実行に移した。アジアの戦略機軸であるタイ（一一月一八日）、ミャンマー（一九日）、カンボジア（二〇日）の東南アジア三カ国を歴訪し、対中抑止の強化を行ったのである[18]。

オバマ大統領は大統領再選後初めての訪問国としてタイを選び、米国の戦略機軸の中核に当たる国家として位置づけるというシグナルを内外に送った。この直前の一一月一五日には、パネッタ国防長官がタイで五〇年間にわたる米タイ軍事同盟の刷新を行い、「二〇一二年米タイ軍事同盟共同声明」を発表した[19]。米国はタイとＣｏｂｒａＧｏｌｄとＣＡＲＡＴの軍事演習を定期的に行っている。ＣｏｂｒａＧｏｌｄは、タイ、韓国、マレーシア、シンガポール、インドネシア、日本が参加する定期的な演習である[20]。またＣＡＲＡＴは米海軍および海兵隊が中心となり、タイ、バングラデシュ、ブルネイ、カンボジア、インドネシア、マレーシア、シンガポール、フィリピンと行う演習である[21]。オバマ大統領は一一月一八日にタイに到着、首都バンコクでインラック首相と会談し、同盟関係や安全保障、経済など幅広い分野での協力関係を深めていくことで合意した。

一一月一九日にオバマ大統領はミャンマーを現職の米大統領として初めて訪問した。これは軍政時代に中国と密接な関係にあったミャンマーとの間に楔を打ち込むものとなった。ミャンマーは東南アジアでは地政学上の要衝にある。「アジア重視」を掲げるオバマ政権は、民主化支援をテコに東南アジア域内の中国寄り国家の一角を切り崩す一歩とした。中国にとって国境を接するミャンマーは、マラッカ海峡を通らず陸路でインド洋に抜けることができる位置にある。中国は、原油の純輸入国に転じた一九九〇年代から、中東からの原油輸入をマラッカ海峡を通らず、インド洋からミャンマーの内陸部を経由するルートの開拓を進めてきた。中国が港湾などインフラ整備を通じてミャンマーの軍事政権との関係を強化してきたのもそのためだ[22]。そのミャンマーを自国の陣営に引き寄せることで、オバマ大統領は同地域での対中地域抑止戦略を一歩進めたと言えよう。

テイン・セイン大統領と会談したオバマ大統領は、ミャンマー政府が一一月一五日外国人を含む四五二人の受刑者に恩赦を与えていたのに対して民主化への取り組みを評価すると同時に、さらなる民主化への努力を求めた。オバマ政権は翌一六日にミャンマー製品の輸入解禁措置を行っていたが、さらに二年間で最大で一億七〇〇〇万ドル

（約一三八億円）の開発援助方針を伝えた。その後、オバマ大統領は、アウン・サン・スー・チーと会談し、ミャンマーの民主化支援の姿勢をアピールした。さらにオバマ大統領はヤンゴン大学講堂でスピーチを行い、ミャンマーの改革を「世界の模範」と称賛した。そして、ルーズベルト大統領の「四つの自由（言論の自由、信仰の自由、欠乏からの自由、恐怖からの自由）」（一九四一年の一般教書演説）を紹介し、「（四つの自由に向けた）旅は始まったばかりだ」と、ミャンマー政府・国民に改革の継続を求めた。

さらに、オバマ大統領にとって大収穫であったのが、ミャンマーの北朝鮮との軍事協力の放棄の表明である。ミャンマー政府は核施設疑惑地域への国際原子力機関（ＩＡＥＡ）の査察を受け入れた。これを受け、オバマ大統領は「（北朝鮮も）核兵器を放棄して平和と進展の道を進めば、米国は支援の手を差し伸べるだろう」と北朝鮮に向けメッセージを投げかけた。(23)

カンボジアを一一月二〇日に訪れたオバマ大統領は東アジア・サミット（ＥＡＳ）に参加し、南シナ海の領有権問題に関し航行の自由が米国の国益であり、国際法に基づく多国間の枠組みによる解決と行動規範作りの必要性を強調した。そして、二国間での解決を主張する中国に多国間枠組みで解決するよう迫った。オバマ大統領にとってＥＡＳ参加の目的は、参加各国から多くの賛同を集め対中包囲網を形成するセキュリティ・アーキテクチャーを強固にすることにあった。

米国のオフショア・バランシングへの回帰？

このように、米中によるソフトパワーとハードパワーを併せたスマート・パワーの行使を通じた「力のせめぎ合い」という様相に、アジアは変貌を遂げてきている。米国のパワーが低下する一方で中国のパワーが向上し、二つのパワーの桔抗の様相が見えてきているのである。経済的相互依存が深まる一方で、軍事的競合関係が高まる「力のパラドックス（Paradox of Power）」関係に陥った状況では、米中の大国間の戦争は発生しないが、周近国である中小国との紛争勃発の可能性は高まる。この状況下では米中はお互いに脆弱であるため、相互抑制機能が働くと同時に包括的アプローチをとられることが考えられる。

オバマ大統領の優先政策は合衆国再生と軍事費削減という二つを前提に考えると、米国はオフショア・バランシングを行う可能性がある。つまり、新孤立主義に向かう可能性があり、米国は外交・安全保障上の面倒な問題になるべく「巻き込まれない」ように行動すると考えられる。また、米国民も「巻き込まれない」ことを望んでいる。ブッシュ前大統領はアフガニスタンとイラクとの戦争を開始し、その結果、米国民に多くの犠牲者を出し、米国のパワーは著しく低下することとなった。それを止めさせるために国民は四年前にオバマを大統領に選んだのであり、そして、今回の選挙でも米国民はオバマ大統領のその政策の継続を望んだのである。

中国は南シナ海および東シナ海において米国の「アジア・シフト」の程度を見極めようとしている。もし、米国の十分な戦略的軸足（Strategic Pivot）の移動がこれらの地域にはないと判断した場合、中国はその「力の真空」地帯に戦力を投射し、「既成事実化」を着々と行っていくであろう。南シナ海で起きるこのような中国の攻勢が東シナ海に転じた場合、米国の日本に対する抑止力は機能するのであろうか。尖閣諸島をめぐり日中間に争いが生じた場合の米国の「関与の度合い」が問われよう。その結果により、締結から六〇年を経た日米安保は変容を遂げるのかもしれない。

3　日本の領土問題と日米同盟

領土問題

二〇一二年は領土問題が一気に吹き出し、日本の国の根幹が問われた年であった。まず、メドベージェフ前大統領が北方領土に（七月三日）、李明博大統領が竹島に（八月一〇日）それぞれ上陸した。さらには、日本政府の尖閣諸島の国有化（五月一一日）に対して、中国では反日運動がピークに達し、一〇〇〇隻の漁船団が尖閣へ向けて集結するなど一時、日中間には緊迫が高まった。その背景には、二〇二五年頃には経済力（GDP比較）で中国がアメリカを抜くと言われるようなパワー・シフトが東アジアで起ころうとしていることがある。それに伴い、日米安保体制が弱体化していることがあるかもしれない。現に、八月一五日に出されたアーミテージ元国務副長官とナイ元国防次官補による第三次アーミテージ・レポートは、「日米関係は戦後最大の危機にあり、日本は一等国（tier-one-state）にとどまりたかったら気概を見せよ」と警告を発している。[24]そういった戦略的環境の変化がまさに領土問題の再発につながっていることは否定できないであろう。

領土問題の中でも尖閣諸島は緊張が継続し、日米同盟による抑止力が不可欠となる。しかしながら、パワーを低下させている米国は現在、同盟のジレンマに直面している。すなわち、同盟関係にある日本と経済的相互依存が深化する中国との間に立ち、日中間の紛争に「巻き込まれる恐怖」にある。一方、もし日中間に紛争が勃発し日本という最大の同盟国を助けなかった場合は、同盟国から「捨てられる恐怖」に直面する。

日本にとり領土問題はアメリカの動向が鍵となる。そして、日本独自の領土を守る意思と抑止力に裏づけられた外交が必要不可欠であると言えよう。日本は自国の領土防衛という力強い意思と行動を見せて初めて「米国を巻き込む」ことが可能となり、その時点で抑止力をリアシュアー（確保）することが可能となる。力なき外交は無力であるし、外交なき力は侵略に転じる可能性がある。

実効支配されている領土——北方領土と竹島

日本の抱える領土問題は、ロシアとの北方領土（択捉島、国後島、色丹島、歯舞群島）、韓国との竹島、それに中国（および台湾）との尖閣諸島とが存在するわけであるが、それぞれの歴史的背景があり、それぞれの方法も異なってくるのは言うまでもない。他国に実効支配をされているのは北方領土と竹島である。ロシア（旧ソ連）が支配する歯舞、色丹、択捉、国後の北方領土の返還を日本が求め、韓国が支配する竹島を日本が領有権を主張している。そして日本が実効支配しているのは尖閣諸島であり、その領有権を中国が主張している。

これら諸国との領土問題は日本の敗戦に起因する。一九四五年八月一五日の敗戦により、日本の領土はポツダム宣言（同年七月二六日）、およびサンフランシスコ講和条約（五一年九月八日）により、「本州、九州、四国および連合国の決定する諸小島」となった。日本は敗戦国であり、平和条約を受け入れる他道はなかった。したがって、その後日本はサンフランシスコ講和条約で調印しなかった諸国と二国間の平和条約や国交回復条約を締結することとなった。そこに領土問題の複雑性が存在するわけである。

北方領土に関しては、ソ連（現在のロシア）はサンフランシスコ講和条約に調印していないが、米英ソの三国間で約束されたヤルタ協定（一九四五年二月）に基づき領土に組み入れた。四六年一月二九日、GHQ指令第六七七号により、南樺太・千島列島・歯舞・色丹などの地域に対する日本の行政権が一時的に停止され、同二月二日に併合措置（ソ連邦最高会議四六年二月二日付命令）が行われ、ソ連が実効支配することとなった。この行為は条約によらない一方的行政行為（一方的宣言）であり、当該領域についての最終帰属に関する問題が発生することとなった。

その後、日本とソ連は領土をめぐって、一九五六年一〇月の日ソ共同宣言の中で、「歯舞、色丹を日本に引き渡すことに同意する。ただし、これらの諸島は、日本国とソ連との間の平和条約が締結された後に引き渡される」こととした。この時、日ソ間では歯舞群島・色丹島の返還で合意しようとする機運が生まれたが、日本側が全島返還を主張したため交渉は頓挫した。その結果、現在もロシアとの平和条約締結に向けて交渉が行われているが、領土問題に関する具体的な成果は得られていない。そればかりか、二〇一二年七月になり、メドベージェフ前大統領が北方領土を視察したばかりか、北方領土を軍事基地とさせるため、その整備に今後二年間で約七〇億ルーブル（約一八〇億円）を拠出するとされている。

竹島に関しては、日本がポツダム宣言を受諾し、施政権は停止された。その後、米国は一九四六年一月二九日の連合最高司令部訓令（SCAPIN）第六七七で竹島を日本領から除くという見解を出し、同年六月に連合国はマッカーサー・ライン（SCAPIN第一〇三三号）を引き、日本の漁業および捕鯨許可区域を定め、竹島をその外に置いた。その後、マッカーサー・ラインは五二年四月に廃止され、またその三日後の四月二八日にはサンフランシスコ講和条約の発効により、行政権停止の指令も必然的に効力を失い、竹島は日本の領土に入った。したがって、竹島が日本の領土となったのは、その後に発効したサンフランシスコ講和条約に拠る。講和条約では日本が放棄すべき地域として「済州島、巨文島および鬱陵島を含む朝鮮」と規定し、竹島は入っていない。この点、米国のラスク極東担当国務次官補（同年八月）は明確にし、また、ヴァン・フリート大使も帰国報告で、「竹島は日本の領土であり、サンフランシスコ講和条約で放棄した島々には含まれていない」と結論づけている。

ところが、サンフランシスコ講和条約が発効（一九五二年四月）されるまでの間隙を縫って、同年一月に韓国大統領・李承晩が海洋主権宣言に基づく漁船立入禁止線（いわゆる李承晩ライン）を引いて、竹島が韓国の支配下にあると一方的に宣言した。その後、韓国は軍事占拠をし、いったんは日韓基本条約によって廃止が合意されたにもかかわらず、韓国はそれ以降も不法に軍事占領を続けている。そして、二〇一二年八月、韓国の李明博大統領が竹島を視察し、その後の天皇謝罪要求と相まって日韓関係は極度に悪化している。

実効支配している領土——尖閣諸島

北方領土および竹島が実効支配されている一方、尖閣諸島に関しては日本が実効支配を行っている。ここに中国からのチャレンジが存在する。

尖閣諸島はサンフランシスコ講和条約に従い南西諸島の一部としてアメリカの施政下に置かれた。そして、一九七二年五月一五日、尖閣諸島を含む沖縄の施政権が日本に返還されて初めて日本の施政下に置かれたのである。同時に日本は五二年四月二八日に中華民国（現在の台湾）との間に日華平和条約を結び、サンフランシスコ講和条約の第二条に基づき、「台湾および澎湖諸島ならびに新南群島および西沙諸島に対するすべての権利、権限および請求権を放棄したことが承認される」と定めた。当条約は、七二年九月二九日の日中共同声で日本が中華人民共和国（現在の中国）を承認したことで失効した。そして、尖閣諸島問題に関して鄧小平国務院常務副総理は「魚釣島（尖閣諸島）主権の問題は帰属問題を一時棚上げにして、次の世代に任せる」（七八年一〇月二三日）と述べ、日中間に「棚上げ合意」がなされた。その後、中国は経済的権益を追求するようになり海底・海洋資源を精力的に求めるようになり、九二年に海洋法を制定して尖閣諸島の領有権を盛り込んだ。その後、東シナ海のガス田開発も進め、尖閣諸島での活動が活発化した。

ここに日本では民主党政権となり、二〇一〇年九月七日に尖閣諸島の海域周辺で中国漁船が海上保安庁巡視艇に追突した。海上保安庁は同漁船船長を公務執行妨害で逮捕した。これに対して中国は、中国本土のフジタ社員をスパイ容疑で身柄を拘束し（九月二〇日）、さらにはレアアースの日本への輸出を停止するなど報復行動に出た。結局、中国の船長は釈放され、事態は収拾した。

ところが二〇一二年四月一六日に石原慎太郎東京都知事が東京都による尖閣諸島購入宣言を行い、それに続いて野田首相が国有化方針を表明した（七月七日）ことにより、尖閣諸島をめぐる領土問題は一気に日中間のホットイシューとして持ち上がってきた。そして、九月一一日に日本政府は尖閣諸島を国有化させた。その後、中国では一〇都市以上で反日デモが連日行われ、中国に進出しているパナソニックやイオン等の工場や店舗が襲われ、日本車は破壊され、丹羽中国大使の公用車の日の丸が奪われるなどの事件が連日起こり、日中関係は史上最悪となった。そして、「9・18」の満州事変の日、中国漁船一〇〇〇隻が尖閣へ押し寄せるとの噂が駆け巡った。

日本はいかに米国の抑止力を確保できるか

結果的にこの危機はパネッタ国防長官が訪中することにより、一時的にせよ回避された。パネッタは中国政府に対して、「尖閣諸島には日米安保条約が適用される」と述べ、中国側が過激な行動に出ないように牽制した。その後、中国全土のデモは鎮静化し、尖閣周辺の中国漁船の動きも抑制された。まさに、日米同盟の抑止力が機能した証とも言えよう。しかしながら、パネッタ国防長官の訪中に合わせて米空母ジョン・C・ステニスとジョージ・ワシントンの二隻が、西太平洋で合流し睨みを効かせていた。沖縄県・尖閣諸島をめぐり、中国の海洋監視船や漁業監視船が連日のように日本の領海侵犯を繰り返す中、中国側が暴発しないよう圧力をかけたと見られている。また、ステルス戦闘機F22Aラプターも二二機、嘉手納に移駐して中国に睨みを効かせていた。まさに、力をもって外交を推し進めた典型的な例と言えよう。

しかしながら、今回の尖閣諸島をめぐる日中の対立は出発点にすぎない。習近平は日本の尖閣の国有化を「茶番」だとし、米国に主権問題に介入しないよう強く牽制した。事実、中国の監視船は尖閣近辺の領海へたびたび侵入し、約七〇〇隻の漁船が尖閣諸島まで二三五キロ沖合で操業していると報じられた。いつ、この漁船が尖閣へ押し寄せるかわからなかった。米国の抑止力が働かなくなった時点で、中国は尖閣諸島への実力行使に出る可能性が高い。今後、中国が一〇〇〇隻の漁船で尖閣諸島に押し寄せた場合、日本は海上保安庁の巡視船だけでは中国漁船の活動や上陸はとうてい抑え切れない。

日本は今後どう米国の抑止力を確保できるかということが最大の論点となろう。日米安保条約第五条は、中国の漁船は大挙押し寄せて尖閣諸島に上陸した場合には適用されない。この場合は「平時」となり、尖閣諸島は日本の施政下にないからである。日米安保条約第五条の発動となるのは、たとえば日本が自衛艦に海上警備行動を発令し中国海軍との間に軍事衝突が起こった「有事」事態の場合である。しかしながらそれを避けたい中国は、そこまでのエスカレーションを慎重に避けるであろう。その結果、海上自衛艦と中国艦隊との睨み合いは長期化し、中国漁船のたび重なる挑発は継続するであろう。

アメリカの領土問題に閣する立場は一貫して「（日米同盟）条約上の義務は守る」と明言し、一方では「主権をめぐる対立では特定の立場をとらない」と領有権では中立を述べる。これは、中国が尖閣諸島に対して軍事行動をとった場合の「有事」事態に日米安保条約第五条を適応するが、「平時」の場合は日中間の問題であり米国は介入せずということである。日米安保条約第五条は「日本国の施政下にある領域における武力攻撃」があり、「自国の憲法上の規定及び手続きに従って共通の危険に対処する」とある。したがって、いったん尖閣諸島が中国の施政下に置かれてしまった場合、アメリカは介入しないということを意味する。ここに、日本は軍事力行使を辞さずという決意を持ち行動せねば尖閣諸島は守れないということになる。

領土問題をいかに解決するか

領土問題は、国境の画定という国家の基本的国益に触れる。また、政治経済のみならず軍事的側面も併せ持つ、古くて新しい問題である。とりわけ経済的側面として石油や天然ガス、鉱物資源、漁業資源などが含まれており、国益に直結するため、難しい問題をはらんでいる。また、インド・パキスタン間でのカシミール問題のように、歴史的・宗教的側面が強い場合もある。領土紛争の代表的な例に、イギリスとアルゼンチンが衝突した一九八二年のフォークランド紛争がある。ここでは地政学的に重要なフォークランドを守る強い意思を持ち、戦争計画（OPLAN）を持ち準備を周到に行っていたイギリスが勝利した。

日本が北方領土、竹島、尖閣諸島の領土問題に立ち向かう時、「領土を守る」意思を持ち毅然とした態度で臨むことが重要である。そしてそこでは、軍事的な備えを十分している国家が勝利を得る。しかしながら領土問題はその解決法により国家間紛争にエスカレーションする可能性がある。過去には領土問題が条約や双方の話し合いといった武力以外の方法で解決された事例もある。二〇〇四年一〇月にロシアと中国は、長年の紛争地であったアムール河・ウスリー河に浮かぶ島に関してその帰属を解決した。また、司法により解決する場合もある。〇八年にはシンガポールとマレーシア間で係争地の帰属が国際司法裁判所によって決定している。南極大陸は一九五九年の南極条約で領有権をすべて凍結することによって領土問題が起きないようにした。このように領土問題には様々な解決方法がある。領土問題は日本国にとり避けて通れない喫緊の最重要課題である。どのように解決するのが最善の策なのか。英知を結集し外交手段を駆使して解決に当たらねばならない。その意味で、「領土を守る」という最も重要な意思と準備が国家には必要不可欠であろう。

4　自民党政権の復活と日米同盟

日本では二〇一二年第四六回衆議院選挙が一二月一六日に行われ、自民党二九四、民主党五七、日本維新の党五四、公明党三一、みんなの党一八、日本未来の党九、共産党八、社民党二、新党大地一、国民新党一、無所属五の結果となった。自民党が単独で絶対安定多数を確保して政権復帰を果たし、連立相手である公明党と合わせ再議決可能な三分の二の議席を確保した。一方で民主党は五七議席と大幅に減らし、辛うじて野党第一党を確保する惨敗となった。

外交・安全保障問題が争点となった衆議院選挙は過去になかった。最近の中国の尖閣諸島周辺でのたび重なる領海・領空侵犯、また北朝鮮の長距離ミサイルの発射は、日本国民にとって大きな脅威となった。それに対し安倍自民党総裁は「日本を取り戻す」と選挙で訴え、日本国民は自民党に託した。

したがって、次期自民党政権は国民の期待に応えることが最大の命題となる。まずは日米関係の修復が最重要課題である。アメリカは民主党政権下の日米関係を「漂流している」とし、「同盟は存続の危機に瀕している」とまで言い切った（第三次アーミテージ報告）。二〇一二年になってからロシアのメドベージェフ大統領の北方領土訪問（七月）、韓国の李明博大統領の竹島訪問（八月）、そして最近の中国の尖閣諸島をめぐる対日強硬政策は、明らかに日米同盟が希薄化した結果起こったことである。もし日米同盟が強固なものであるならば、これら一連の危機は起こらなかったに違いない。

日米同盟強化のためには、民主党政権で停滞した日米間の役割・任務・能力（ＲＭＣ）の履行に加えて、集団的自衛権の行使を可能とすることが重要となる。有事の際に日米が肩を並べて作戦行動をともにして初めて、米国は本気で日本を守ることは間違いない。そのためには自民党の国家安全保障基本法の策定、また憲法改正が必要となる。

現在、アメリカは尖閣諸島に対して「日本の施政下にあり」「日米安全保障条約第五条の適用対象範囲内である」と明言する一方、「領土権の主張の争いには関与しない」とも述べている。したがって、米国に日米安保条約第五条を適用させるためには、まず日本独自の尖閣諸島防衛の意思と行動が不可欠となる。

領土を守ることは、国家にとり死活的国益に当たる。自国の領土に対する侵害を排除するための行為は自衛権の行使に当たり、国連憲章第五一条で国際法上認められている権利である。そのために自民党の政策綱領では、自衛隊と海上保安庁を拡充・強化する自助努力を挙げている。

また中国がこのまま経済成長を遂げた場合、ＧＤＰで中国が米国を二〇二五年には抜くと推定される。そうなれば、東アジア地域ではパワー・シフトが起こる可能性がある。その来るべき時のためにも、日本は自衛力の強化が不可欠となる。現在、アメリカは尖閣諸島で日中間の紛争に「巻き込まれる」ことを回避しようとしているが、日本は米国を戦略的に「巻き込む」ことにより領土の安全を確保せねばならない。その手段として自衛隊は普段からの米軍との演習に加え、シームレスな共同戦略の策定、さらには中国を対象とした日米新ガイドラインが必要となろう。また、尖閣諸島をめぐる中国との確執は長期間にわたり継続することが予測される。そしてその争いは、紛争に至らないグレー・ゾーンでのパワーの拡充がとくに重要となろう。海上保安庁の拡充に加えて、海保とアメリカの沿岸警備隊との共同作戦が考えられる。

また、中国との緊張を継続し現状維持を継続する一方、ソフト・パワー（外交力）の行使も不可欠である。そのためには、一時的な「戦略的棚上げ」や尖閣諸島をめぐる海域での中国との「行動規範の取り決め」が必要となろう。また、中国の尖閣諸島を利用した日本と台湾の分断作戦に惑わされることなく、台湾と協力すべきである。日本と台湾は第一列島線の上になるストラテジック・ピボット（戦略機軸）に位置し、アメリカにとり最も重要な同盟国である。安倍自民党新政権の力強く、したたかで、かつ、賢明な対中、対米外交が期待される。

注

（1）US president addresses supporters in Chicago after decisively winning a second term〈http://www.guardian.co.uk.world/2012/nov/07/barack-obama-speech-full-text/print〉.

（2）ペンシルバニア州ではオバマ支持のヒスパニック系は二〇〇八年選挙で七二％であったが、今回の選挙では八二％に増加した。

（3）Romney's Mormon Faith Likely a Factor in Primaries, Not in a general Election, November 23, 2111. Pew Research Center〈http://www.pewforum.org/politics-and-elections/romneys-Mormon-faith-likely-a-factor-in-primaries-not-in-a-general-election.aspx〉.

（4）Public Views of the Divide between Religion and Politics, February 27, 2012〈http://www.people-press.org/2012/02/27/public-views-of-the-divide-between-religion-and-politics/〉.

（5）How the Faithful Voted: 2012 Preliminary Analysis, Analysis, November 7, 2012〈http://www.pewforum.org/Politics-and-Elections/How-the-Faithful-Voted-2012-Preliminary-Exit-Poll-Analysis.aspx#rr〉.

（6）Zaid Jilani, How Unequal We are: Top 5 Facts You Should Know About the Wealthiest One Percent of Americans, Economy, October 3, 2011〈http://thinkprogress.org/economy/2011/10/03/334156/top-five-wealthiest-one-percent/?mobile=nc〉.

（7）Robert Reich, *After Shock, The Next Economy and America's Future*, United States of America Alfred A. Knopf, 2010.

（8）The Economist, The fiscal cliff, On the edge, December 15, 2012〈http://www.economist.com/news/united-states/21568395-what-cliff-means-and-why-americas-deficit-woes-are-so-intradable-edge/print〉.

（9） Barack Obama, *The Audacity of Hope : Thoughts on Reclaiming the American Dream*, New York, Random House Large Print in association with Crown Publisher, 2010.

（10） 東京新聞、二〇一二年一一月八日。

（11） 二〇一二年米国予算教書、外務省ＨＰ、二〇一二年二月一五日〈http://www.mofa.go.jp/mofaj/area/usa/keizai/eco_tusho/us_2012.html〉。

（12） Center for a New American Security, Hard Choices-Responsible Defense in an Age of Austerity, October 2011〈http://www.cnas.org/files/documents/publications/CNAS_HardChoices_BarnoBensahelSharp_0.pdf〉。

（13） Sustaining US Global Leadership: Priorities for 21st Century Defense〈http://www.defense.gov/news/defense_strategic_guidancee.pdf〉.

（14） Remarks by Secretary Panetta at the Shangri-La Dialogue in Singapore〈http://www.defense.gov/transcript/transcript.aspx?transcriptid=5049〉.

（15） Ibid.

（16） 自国より遠方地域に地域覇権国となりうる国家が台頭してきた場合、この潜在的地域覇権国を周辺地域国家と連携してバランスを取る戦略。詳しくは、John J. Mearsheimer, *The Tragedy of Great Power Politics*, New York, W. W. Norton & Company, Inc., 2001.

（17） Remarks by Secretary Panetta at the Shangri-La Dialogue in Singapore〈http://www.defense.gov/transcript/transcript.aspx?transcriptid=5049〉.

（18） 戦略機軸（Strategic Pivot）に関しては、拙論「米国の戦略機軸のアジア・シフトと日米同盟」『海外事情』二〇一一年一月号参照。

（19） 2012 Joint Vision Statement for the Thai-U.S. Defense Alliance〈shinnhttp://www.defense.gov/Release/Release.aspx?ReleaseID=15685〉.

（20） http://www.globalsecurity.org/military/ops/cobra-gold.htm

（21） US Department of Defense, U.S., Thai Leaders Move Defense Alliance Into 21st Century〈http://www.defense.

gov/newsarticle.aspx?id=11850〉.

(22) 産経新聞、二〇一二年一一月二〇日。

(23) 朝鮮日報、二〇一二年一一月二〇日。

(24) Richard Armitage, Joseph Nye, *The U. S. - Japan Alliance : Anchoring Stability in Asia,* CSIS, Augst 2012 〈http://csis.org/files/publication/120810_Armitage_USJapanAlliance_Web.pdf〉.

（初出：二〇一三年三月）

第10章　アメリカの「中東回帰」——ピボットはアジアから中東へ⁉

1　米国覇権の終焉——新孤立主義へ向かうアメリカ

オバマ大統領は、「アメリカは世界の警察官ではない」と二〇一三年九月に宣言した。この宣言はシリア攻撃の是非を米議会に一任したスピーチの最後の箇所で述べられたものであった(1)。シリアのアサド政権が化学兵器の全面的撤廃を約束し攻撃は忌避されたのは周知の通りであるが、これを境にアメリカの外交政策は明確に変容してきている。オバマ大統領の政策顧問を務めたブレジンスキー元大統領補佐官は「単独で覇権をとれる時代は終わった」とし、米中露間の「共通の利益をめぐる新たなゲーム（A new game of shared interests）」が始まった、と一三年一二月九日にジョンズホプキンス大学高等国際関係大学院（ＳＡＩＳ）で講演した(2)。

アメリカはアジアではリバランス政策で台頭する中国をヘッジすると言いつつも、今後一〇年間で国防費を約五〇〇〇億ドル削減せねばならない。そのため、アメリカは中国に対して宥和政策を採り始め、米中の「共通の利益（shared interests）」を模索する。スーザン・ライス大統領国家安全保障担当補佐官は二〇一三年一一月二一日に第二期オバマ政権のアジア政策の指針を発表し、残りのオバマ政権の三年間でアメリカはアジアでより安定した安全保障環境を達成したいとし、中国へ「新たな大国間関係」を呼びかけた。[3] これは習近平国家主席が一三年六月の米中首脳会談で呼びかけたのに応えたものとなり、米中は協調関係を模索することとなろう。

その一方で、オバマ政権は「中東回帰」をしている。二期目のオバマ政権は二〇一三年一月にスタートし、国務長官がヒラリー・クリントンからジョン・ケリーへ交代した。クリントンは米国のピボット（機軸）をアジアに置いたが、ケリーは中東にそれを移動した。[4] しかも、国防長官のチャック・ヘーゲルは「ケリーの時代である」として自分は裏舞台に下がり、外交舞台でのケリーの活躍を支える役に徹している。[5] ヘーゲル国防長官は一〇年間で毎年四八七億ドルを削減する「国防費削減問題」（予算管理法二〇一一）とそれに伴う「強制削減対処方針の検討（Strategic Choices in Management Review：ＳＣＭＲ）」に専念した。[6]

第二期オバマ政権でアメリカの外交政策を主導するケリー国務長官は、就任早々「軍事力ではなく外交力で問題解決に当たるべきだ」と表明し、[7] ヘーゲル国防長官も「協調主義によるスマートな外交」を追随した。[8] つまり、第二期オバマ政権の外交政策は、第一期でクリントン国務長官が主導した軍事力の使用を躊躇しない「人道的介入」ではなく、外交力を優先する「ソフト・パワー」外交を最優先する。事実、第一期オバマ政権では当時のサマンサ・パワー国家安全保障会議（ＮＳＣ）多国間問題・人権担当上級部長、ベン・ローズベン大統領副補佐官（国家安全保障問題担当）とスーザン・ライス国連大使が中心となり二〇一一年三月一五日、リビア空爆を行った。[9]

第二期オバマ政権のケリー国務長官とヘーゲル国防長官は、ブッシュ前政権の時に米上院外交委員会でバイデン副大統領とオバマ大統領とともに「テロとの戦い」に反対した戦友である。アメリカが軍事力を行使しないスマート外交を提唱したのはアメリカ外交政策にとって大きな転換点である。[10][11]

中東回帰をするケリー国務長官は、中東問題の中でも喫緊の課題であるシリア問題、イラン問題とイスラエル・パレスチナ問題に取り組んでいる。アメリカの中東政策の中心にあるシリアではその民主化運動は二年を超え、周辺国の影響を受けて解決の糸口すら見つけられなかった。その時、ケリー国務長官は旧知のセルゲイ・ラブロフ露外相と親密に協力し解決方法を模索するが、その過程でオバマ政権の外交政策に変調が見られるようになった。第二期オバマ政権はロシアとの関係改善に積極的であり、発足早々にオバマ大統領はドニロン安全保障担当補佐官をロシアに派遣して自らの訪露の準備に当たらせた。ロシア側もケリーの国務長官就任を歓迎し、米露関係は改善していく(12)。また、米露間では大統領同士がシリア問題やスノーデン問題で会談を中止しても米露協調路線は変わらなかったが、それは米露の外相同士の信頼関係によるところが大きかった。本章ではそのオバマ外交の転換の原因ともなった中東政策――シリアとイラン――を検証する。

2 「アラブの春」とシリア

オバマ大統領はチュニジアに始まる中東地域の民主化運動を静観した。そのため、中東各国の市民は、アメリカは介入せず民主化運動への支持をすると見るや勢いづき、民主化運動は「アラブの春」となってイスラム諸国へと拡大していった(13)。

「アラブの春」がドミノ倒しのように中東に広がる中、シリアでは反政府運動が散発するものの静かであった。二〇一一年一二月の中東地域での世論調査では、アサド大統領への支持率は五五％と高く、湾岸諸国でのアサド大統領の「辞任を求める」六二％に比べ格段の差がある(14)。つまり、アサド大統領の辞任をシリア国民は求めておらず、むしろ周辺国が辞任を望んでいたという構図が浮かび上がる。シリアが内戦状態にまで悪化したのは、これら周辺諸国の思惑が原動力となっていったと考えられる。シリアの周辺国のトルコ、サウジアラビアをはじめとする湾岸諸国、ヨルダン、エジプトなどはスンニ派国家である。シリアのシーア派政権を打倒してスンニ派政権を打ち立てたいという願望がシリアの民主化運動に介入し、反政府勢力への武器の支援を行い、そのため闘争は長期化し熾烈になったのも大きな一因である(15)。

民主化デモが発生するようになるとアサド政権は改革を行い、国民の不満を和らげようとしたが、アラブ連盟やEU、アメリカの経済制裁から国民生活は逼迫し、ついに二〇一一年頃から民主化運動が拡大・激化し始めた。やがてアルカイダ系スンニ派過激派グループも参入、政府軍側にはレバノンに拠点を置くシーア派組織ヒズボラから戦闘部隊が参戦し、内戦へと様相が変わっていくとともに、シーア派とスンニ派という宗派闘争の色彩を帯びるようになった。

3 オバマ政権とシリア

第一次世界大戦後、シリアはオスマン帝国からフランスの統治領となった。そして一九四六年にフランスから独立し、七〇年に少数派のアラウィ派のハーフィズ・アサドが大統領に就任した[16]。しかし二〇〇〇年にハーフィズが暗殺され、次男であるバッシャール・アサドが大統領に就任し、現在に至っている。バッシャール・アサドは、ダマスカス大学医学部卒業後に軍医となり、その後一九九二年にイギリスに留学してウェスタン眼科病院で研修した[17]。バッシャール・アサド大統領は国民から、冷酷な父親とは異なり温厚で「話のわかる」大統領、欧米と対等に話ができるインテリという評価がある[18]。

シリアは人口二二四五万人、その民族構成はほとんどアラブ人（九〇・三%）であり、その他はクルド人やアルメニア人など（九・七%）である。宗教では七四%がスンニ派、シーアを含むその他の宗派が一六%、キリスト教が一〇%を占めている。つまり、少数派シーア派政権が多数派のスンニ派を統治しているという難しい事情を抱えている。

シリアの人口構成は、二四歳以下が人口の約五五%、二五歳から五四歳が約三七%を占めるという、大変「若い」国家である。一五歳から二四歳までの若年人口の失業率は二九・二%と高く、若者の不満が一気に爆発すると大きなエネルギーになるという危険をはらんでいた。国民の識字率は高く、一五歳以上の識字率は八四％にも上る。[19]若者は学歴は高いが職がないという苦境に置かれており、「アラブの春」の原動力となるには十分であった。

二〇一一年三月頃からシリアにもチュニジアから始まった「アラブの春」の風が吹き荒れるようになった。これに対して、オバマ大統領はシリアの反政府運動を静観していたが、米国内ではネオコンを中心として「軍事力を行使してシリアの反政府勢力を支援すべきだ」との主張が高まってきた。その一方で、コリン・パウエル元国務長官はシリアへの軍事攻撃に反対を表明した。[20]シリア問題は国際問題となり、オバマ大統領の軍事力行使の有無に国際社会の注目が集まった。

オバマ大統領は元来米国の軍事介入でシリア問題が解決すると考えず、介入は回避すべきであり、反政府側への武器支援も反対していた。事実、当時のクリントン国務長官、パネッタ国防長官たちの閣僚が軍事介入を進言しても拒否したと言われ、[21]アサド大統領の退陣の要求にとどまっていた。その間、シリアの内戦はますます宗派闘争へと傾いた。シリアは反体制派の市民グループや過激派組織などに加え、国外からアルカイダ系などの過激派組織が多数流入した。[22]

4　割れるシリア非難——シリア攻撃の是非

オバマ政権のシリア政策は、シリアで二〇一三年三月に化学兵器のサリンガス使用が疑われるようになってから変化した。シリア反政府側はアサド政権がサリンガスを使用したと非難し、アメリカ国内でもマケイン上院議員が「アサド政権がサリンガスを使用した以上、軍事介入してアサド大統領を退任させるべきだ」（二〇一三年四月二九日）[23]と述べるなど、強硬主張が目立ち始めた。

オバマ大統領は二〇一二年八月二〇日にすでに「アサド大統領が化学兵器を使用したかどうかが最後の一線だ」

と自ら「レッドライン」を定めていたが、化学兵器使用をめぐる議論が米国内で高まる中、オバマ大統領は軍事行動として第一に飛行禁止区域の設定、第二に反政府側への武器支援、第三にアサド政権の化学兵器の無力化――の三つの選択肢を念頭に置いたとされる[24]。

アメリカ国内はシリア政府に対する軍事力行使の声と自制すべきだとの意見で二分された。ブレント・スコウクロフト元大統領補佐官は、軍事攻撃には強く反対した[25]。欧米各国でもシリア政府が化学兵器を使用したとの非難が高まる一方、国際世論は「イラクの二の舞にならないように」とアメリカの軍事力行使自制への声も強まった。シリア政府は「(化学兵器は)使用していない。使用したのは反政府側である」と反論し、ロシアが全面的にシリアを擁護した。

ヨーロッパでも反政府側への武器の支援をめぐり分裂した。積極的な支援を表明するイギリスやフランスに対して、ドイツやオーストリア、北欧諸国は強く反対した。

さらに、オバマ政権もシリアへの軍事攻撃の是非をめぐり二つに分裂した。軍事力行使に否定的であったのは、ヘーゲル国防長官とマーティン・ディンプシー統合参謀本部議長であった。ディンプシー議長は、マケイン上院議員の要求でシリア攻撃の軍事プランを提出したが、攻撃予算を併記して暗に予算算出の困難性を指摘した[26]。軍事力行使に肯定的だったのは、ケリー国務長官とリベラル・ホークのサマンサ・パワー国連大使、スーザン・ライス大統領補佐官(国家安全保障担当)らであった[27]。オバマ大統領の外交の基本はイラクとアフガニスタンからの撤退が優先事項であり、国防予算が強制削減されるため軍事力行使は控えるというものである。したがってオバマ大統領自身は軍事介入には消極的であったが、政権内部で軍事攻撃肯定の強い主張にさらされた。

六月一八日、北アイルランドで開催されたG8でシリア問題が最優先課題となった。アサド大統領の辞任を求めるアメリカと拒否するロシアとの溝は埋まらず、「和平会議に向け協力する」との確認で終了したが[28]、米露の協力こそがシリア問題の解決の鍵であることが改めて認識された。

5　シリアでの化学兵器使用とアメリカの対応

二〇一三年八月二一日、シリアの首都ダマスカス近郊で化学兵器が使用され、子供を含む多くの市民が犠牲になった。間髪を置かず、シリア反政府軍はアサド政権が化学兵器を使用したと発表した。この化学兵器の使用に対して国際社会は直ちに反応、国連安全保障理事会は非公開の会議を設けて今回の化学兵器使用問題を徹底的に調査することで一致した。

欧米諸国はこの化学兵器の使用はシリア政府によるものとして激しく非難する一方、ロシアと中国は使用したのはシリア政府ではなく、虚偽だと応酬している。いずれにしても、シリアをめぐる緊張は一気に高まった。八月二四日にはイギリスのキャメロン首相とオバマ大統領が対応を電話で協議[29]、二六日にはイギリスのハーグ外務相はシリアに対して「相応な対応をすべきだ」と表明した[30]。これに対してロシアのラブロフ外相は、「国連決議なき介入は国際法違反だ」と強く反発し、ロシアと米英の対立が先鋭化した[31]。シリアへの軍事攻撃の法的根拠を得ることが困難であり、国連安全保障理事会の決議を得る見込みはなかった。また、リベラル・ホークは「人道的介入」の成功例としてコソボ空爆を挙げてシリアへの軍事力行使を主張したが、そもそもコソボとシリアの状況は異なっていた[32]。

決断表明をしないオバマ大統領に対して、英仏は軍事攻撃へと傾いた。さらにアメリカ国内の圧力はかかる一方であり、オバマ大統領はやがて限定的な空爆へと傾いていった[33]。八月二六日になり、ケリー国務長官は「シリアに責任をとらせる。アサド政権に責任があることは疑いの余地はない」とし、ホワイトハウスも同じ表明を出すに至った。八月二九日のインタビューでオバマ大統領は空爆の根拠として二一日にアサド政権が化学兵器を使用したと断定、化学兵器の使用は「国際的規範（ノーム）に反し米国の核心的利益に当たる」と述べた。シリアは化学兵器禁止条約に加盟していないので、条約違反ではない。そこでオバマ大統領は「国際的規範」を強調したのである。「規範を守ることが重要であり、アメリカは規範を破る者を許さない」「空爆は懲罰である」とその意義を主張した。もし「ノーム」が破られれば、イランや北朝鮮などＷＤＭ（大量破壊兵器）を保有する国家の化学兵器使用の敷居が下がると考えたのである。

ところが、イギリスではキャメロン首相が空爆を宣言したが、議会が猛反発し、さらにイギリス国民の反戦デモが発生した。しかも八月二九日にイギリス下院で対シリア軍事攻撃が否決されたので、キャメロン首相は空爆に参加しないと決定した。フランスも当初は強硬姿勢を見せていたが、国内世論では空爆反対が強く、オランド大統領は慎重になり始めた。

ＮＡＴＯは不参加、アラブ同盟も反対、南アメリカ諸国は一致して反対を表明、現地の反政府グループの中にも反対を表明するものが現れ、オバマ大統領は空爆への賛同を国際社会からほとんど得られず窮地に立たされた。それでもオバマ大統領は「イギリスが空爆から降りても単独で空爆を実施する」と強硬論を固持した。

三〇日に、オバマ大統領とケリー国務長官は国連調査団の報告書を待たずに、アメリカが単独行動をとることを示唆した。

シリアへの空爆は、たとえ限定的であっても中東地域に及ぼす影響は大きい。空爆に対してシリア政権が自衛権行使をした場合、宗派闘争と地域紛争が絡み合い、周辺のイラクやレバノン、ヨルダンやトルコ、イスラエルへと中東全体に紛争が拡大する可能性が高い。また、シリア政府を全面的に支援するロシアとアメリカとの対立が決定的になることから、世界中に緊張が走った。

この時、アメリカ国民はシリアへの軍事力行使に反対であった。ピュー・リサーチ・センターの世論調査によれば、「軍事力介入反対」が六〇％、「化学兵器をアサド政権が使用したとしても介入すべきでない」が四六％であった。これは「介入すべき」の二五％を大きく上回っていた。

6　オバマ大統領の決断

二〇一三年八月三一日、オバマ大統領は記者会見で「シリアへの限定的軍事攻撃を命じることを決定した」とする一方、「事前に米議会の承認を求める」と述べた。議会に空爆の是非の判断を任せたオバマの決断は、バイデン副大統領、ケリー長官、ヘーゲル長官ら閣僚や側近に相談がなく、大統領単独の決断であった。前日、オバマ大統領はマクドノウ補佐官に「議会の決議を待ちたい」と打ち明け(34)、直ちに閣僚たちが招集された。オバマ大統領は九月一日から議会工作を始め、上院外交委員会では四日にシリア空爆に関しての投票が行われ、一〇対七で可決された。反対票が七票あったため、上院本会議での可決も微妙な状況となった。また下院では攻撃反対の議員が圧倒的に多かったため、オバマ大統領の判断に注目が集まった。

そのような時、オバマ大統領はロシアでのG20出席途中で立ち寄ったスウェーデンでの九月四日の記者会見で、「レッドライン（化学兵器の使用が空爆の基準）を設定したのは世界だ」と発言した。この「レッドライン」宣言を他者のせいにする発言は列席者を唖然とさせ(35)、いかにオバマ大統領が追い詰められているかを物語った(36)。

さらに、シリア空爆の是非が問われた九月五日のG20での反応は、大方が否定的であった。ここでは、アメリカとフランスが空爆に強硬であるのに対して、ロシアと中国は反対、イタリアは国連決議なき空爆に反対、ドイツは国民世論が許さないと反対、ＢＲＩＣｓ諸国は空爆での経済ダメージを懸念した。さらに、潘基文国連事務総長が「国連決議なき空爆は違法だ」と厳しくアメリカを攻撃し、「シリアに滞在する四五〇〇人の国連職員はいかなる危機が迫っても退避させない」と、国連が盾となることも辞さないという強い意志を顕わにした。このままアメリカの軍事行動を黙認すれば国連の存在意義が失われてしまうと危惧した事務総長は、国連の威信を賭けてアメリカに正面から挑んだ。このまま国連を無視してシリアに軍事力行使を行うのか、国連や国際社会との協調を重視して外交的解決を行うのかの分岐点にオバマ大統領は立たされた。

一方、フランシスコ・ローマ法王が軍事力行使への反対を表明し、「宗教の違いを超えてシリアのために祈りを捧げよ」と世界中に呼びかけ、そして敬虔なカトリック教徒のバイデン副大統領とケリー長官に信条的なメッセージを送った。この呼びかけに応じてバチカンには多数の人々が集い、夜を徹して祈りを捧げた。

7　シリア攻撃の中止——ロシアの仲介

九月九日、ロシアのラブロフ外相は「アメリカの軍事行動を回避できるならば、シリアに化学兵器を国際管理下に置くよう説得する」と発表した(37)。このラブロフ外相の申し出に、九日の夜のインタビューでオバマ大統領はこの提案は考慮の余地があるとコメントし、ケリー長官もまた「もしシリアが化学兵器を放棄するならば軍事行動は必要ない」と同調した(38)。また、ハリー・リード上院議員は議会での投票を延期すると発表し、カール・レビン上院議員もラブロフ外相の提案を検討すべきだとコメントした。

まさに瀬戸際の外交で米露は事態を転換させた。九月一〇日にはオバマ大統領は国民に向けて、シリアへの軍事行動の必要性を演説し、軍事行動を開始する予定だった。その寸前、オバマ政権はラブロフ外相からの提案を受け入れ、シリア側もラブロフ外相の提案を受け入れたため、軍事力行使は回避された。しかもアサド大統領は、化学兵器禁止条約に加盟するとも仄めかした。オバマ大統領はそれまでの強硬路線から一転し、「外交努力を最大限尽くす」と述べた(39)。世界中から孤立したオバマ大統領だったが、結果的にはシリアの化学兵器放棄と条約加盟という結果を引き出し、得点を上げたとも言えよう。

延期されていたシリア和平会議が九月一二日にジュネーブで開催され、ケリー長官とラブロフ外相が外交の勝利を分かち合った。記者会見でラブロフ外相は、シリア化学兵器の放棄の取り組みについて「素晴らしい」と賞賛、ケリー長官を「最良の友人」と褒め称え、開戦の緊張から一転、和やかなムードに包まれた[40]。この会見でラブロフ外相は、オバマ大統領とプーチン大統領はG20が開催されていた九月五日、二〇分ほどの立ち話を会議場の隅でしたが、その時、「シリアの化学兵器を国際管理下に置く」ことに関する話し合いがあった、と舞台裏を明かした[41]。会談の詳細は明らかにされていないが、この会談で化学兵器の放棄と引き換えに軍事力行使を中止するという交渉がなされた可能性は高い。

この交渉では、プーチン大統領の外交手腕が際立った。プーチン大統領は最後まで「国際社会の枠組み」の遵守を貫くことで国際社会からの信頼を高め、大規模な地域紛争に発展しかねない脅威を外交によって阻止したことで存在感を高めた。また、シリアやイランという同盟国の支援の立場を貫き、両国との信頼関係も強固なものにした。そのプーチン大統領のセルゲイ・ラブロフ外相、そしてカウンターパートにはオバマ大統領のケリー国務長官がいて、両者が大統領の密使として外交で成果を得た。

アメリカのシリア政策は一見迷走しているように見えたが、結果的には外交優先というオバマ政権の方針を貫き通し、単独行動主義ではなく国際協調路線を示した。これは二〇〇三年のイラク侵攻の時とは大きく異なる。オバマ大統領は九月一〇日に「シリアへの軍事力行使を止める」という国民向け演説の締めくくりに、「アメリカは世界の警察官である必要はない」と述べた。これは、アメリカの外交政策の転換点となる重要な演説となった[42]。二〇一四年の一般教書[43]でもオバマ大統領は内政に重点を置き、ますます内向きになる「新孤立主義」の傾向が強くなるであろう。

8　シリアの現状と今後の中東

その間シリアでは、アルカイダ系過激派が勢力を伸ばした。とくにイラクでのシーア派とスンニ派の抗争が激化したため、アルカイダ・イラクのメンバーがシリアに流入し、他方で周辺のイスラム諸国からジハードに参戦する者が後を絶たず、シリアではアルカイダの勢力が増長し始めた。アルカイダ系の過激派グループには主にアル・ヌスラとアルカイダ・イラクがあるが、やがてアルカイダ・イラクが大きくなってＩＳＩＳ（Islamic State in Iraq and Syria）となり勢力を拡大していった。ＩＳＩＳは、イラク西部からシリア、レバノン、ヨルダン、イスラエルを含む地域に厳格なスンニ派イスラム国家の樹立を目指すグループである。

このイラクからシリア方面にかかる広大な地にアルカイダ系の国家が樹立されれば、アメリカだけでなく周辺国にとっても無関心ではいられない。スンニ派の周辺国にとっては、ジハードに染まった過激派戦闘員が国内で活動を始めたら、シリアのような深刻な事態に陥りかねない。周辺国にとって、ジハードの拡大は何としても阻止しなくてはならない目前の脅威となった。

そのため、欧米諸国やサウジアラビアをはじめとする周辺国は、ＩＳＩＳの拡大阻止に動く。そのための一つは、アサド大統領の存続である。アサド大統領しか過激派を抑えることができない、という現実的な判断が国内外で広がり始めた[44]。反体制派は様々なグループが寄り集まっているため、誰が反体制派の代表となるかということすら決まらない状態である。

もう一つは、周辺国がお互いに協力してＩＳＩＳの拡大に対処しようとする動きである。いち早くその動きに転じたのがトルコである。トルコはシリアと国境を接しているが、国境付近にまでＩＳＩＳと他の反体制派グループとの闘争が拡大したことを受けて、迫り来る脅威に備える動きに出始めた。スンニ派国家としてシリアの反体制派を支援してきてイランと敵対してきたトルコだったが、シリアで勢力を増すＩＳＩＳの脅威に外交政策を転換、イランと協力する姿勢を示すようになった[45]。

二〇一四年一月にはトルコのダーヴトオール外相がイランを、イランのザリフ外相がトルコを訪問し、さらに月末にはエルドアン首相がイランを訪問した[46]。スンニ派とシーア派を代表する両国がシリアの過激派問題で接近することは、中東の政治地図を大きく塗り替えることになる。両国は安全保障上の協力だけでなく、経済的な協力体制の強化も取り決めた。トルコはアメリカとイランが宥和路線を固めていくことを見て取り、いち早く対イランとのビジネスに乗り出したのである。

サウジアラビアもまた、アルカイダの脅威を防ぐべく対抗措置をとり始めた。サウジアラビアは自国のコントロール下に置く過激派組織イスラム戦線（Islamic Front）を二〇一三年一一月にシリア内で組織し、シーア派に対するジハードを統制している。イスラム戦線は、最も過激なＩＳＩＳとシリア市民で構成される穏健派のシリア自由軍との中間に位置し、七つほどのさらに小さなグループが緩やかに連合したものである(47)。ＩＳＩＳはイスラム戦線やシリア自由軍、クルド人、キリスト教徒など他のグループを容赦なく攻撃する一方、政府軍にはレバノンのシーア派組織ヒズボラから戦闘員が参戦しているため、内戦は複雑化し長期化している(48)。

イスラエルもまた、アサド大統領の存続が最も現実的な選択であると考え始めた。アサド大統領となら話し合いが可能である。一方、ＩＳＩＳは話し合いができない相手かもしれず、ＩＳＩＳの矛先は当面アサド政権に向いているが、それがなくなった途端、いつイスラエルに向かってくるかわからない(49)。「アサドは最もましな選択肢」（ライアン・クロッカー元イラク大使）という雰囲気が中東では生まれつつある(50)。

二〇一四年一月になると、イラクのアンバル地方がＩＳＩＳに制圧されるという深刻な事態が発生した。マリキ首相は政府軍を投入したが、もともと地元のスンニ派武装グループが力を持っている地域だけに、ＩＳＩＳと政府軍との三つ巴になり、手詰まりとなった。

だが、このイラクでのＩＳＩＳの増長は、欧米や周辺国にとりシリア内戦への不吉な予兆となり、シリア内戦の一刻も早い解決を目指すべくシリア和平会議である「ジュネーブ２」へと準備が進められた。そこでの最大の問題は、反体制派の出欠とイランの参加の是非であった。ケリー長官は反体制派に会議に出席するように圧力をかけた。一月一八日、シリア反政府連合はトルコのイスタンブールで会合を開き、二二日に開催予定のシリア和平会議「ジユネーブ2」への参加を決定する投票を行った。七〇余人の投票者のうち賛成は五八人、反対は一四人と圧倒的多数で「ジュネーブ2」への参加が可決された[51]。アサド大統領はすでに参加を表明しているので、シリア内戦の当事者が初めて交渉のテーブルに着くことになり、内戦終結へ向けての第一歩をようやく踏み出すことができるという期待が高まっている。

シリア政府の反体制派の出席回答を得た国連事務総長はイランを「ジュネーブ2」に招待した。だがこの招待にケリー長官と反体制派が猛烈に反対して、最終的に国連総長はイランの招待を撤回するという失態を演じた[52]。イランの参加をめぐっては、米露でも対立があった。根本的な対立はアサド大統領の進退問題である。アサド大統領の退陣を要求する反体制派と、退陣を拒否するアサド政権の対立。アサド大統領の退陣を求めるアメリカと、アサド体制の維持を求めるロシア。シーア派政権の転覆を願うサウジアラビアと、シーア派政権の存続を願うイラン——という三層で対立が生じ、妥協点が見出せていない。その隙をついてISISが台頭し、アルカイダの脅威が周辺国を脅かしている。

二〇一四年にはシリアで大統領選挙が行われる予定であり、そこで民意が問われるのであるから、和平会議の条件として退陣を要求すれば並行線を辿ることになる。また、シリア国内の内戦が長引けば市民への負担が増し、アルカイダの脅威はますます高まるという現象が生まれている。

二〇一三年一月二二日にジュネーブで始まったシリア和平会議「ジュネーブ2」では、初めてアサド政権側と反政府側が同じ交渉のテーブルに着いたが、交渉は進展しなかった。反政府側はアサド大統領の退陣を要求、一方、政権側は退陣を拒否してまったく歩み寄りが見られない状態で始まった。アメリカは人道的危機を主張し、軍事介入も選択肢の一つとして示した。一方でロシアは人道的危機が軍事介入の口実に使われるべきでないと真っ向から反発し、人道的危機に関する国連決議案も難航した。結局二月六日に一時停戦が合意され、ホムスから市民が避難したものの内戦が終結したわけではなかった。一五日に「ジュネーブ2」は閉幕し、「ジュネーブ3」を開催することを合意しただけで終わった。しかし開催時期については未定のままである。

9　オバマ政権のイラン政策

シリアの難題を当面切り抜けているオバマ政権は、中東問題の最大の課題であるイランに本腰で取り組むことができるようになった。

二〇一三年九月一七日から開催された国連総会では、イランのロハニ大統領とオバマ大統領との対話に世界の関心が集まったが、両者は二七日に電話会談を行い、「イランの核開発問題の解決に向け速やかに取り組むこと」で一致した[53]。一九七九年以来両国の首脳が直接会話をしたのは三四年ぶりのことであり、アメリカがイランとの国交断絶を修復したこととなる。

アメリカの対イラン宥和路線への転換はオマーンのアラウィ外相が協力し、時間をかけて入念に準備されたものであった。イランはオマーンを通じて前政権時代からアメリカに直接対話を呼びかけていたが、直接対話は実現しなかった。二〇〇九年オバマ大統領が就任すると流れが変わり、一一年から一二年にかけて国家安全保障会議のメンバーでオバマ大統領のイラン問題のアドバイザーであるパネット・タルワーと、クリントン長官の部下であったジェイク・サリバンがイラン側と何度か二カ国協議を行ったが、それほど進展は見られなかった。

二〇一三年に第二期オバマ政権が発足すると、イランとの関係改善を目指した。二月二七日から核問題の国際会議がカザフスタンで開催された。そしてその会議に出席したウィリアム・バーンズ国務副長官、副大統領の安全保障担当補佐官になったサリバンがオマーンに飛び、これにワシントンからタルワーとアインホルムが合流し、イランからはハジ副外相が来て極秘の二カ国協議が開かれた[54]。この会談を仲介したのがオマーンのアラウィ外相であった。その後もイランとアメリカはオマーンで幾度となく極秘会談を行い、「二〇一三年六月のイランの大統領選挙を待つ、それまでは静観する」という合意が持たれた。

さらに二〇一三年六月のイラン大統領選挙で穏健派のハサン・ロハニが当選し、両国の関係改善に向けての動きが加速した。ロハニが大統領に選ばれたのを契機に、アメリカとイランは外交回復に向けて進むことになる。ロハニは欧米諸国との対話、経済の立て直しを公約として立候補し、当選を果たした。これは、若者世代を中心に前政権の強硬路線に嫌気がさし、経済制裁で国民生活が逼迫していた国内事情も作用した結果である[55]。ロハニは一九四八年イランで生まれ、テヘラン大学で司法を学び、スコットランドのグラスゴー・カレドニアン大学で公共法の博士号を取得した。その後ホメイニ側近としてパリで亡命生活を送り、一九七九年のイラン革命が起こるとホメイニとともに帰国した。その後の新政権で空軍司令官、陸軍の副司令官、大統領アドバイザー（安全保障担当）などを務めキャリアを積み、「外交屋」との異名をとった[56]。また、ロハニ政権では、モハマド・ザリフが外相となった。ザリフ外相は米デンバー大学で国際法ＰｈＤを取得し、国連大使を務めた。ザリフは八月に外相就任後のインタビューで、アメリカとの外交政策は「ウィン‐ウィンの関係を築くことが肝要」とアメリカとの関係改善に積極的な姿勢を示した[57]。

ロハニ政権誕生後の八月、オバマ大統領がロハニ大統領宛に書簡を送ったのを契機に、イランとの関係改善が積極的になされ始めた[58]。アメリカはバーンズ副長官、イラン側はハジ副外相の後任のラバンチ副外相とアラヒチ副外相がオマーン、ニューヨーク、ジュネーブで会談、八月中に少なくとも五回の会談を持った。その間、九月二七日に実現したオバマとロハニの電話会談の入念な段取りもなされた。バーンズ副長官は、「オバマ大統領ほどイランとの関係改善に熱心な大統領は国交断絶以来初めてだろう」と、二〇〇九年末にはすでにイランとの関係改善を予測していた[59]。

また、九月一七日の国連総会と同時にイラン核問題をめぐる安保理五カ国とドイツ、イランが参加する六カ国協議が開催された。両国から閣僚級大臣が出席したのは六年ぶりとなり、イランからザリフ外相、アメリカからケリー国務長官が出席した。さらに、ケリー長官とザリフ外相との二カ国会談も行われた。これ以降、アメリカのイラン政策は二つのラインが同時に並行して走ることになる。一つは、ウェンディ・シャーマン国務次官が主導する安保理五カ国とドイツとイランが参加する協議で「P5プラス1チャンネル」と呼ばれる「表」のラインである。もう一つは、バーンズ副長官が主導するイランとの直接協議の場で「二国間（Bilat）チャンネル」と呼ばれる「裏」のラインである。[60]両者は緊密な連携を保ちつつアメリカのイラン政策を引っ張っていき、二〇一三年一一月二四日、イランと核協議で「イランが五％超のウラン濃縮活動を停止し、製造済み濃縮度二〇％のウランはそれ以上濃縮できないよう処理を加えることなどの見返りに、欧米はイラン政策を緩和する」という包括的な合意に達した。[61]

10　イスラエルの反発

イランとの外交が前進すると、イスラエルがまず強硬に反対した。二〇一三年一〇月二一日、ローマでケリー国務長官はネタニヤフ首相と七時間に及ぶ会談を行ったが、ネタニヤフ首相はまったく納得しなかった。アメリカ国内では、ユダヤ系団体が猛反発をするようになった。とくにユダヤ系団体は活発なロビー活動を展開して米議会に圧力をかけ、新たなイラン制裁を通過させようとした。この動きを懸念したオバマ政権は、アメリカ国内の主なユダヤ系団体であるAIPACなどのトップと会談し、イラン政策への理解を求めた。この会談に出席したのは、スーザン・ライス国家安全保障担当補佐官、イラン六カ国協議担当のウェンディ・シャーマン、アンソニー・ブリケンやベン・ロードである。彼らは新たな制裁は交渉の妨げになりかねないことから制裁の延期を願い出た。ユダヤ系団体は、政権の外交による交渉を評価しつつも、「あらゆる選択肢がある」と強硬路線を望んでいる。[62]

二〇一三年九月の国連総会でイランのロハニ大統領が演説を始めると、イスラエルの代表は席を立って退場した。しかしその後、一四年二月二日のドイツ・ミュンヘンで開催された安全保障会議では、イスラエルのヤーロン外相はイランのザリフ外相と並んで座り、席を立つこともなかった[63]。イスラエル内部でもロハニ大統領の就任を「歴史的」と評価している声もあることから、イランへの政策が変化している可能性がある[64]。イランもアメリカの同盟国であるイスラエルとの不和はおそらく望んでいない。イランにとって最大の脅威は、スンニ派であるサウジアラビアである。とくにサウジアラビアはシリアの内戦で過激派グループを支援している。サウジアラビアと敵対するのであればイスラエルとは少なくとも平穏な関係を構築しておきたい、とロハニ大統領が考えても不思議ではない。

オバマ政権はイラン問題で国内に強い反対を抱えつつイランと外交交渉を展開しているが、イランとの宥和に不満をもつのは国内だけではない。アメリカとイランの宥和路線は、このイランを囲む地域に大きな衝撃をもたらす。

アメリカの宥和路線に、長年の友好国であるサウジアラビアも猛反発した。サウジアラビアは二〇一三年一〇月一七日に非常任理事国に選出されたが、翌日にはそのポストを辞退して抗議の意を表明した。ケリー国務長官はその直後にサウジアラビアのバンダル情報相とパリで会談し、イランとの宥和に不満を持つサウジを懐柔しようとしたが、徒労に終わった。スンニ派国家の雄であるサウジアラビアは、サダム・フセイン後のイラクにシーア派政権が樹立されるとイランのイラクへの勢力拡大を懸念し始めた。イランからイラク、シリア一帯に「シーア派回廊」ができたため、サウジアラビアとしてはイランの影響力の拡大を警戒し始めた。当然ながらシリアのシーア派であるアサド政権の転覆を望んでいる。

イランとアメリカの宥和が進展する中、中東の勢力地図が変化しつつある。中東諸国は今後、外交や経済面ではイランを意識せざるを得ないことになる。

イランとはそれほど緊密ではなかったロシアも、関係改善に積極的で経済制裁の緩和を睨んでビジネスの拡大を狙っている。また、イラン側もロハニ大統領はロシアとの関係強化をイランのテレビで二月五日に公言している。イランとロシアの関係は、二〇一三年九月に開催された上海機構の会議にイランのロハニ大統領が参加して以来、変化し始めている[65]。

また、シリアの内戦激化もロシアとイランの接近を後押しした。シリアでのイスラム過激派の動きは、チェチェン独立派を抱えるロシアにとっては無視できない。一方、イランにとってもシーア派政権を脅かす過激派の存在は見過ごせない。さらに、アメリカとイランの関係が改善しイランへの経済制裁が緩和されれば、ロシアにとっては大きなビジネスチャンスとなる。イランとロシアは石油や天然ガス資源を抱えるエネルギー輸出国である。カスピ海の資源を輸送するパイプライン、中央アジアを通るパイプラインなどエネルギーをめぐる地政学上の観点から、両国は重要な位置にある。両国の関係強化はその影響力強化につながる。

以上のように、アメリカがイランへ宥和を働きかけて良好な外交関係を目指すことは、中東地域を大きく揺さぶり、長年続いた外交関係に影響を与える。また、それはシリア問題の解決にも影響を与える可能性がある。オバマ政権はイランとの宥和を進めロシアと協力しながら、シリアの内戦集結に向けて外交を展開していくと思われる。二〇一四年のオバマ政権は「中東回帰」の傾向がますます強まるであろうし、それがオバマ二期目の外交政策の中心的課題となろう。

注

（1） http://www.whitehouse.gov/the-press-office/2013/09/10/remarks-president-address-nation-syria

（2） A conference at SAIS, new game of shared interests: the US, Russia and the Middle East, December 9, 2013 〈http://www.youtube.com/watch?v=C3Pg2cMOJfM〉.

（3） Remarks As Prepared for Delivery by National Security Advisor Susan E. Rice At Georgetown University, November 20, 2013 〈http:///www.whitehouse.gov/the-press-office/2013/09/09/remarks-prepared-delivery-national-security-advisor-susan-e-rice〉.

（4） The year the US pivoted back to the Middle East, *The Financial Times,* December 23, 2013 〈http://www.ft.com/cms/s/0/cad2fc6e-671e-11e3-a5f9-00144feabdc0.html#axzz2tIdxxbJc〉.

（5） Gordon Lubold, “Situation Report: Is Hagel the Pentagon's Invisible Man ?” *Foreign Policy,* December 16, 2013 〈http://www.complex.foreignpolicy.com/post/2013/12/16/situation_report_is_hagel_the_invisible_man〉.

（6） http://www.defense.gov/news/newsarticle.aspx?id=120559

（7） “John Kerry's ‘soft power’,” *Voice of Russia,* February 21, 2013 〈http://voiceofrussia.com/2013_02_21/John-Kerry-s-soft-power/〉.

（8） “Message to the Department from Secretary of Defense Chuck Hage,” February 7, 2013 〈http://www.defense.gov/Speeches/Speech.aspx?SpeechID=1754〉.

（9） Robert Gates, *Duty,* Alfred Knope, NY, 2014, p. 511.

（10） 伝統的に国務長官と国防長官は不仲である。ブッシュ政権の時、パウエル国務長官とラムズフェルド国防長官は険悪であった。例外的にオバマ政権一期目のクリントン国務長官とゲーツ国防長官は週に一度はミーティングを持っていた。

（11） Ben Smith & Jen Dimascio & Laura Rozen, “The Robert Gates–Hillary Clinton axis,” *Politico,* May 24, 2010 〈http://www.politico.com/news/storie/0510/37672.html〉.

（12） “Moscow happy with level of the Russian–American cooperation–Putin,” *Voice of Russia,* May 7, 2013 〈http://www.english.ruvr.ru/〉.

（13） Helene Cooper and Robert F. Worth, “In Arab Spring, Obama Finds a Sharp Test,” *New York Times,* September 24, 2012 〈http://www.nytimes.com/2012/09/25/us/politics〉.

（14） http://cilents.squareeye.net/uploads/doha/polling/YouGovSirajDoha%20Debates-%20President%20Assad%20report.pdf

（15） http://www.toyoeiwa.ac.jp/daigakuin/k_i_column/kyoin/kyoin_akifumiikeda_03.html

（16） CIA the World Factbook 〈http://www.cia.gov/library/publications/the-world-factbook〉.

（17） http://en.wikipedia.org/wiki/Bashar_al-Assad

（18） http://clients.squareeye.net/uploads/doha/polling/YouGovSirajDoha%%20Debates-%20President%20Assad%20report.pdf

（19） The world Factbook 〈http://www.cia.gov/library/publications/the-world-factbook/geos/sy.html〉.

（20） Colin Powell: U. S. shouldn't go to war in Syria even though strategy to quell violence not working," CBS News, June 13, 2012 〈http://www.cbsnews.com/news/colin-powell-us-shouldnt-go-to-war-in-syria-even-though-strategy-to-quell-violence-not-working/〉.

（21） Dexter Filkins, "The Thin Red Line," *The New Yorker*, May 13, 2013 〈http://www.newyorker.com/reporting/2013/05/13/130513fa_fact_filkins?currentPage=all〉.

（22） アルカイダ系反体制過激派は民主化運動が始まった当初二〇〇〇人程度だったが、二〇一四年一月には三万人に増えた。Aron Heller, "Israel warns of growing al-Qaeda-linked jihadi threat from Syria," *The Times of Israel*, January 25, 2014 〈http://www.timesofisrael.com〉.

（23） Jason Lange, "U. S. lawmakers press Obama to take action onSyria," *Reuters*, April 28, 2013 〈http://articles.chicagotribune.com/2013-04-28/news/sns-rt-us-usa-syriabre93r07t-20130428_1_chemical-weapons-arms-syrian-rebels〉.

（24） Dexter Filkins, "The Thin Red Line," *The New Yorker*, May 13, 2013 〈http://www.newyorker.com/reporting/2013/05/13/130513fa_fact_filkins?currentPage=all〉.

（25） Gerald F. Seib, "Scowcroft Argues for Diplomacy in Syria," *The Wall Street Journal*, May 23, 2013 〈http://blogs.wsj.com〉.

（26） Mark Lander & Thom Shanker, "Pentagon Lays out Options for U. S. Military Effort in Syria," *New York Times*, July 22, 2013 〈http://www.nytimes.com/2013/07/23/world/middleeast/pentagon-outlining-options-to-congress-suggests-syria-campaign-would-be-costly.html?pagewanted=all〉.

（27） リベラル・ホークとは、人道的見地から、人道を守るためなら軍事攻撃も辞さないという強硬派を指す。その急先鋒がパワー大使、ライス補佐官でその妥協の余地のない主張は激しい。

（28） Jackie Calmes & Stephen Castel, "G-8 Meeting Ends With Cordial Stalemate on Syria," *New York Times*, June 18, 2013 〈http://www.nytimes.com/2013/06/19/world/europe/g-8-meeting-ends-with-cordial-stalemate-on-syria.html〉.

（29） "Syria: Cameron and Obama threaten 'serious response'," *BBC*, August 25, 2013 〈http://www.bbc.co.uk/news/uk-2383059us/politics/Obama-syria.html〉.

（30） "UK urges 'serious response' on Syria," *BBC*, August 25, 2013 〈http://www.bbc.co.uk/news/world-mjddle-east-

23837817〉.

(31) “Syria crisis: Russia warns West on intervention,” *BBC,* August 26, 2013 〈http://www.bbc.co.uk/news/world-middle-east-23841886〉.

(32) Steven Erlanger, “West Debates Lega Ratinale for Syria Strik,” *New York Times,* 28 August, 2013 〈http://www.nytimes.com/2013/08/29/world/middleeast/west-scrambles-for-legal-rationale-for-syria-strike.html〉.

(33) Mark Lander, David E. Sanger & Thom Shanker, “Obama Set for Strike on Syria as British Vote No,” *New York Times,* August 29, 2013 〈http://www.nytimes.com/2013/08/30/〉.

(34) Anita Kumar & Lesley Clark, “Even private, Obama kept even close aides in dark about plan to go to Congress,” MacClatchy, September 1, 2013 〈http://www.macclatchydc.com/2013/09/01/200992/ever-private-obama-kept-even-close.html〉.

(35) Lesley Clark, “Obama says he didn't draw the red line on Syria, World did,” MacClatchy, September 4, 2013 〈http://macclatchydc.com/2013/09/04/201163/obama-i-didn't-draw-the-red-line.html〉.

(36) “UN chief warns against strikes on Syria,” Aljazeera, September 6, 2013 〈http//www.aljazeera.com/news/europe/2013/09/201396721727957.html〉.

(37) “Moscow proposes Syria's chemical disarmament in exchange For peace,” *Voice of Russia,* September 9, 2013 〈http://voiceofrussia.com〉.

(38) David E. Sanger, “Kerry's Comments on Syria Are a Shift Over Strike,” *New York Times,* September 9, 2013 〈http://www.nytimes.com/2013/09/10/world/middleeast/kerrys-comments-on-syria-mark-a-shift-over-strike.html?_r=0〉.

(39) Remarks by the President in Address to the Nation on Syria, September 10, 2013 〈http://www.whitehouse.gov/the-press-office/2013/09/10/remarks-president-address-nation-syria〉.

(40) “US-Russia talks on Syria weapons ‘excellent’-Lavrov,” *Voice of Russia,* September 14, 2013 〈http://voiceofrussia.com〉.

(41) “US-Russia talks on Syria weapons ‘excellent’-Lavrov,” *Voice of Russia,* September 14, 2013 〈http://voiceofrussia.

com〉.

(42) Remarks by the President in Adress to the Nation on Syria," September 10, 2013 〈http://www.whitehouse.gov/the-press-office/2013/09/10remarks-president-address-nation-syria〉.

(43) "President Barack Obama's State of the Union Address," January 28, 2014 〈http://www.whitehouse.gov/the-press-office/2014/01/28/president-barack-obamas-union-address〉.

(44) Jonathan S. Landay, "Many Syrians still see Assad as Indispensable in saving their coconut," *Miami Herald*, January 22, 2014 〈http://www.miamiherald.com/2014/01/223884075/many-syrian-still-see-assad-as.html〉.

(45) Fehim Tastekin, "Turk Iran seek workaround on Syria," Al-Monitor, February 2, 2014 〈http://www.al-monitor.com/pulse/originals/2014/02/turkey-iran-relationship-syria-crisis-intervention.html〉.

(46) Ali Hashem. "Erdogan discusses shift in Sryia policy in visit to Iran," Al-Monitor, January 30, 2014 〈http://www.al-moitor.com/plus/originals/2014/01/erdogan-iran-syria-shift.html〉.

(47) Aron Lund, "Syria in Crisis The Politics of Islamic Front, Part1: Structure and Support," January 14, 2014 〈http://carnegieedownment.org/syriaincrisis/?fa=54183〉.

(48) Ben Gilbert, "Saudi Arabia walks a fine line in backing Syrian rebellion," Aljazeera, January 20, 2014 〈hppt: //America. aljazeera. com〉.

(49) Ben Caspit, "Israel recognizes Assad's staying power," January 21, 2014 〈http://www.al-monitor.com〉.

(50) Robert F. Worth & Eric Schmitt, "Jihadist Groups Gain in Turmoil Across middle East," *New York Times*, December 3, 2013 〈http://www.nytimes.com/2013/12/04/world/middleeast/jihadist-groups-gain-in-turmoil-across-middle-east.html?hpw&rref=world&_r=0〉.

(51) "Syrian opposition to attend peace conference," The Big Story, January 18, 2014 〈http://bigstory.ap.org/article/syrian-opposition-meet-over-peace-conference〉.

(52) "UN rescinds Iran's invire for Syria talks," January 20, 2014 〈http://www.aljazeera.com〉.

(53) http://www3.nhk.or.jp/news/html/20130928/t10014882221000.html

(54) Laura Rozan, "Three days in March: New details on how US, Iran opned direct talks," Al-Monitor, January 8,

2014 〈http://backchannel.al-monitor.com/〉.

(55) Sami Nader, "Change in Hezbollah will be true sign change in Iran," Al-Monitor, December 3, 2013 〈http://www.al-monitor.com〉.

(56) Bio, "Hassan Rouhani Biography" 〈http://www.biography.com〉.

(57) Arash Karami, "Iran's Foreign Minister Encourages US to pursue 'Win-Win' Strategy," Al-Moitor, August 23, 2013 〈http://iranpulse.al-monitor.com/index.php/2013/08/2669/irans-foreign-minister-encourages-us-to-pursue-win-win-strategy/〉.

(58) Laura Rozan, "Exclusive: urns led secret US back channel to Iran," Al-Monitor, November 24, 2013 〈http://backchannel.al-monitor.com〉.

(59) Laura Rozan, "Three days in March: New details on how US, Iran opned direct talks," Al-Monitor, January 8, 2014 〈http://backchannel.al-monitor.com/〉.

(60) Laura Rozan, "Three days in March: New details on how US, Iran opned direct talks," Al-Monitor, January 8, 2014 〈http://backchannel.al-monitor.com/〉.

(61) 山川展恒解説委員、ＮＨＫ時事公論「イラン核問題　初の合意」二〇一三年一一月二六日 〈http://www.nhk.or.jp/kaisetsu-blog/100/173832.html〉。

(62) Laura Rozan, "White House meets Jewish leaders to press for delay in new Iran sanction," Al-Monitor, October 29, 2013 〈http://backchannel.al-monitor.com〉.

(63) Raphael Ahern, "The Day I possibly let Iran's Nuclear Secrets Slip Through my Fingers, *Times of Israel*, February 2, 2014 〈http://www.timesofisrael.com/search/?q=RaphaelAh+Hern&submit=Go〉.

(64) Meir Javadanfar, "Iran, Israel and the politics of gesture," Al-Monitor February 5, 2014 〈http://www.al-monitor.com.〉.

(65) Bijan Khajehpour, "Iran open new Chapter in relations with Russia," Al-Monitor, February 7, 2014 〈http://www.al-monitor.com/pulse/originals/2014/02/iran-russia-relations-new-chapter.html〉.

（初出：二〇一四年三月）

終　章　オバマ政権第二期の国防戦略（2014QDR）
——オバマ・ドクトリン——

1　オバマ大統領アジア歴訪後のアジア情勢

オバマ大統領は二〇一四年四月後半、シリアやウクライナ問題で米国の関与の信憑性に疑念を持ち始めたアジアの同盟諸国の「信頼」を取り戻すべくアジアを歴訪した。まずオバマ大統領は二三〜二五日に国賓として来日。安倍総理に尖閣諸島に対する日米安全保障条約第五条の適応を確約し、集団的自衛権を支援すると約束し、不協和音が取り沙汰された日米関係を修復した。その後、韓国（二五〜二六日）では「慰安婦問題は甚だしい人権問題」として朴槿恵大統領を満足させ、マレーシア（二六〜二八日）を現職大統領として五〇年ぶりに訪問し、ラザク大統領との関係を深めた。またフィリピン（二八〜二九日）では米比軍事協約を結び、アキノ大統領と安全保障協力を謳った。

ところがオバマ大統領の「失われた信頼を取り戻す旅」（アジア歴訪）は、南アジアで中国とフィリピンおよびベトナムとの間の緊張を逆に高めてしまった。さらにオバマ大統領は、未だ不安定なウクライナ情勢への対応を迫られているところに、イラク国内でイスラム過激派組織「イラク・シリア・イスラム国（ISIS）」の勢力拡大に対する対応が問われている。

世界情勢が不安定化し始めたのは、二〇一三年九月にオバマ大統領がシリアのアサド政権に懲罰的軍事行動を行使するか否かを米議会に問うた際に、「もはや米国は世界の警察官ではない」と宣言してからであった。

その後、世界各地で「力の真空」が顕在化し始めた。国際政治学的に言えば、「力の真空」には「他の力」が自然に入り込む。ケネス・ウォルツ（Kenneth Waltz）が言うように、「自然が真空状態を嫌うように、国際政治もパワーの不安定な状態を嫌う」のである。(1)

その「力の真空」状況に起こったのが、二〇一四年三月一八日のロシアのウクライナ・クリミア半島の強制併合である。四月五日付の *New York Times* は、「アメリカのクリミアへの対応は日本の指導者を不安にさせている」との警鐘を鳴らした。(2) 事実、安倍総理は三月二四日の主要七カ国（G７）緊急首脳会議の席上で、「力を背景とする現状変更はウクライナだけの問題ではなく、アジアにとってきわめて重要なものである」ことを強調した。ロシアのクリミア半島併合と、それに対する米国の対応は、今後の中国が南シナ海および東シナ海での領有権問題をめぐり軍事行動に向かいかねないとの不安をもたらしている。

とくにウクライナは一九九四年一二月五日に欧州安全保障会議（ＣＳＣＥ）の首脳会議の場で核兵器保有国（ロシア、米国、イギリス、中国、フランス）との間で「ブダペスト覚書」を交わし、ウクライナが核兵器を放棄する代わりに、安全保障上の保障を約束されていた。(3) 今回、その加盟国であるロシア自らがそれを破りクリミア半島を強制併合し、また、その他の加盟国であるアメリカをはじめとする欧州諸国は何ら有効的な懲罰措置をとっていない。ウクライナは地政学上ロシアにとり重要な地域である。ウクライナをロシアに復帰させることができれば、ロシアはユーラシア帝国の指導者として、そこに住む五二〇〇万人のスラブ系民族とともに、旧ソ連領土の南部、東南部で非スラブ系民族を支配する立場を追求できる。また、黒海への影響力を再び強化できることになる。ロシアに対して欧米諸国はロシアを非難し、ある程度の経済制裁は実施したが、軍事的行動は何らとっていない。この状況がどのように日米同盟に影響を及ぼすかが日本の最大の懸案事項となる。

言うまでもなく、日本には日米同盟に基づき米軍が駐留し、ウクライナの状況とはまったく状況が異なる。しかしながら、米国が年間五〇〇億ドルもの軍事費削減を向こう一〇年間行う決定をするなど、アジアへのリバランスの信憑性が問われていた。そのため、アメリカは「同盟の絆」を確実にするため、ヘーゲル国防長官を先遣隊として日本に送った後、オバマ大統領自らが日本をはじめとするアジアの米国の同盟国歴訪を行った。

ところがその直後に、中国の挑発が南シナ海で継続して起こった。二〇一四年五月七日にベトナムの巡視船がパラセル（西沙）諸島近海で中国の公船による衝突を受けた。折しも、フィリピンが六日、スプラトリー諸島（南沙）のハーフムーン沖で違法操業をしていた中国漁船を拿捕した直後である。これら一連の出来事が、オバマ大統領の四月末のアジア歴訪の直後に起こったことは、中国の米国への挑戦とも受け取れる。米政府は七日、「同海域付近で中国が石油掘削装置を配置することは、域内の安全保障にとり挑戦的で無益だ」と非難声明を出すとともに、八日にはベトナムを訪問中のラッセル国務次官補も中国の石油掘削作業を非難した。(4)

オバマ大統領は四月二八日にフィリピンを訪問し、米軍のフィリピンへの駐留が再開する新軍事協定「防衛協力強化協定（EDCA）」を締結したばかりであった。また、同大統領のフィリピン訪問に合わせて米比両国は合同軍事演習「バリカタン２０１４」を五月五日から開始していた。一方、ベトナムと米国は共同演習や戦略対話を定例化し、昨年一二月にケリー国務長官が訪越し巡視船の供与を含む一八〇〇万ドルの支援表明をしていた。

中国外交部は五月九日、「南シナ海での紛争は米国が越比を勇気づけたからだ」と非難して、中国への両国の挑戦は米国の力を「よりどころ」としたものだとしている。(5)その一方、中国はシリアのアサド政権やロシアのクリミア半島の強制併合に対して「軍事力行使をしない」オバマ大統領の宥和外交を注視している。

中国は二〇一〇年三月に南シナ海を「核心的利益」であるとし、当該地域を台湾やチベットと同列に位置づけた。核心的利益の地域では交渉の余地はなく、領有権を保持するためには武力行使も辞さないとするのが中国の立場である。次に中国がチャレンジするのは尖閣諸島であろう。中国は尖閣諸島を一三年頃から「核心的利益」と呼ぶようになっている。

中国の南シナ海での現状変更の挑戦に対する今後の米国の出方次第で、尖閣諸島への危機に直結する。オバマ大統領は訪日し、「尖閣諸島は日米安保第五条の適用範囲にある」と明言した。しかし一方、領有権争いは「国際法に基づく平和的解決を目指す。領有権争いにおける主権では特定の立場をとらない」「主権問題を平和的に、外交手段で、国際法にのっとって解決するよう要請する」とする。しかも、尖閣諸島をめぐる紛争のレッド・ラインを否定した。(6)

これが、オバマ政権の南シナ海と東シナ海における「関与の規則」であるとも考えられる。問題は、オバマ政権が将来、南シナ海および東シナ海で米国の同盟国が中国との不測の事態に陥った場合に何ら軍事的行動をとらなかった場合である。そうであるならば、中国は米軍の存在はペーパー・タイガー（張り子の虎）と認識し、今後ますます現状変革行動に出ることは間違いない。

2　バランサーとなった米国

このように中国やロシアは南シナ海やウクライナに「力」で進出し、東南アジア諸国連合（ＡＳＥＡＮ）やヨーロッパ諸国の最大の懸念すべき問題となっている。この状況をウォルター・ミードは、「地政学の復活リビジョニスト・パワーの復讐」として警鐘を鳴らしている。(7) リビジョニスト・パワーとは「力」で現在の国際秩序を覆そうとする国家である、とミードは指摘する。そして、リビジョニストの台頭により「歴史は復活」したという考えを述べる。これは、冷戦が終わってすぐフランシス・フクヤマが「民主主義国家が社会主義に勝利を収めた」ことを称して「歴史の終わり」を論じた(8)ことに対して、それは間違いであったという論議である。そして、今の状況は冷戦時代に後戻りするかもしれないというのがミードの考えである。

リビジョニスト・パワーの出現は、それに反発するナショナリズムの台頭を促し、地域情勢をますます不安定化させる。事実、中国の「力」による侵略に対する怒りは暴動となりベトナム国内で爆発し、遂に中国人の死傷者まで出した。また、中国と激しく対立するフィリピンはベトナムと共鳴し、反中の動きは広がりを見せ始めている。越比は首脳会談を開催し中国問題を話し合い、ＡＳＥＡＮは五月一〇日の外相会議で、中国は「地域の緊張を高める」とし「重大な懸念」を表明した。さらに一一日には、「自制と武力不使用を求める」首脳宣言を採択した。そして、一方的に独自の管轄権を主張し「力」で資源開発を進める中国に対して、結束して牽制した。

つまり、リビジョニストの強硬政策はアジアにおける同盟諸国の絆を深くすると同時にアメリカとの関係を強化させるのである、とミードは分析する。米外交問題評議会のエリザベス・エコノミーとマイケル・レビも、アメリカは中国の強硬姿勢に対してリバランシングの責務があり、米国はＡＳＥＡＮと共同して中国に対すべきであると述べる(9)。

しかし、逆の論議もある。ジョン・アイケンベリーは「地政学の幻想――リベラルな秩序の不変性」でまったく逆のことを論じている(10)。アイケンベリーは、中国は国内の弱さから、そして北朝鮮も政権の弱さから国の不安定性や分裂の危機を回避するために自国民の目を「外」に向けさせるため強硬策に訴えるのだとして、「歴史は後戻りしない」とする。この二つの論議はどちらが正しいとも言えないし、どちらに国際情勢が転じるかの予測は現時点では難しい。

問題は、リビジョニスト・パワーに米国がどう対応するかである。

オバマ大統領は、シリアのアサド政権の化学兵器使用に対して軍事力を行使するとしながら行使をせず、ロシアのクリミア半島の強制統合に対しては「力」ではなく経済制裁などの同盟国との集団的行動（collective action）で対処することを宣言した。ケリー国務長官は中国に対して五月一二日、「挑発的だ」と批判したが、同時に「中国とベトナムは、海上での航行の安全を保証し、国際法に基づいて平和的に問題を解決するよう」促した。あくまでも米側は領土問題に対して「中立」の立場をとる。また五月二八日、オバマ大統領はウエスト・ポイントのスピーチで、「米国は核心的利益のための軍事力行使はためらわない」とし、「核心的利益とは、アメリカの国民や同盟国が危機にさらされた時である」と述べた。そして、アメリカの直接的な脅威ではないが放置すれば米国の安全保障上の脅威になる時は、単独行動ではなく同盟国と「集団的行動」をとらねばならない、と軍事力行使のレッドラインに初めて言及した。また、それと同時に、軍事力行使が適度かどうか、効果的で正しいかを問うべきだとした(11)。

これら一連のオバマ政権の言動は、アメリカが「覇者」の役割を放棄して「バランサー」となったことを意味する。オバマ大統領が「アジアへのリバランスを行う」と宣言した時からアメリカは覇権国からバランサーになったと理解すれば、一連のアメリカの言動が理解できよう。ヘンリー・キッシンジャーは、著書『外交』の中で二つの「バランサー」を紹介している。一つは、バランス・オブ・パワーが直接脅かされた場合、弱いパワーへ加担し、バランス・オブ・パワーをとる「イギリス型」である。もう一つは、できる限り多くの諸国と緊密な関係を作り、現状打破国に対してバランスさせる「ビスマルク型」である(12)。

現在のオバマ大統領の外交政策は次第に、ビスマルク型からイギリス型のバランサーへ転換している。一九世紀のイギリス同様の「バランサー」に関して、ハンス・モーゲンソーは「ある潜在的征服者と、それに対抗して独立を守る諸国家の同盟との闘争は、バランス・オブ・パワーの典型的な例である」と述べる。バランサーの役目はバランス・オブ・パワーの維持であり、他国の「力」とバランスをとる過程で自らの国益実現を留意する。その特質は、バランサーはいずれかの陣営の国家政策に同意するとは限らず、その唯一の目的は政策に関係なくバランスそのものを維持することにある。そしてその特質は「栄光ある孤立」(その「中間」に位置)にある、とモーゲンソーは説明する(13)。

バランサーとなった米国は、地域ごとにそれに対応する抑止を展開すればよい。また、地域ごとに潜在的脅威に対してバランスをさせる担当国がいれば、バックパッシング（不足を補う）することが可能となる。「バランサー」である国は、敵味方の区別はなく、あくまで中間的な立場をとる。「栄光ある孤立」と言われるゆえんである。つまり、米国は日本と同盟を結んでいるものの、中国側が余りにも不利になった場合には若干、手を緩める。また、現在のように中国が南シナ海、東シナ海に「力」で出始めたら、ベトナムやフィリピンといった同盟国や友好国にバランスするという政策をとる。残りのオバマ政権の間はこの融和政策が続くと考えられる。

3　オバマ・ドクトリンと日米同盟

オバマ政権が第二期目に入る直前の二〇一二年一月五日に、米国防総省は新たに「国防戦略の指針（Defense Strategic Guidance：ＤＳＧ）」を発表した[14]。これはブッシュ政権の一〇年にわたるテロとの戦い後の国防戦略となるものであるのと同時に、軍事費の大幅削減に備えたものであった。その後、四月一六日にオバマ大統領が強制削減措置に署名し、国防費の年間約五〇〇億ドル削減が現実となった。そして、その軍事費の大幅削減という至上命題から、対中政策をピボット戦略（対中封じ込め）からリバランス（対中宥和）に転換した。この時点で、アメリカはバランサーの国になったと言えよう。一三年三月一一日に、ドニロン国家安全保障担当大統領補佐官（当時）は、「中国は脅威ではない。ただ、アフガニスタンとイラクから兵を引くので、その分、アジアに兵を回す」とリバランシング戦略を定義している[15]。つまり、アメリカは、自分の同盟国と潜在的な競争相手である中国とのバランサーとなり、地域の安定のためにバランシングを図るということである。

そして、アメリカの国防体制の具体的な検討策を、二〇一三年七月三一日に「戦略的選択と管理報告（Strategic Choices and Management Review：ＳＣＭＲ）」で発表した[16]。これは、アメリカは大幅削減される国防費の中でどうするのかの国防総省の論争をヘーゲル国防長官がまとめたもので、三つのシナリオ（一〇〇〇億ドル削減、三〇〇〇億ドル、五〇〇〇億ドル）を提示し、[17]「戦力規模を切る」か「戦力の質を切る」かの二者択一を提示した。[18]そして、その結論は一四年五月四日に発表された四年ごとの国防戦略（Quadrennial Defense Review：ＱＤＲ２０１４）で示された。ここでヘーゲル国防長官は、「戦力の質は切らずに将来の投資をして、軍事的な優位は保ちながら戦力規模を切る」という決断を示した。[19]したがって、今後一〇年間は米軍の前方展開兵力は削減され、オフショア戦略に転換するということを意味する。

そして、中でも注目すべき点は、ＱＤＲ２０１４では名指しこそしていないが中国を念頭に「地域的なパートナーと行動規範を分かち合う」と述べていることである。ＱＤＲ２０１４の随所で「分かち合う（shared）」という言葉が目立つ。「利益を分かち合う」とか、「台頭する諸国（イランや中国）と行動様式の規範を一緒に作ろう」「安全保障上の利益をお互いに率先して進めていこう」という文言が並べられている。

この時点から、オバマ大統領のその外交政策の基本、いわゆるオバマ・ドクトリンの概要が明らかになってくる。オバマ・ドクトリンとは、「ノーム（規範）の遵守」である。そして、ノーム違反の国家に対して軍事力は使わず経済的制裁などの懲罰的手段を課す。オバマ大統領は五月二八日にウエスト・ポイントのスピーチでオバマ・ドクトリンの概要を発表し、[20]そこで、軍事力行使のレッドラインは米国民や同盟国といった「核心的利益」にあると明言している。つまり、軍事力の行使は米国民や同盟国が危機に脅かされた時であり、ノームに違反しても必ずしも軍事力は使わない。また、核心的利益を守る時には、同盟国との集団的行動（Collective action）をとることが成功の鍵となる、と述べている。つまり、軍事力を使うよりも集団的行動により威圧や経済制裁をとることを優先させるとしているのである。そして、オバマ大統領は具体的に、シリアやウクライナに対して「力」による策をとらなかったことは正しかったとする。[21]

オバマ大統領は、二〇一三年九月にシリアのアサド政権に「懲罰的軍事行動を行使する」と言いながら、米議会にその決断を委ねた。結果的には軍事力行使を行わずに「われわれはミサイル一発すら発射することなく、化学兵器の八七％を処理することができた」と成果を誇示している[22]。また、南シナ海でベトナムの巡視船が中国の公船による衝突を受けた際にもケリー国務長官は中国とベトナムに対し、「海上での航行の安全を保証し、国際法に基づいて平和的に問題を解決するよう」促している。オバマ政権の立場は一貫して国家の紛争には国際法（ノーム）で対処することを宣言している。これは、アメリカがバランサーとなったという証であり、化学兵器禁止条約（Chemical Weapons Convention：ＣＷＣ）や海上事故防止協定もしくはＮＰＴ条約などの種々の「ノーム」を守ることが米国の外交政策の基本であるということを示唆している。そして、中国やロシアなどの諸国とはノームを形成する際に、「利益を共有（shared interests）」することがポイントとなる。ノームに参加する各国の損得を決めてそのルール作り（たとえば、あるノームでは中国優位、その他のノームではアメリカ優位）をすることになるものと考えられる。

そのことは、米国の同盟国にも影響する。バランサーとなった米国では、「ワシントンではＪＩＢｓ――日本（Japan）、イスラエル（Israel）、イギリス（British）――といった同盟国が地域の安定に貢献するよりも対立を煽っている」（イアン・ブレマー・米ユーラシア・グループ会長）という論調が見られ始めた[23]。これは、米国が「同盟のジレンマ」に置かれている状況を如実に現している。「同盟のジレンマ」とは、「捨てられる恐怖」と「巻き込まれる恐怖」の間にさいなまれる国家の苦悩を言う（マイケル・マンデンバーム）[24]。現在、アメリカは同盟国の起こす紛争に「巻き込まれて」意図しない紛争を手助けする羽目になるかもしれないという「恐怖」にさいなまれていると言える。

米国は経済的に相互依存が深化する中国に対して宥和路線を追求したい反面、日米同盟の信頼性の維持に努めなければならない。その結果、尖閣諸島をめぐる日中間の紛争に「巻き込まれる」ことを恐れている。したがって、オバマ政権の日中政策は、米中間に紛争が起きないようにバランシングしながら、日中両国に政治的メッセージを送ることになる。

4 ユーラシア同盟の復活か——米国の戦略的誤算⁉

ウクライナ問題で、欧米からの非難や制裁を受けるロシアと、南シナ海と東シナ海での領有権をめぐりアジア諸国や米国から非難を受ける中国は戦略的提携を行った。中露接近は「地政学の復活」となり、「ユーラシア同盟」が結ばれることとなる。[25] そうなれば、ユーラシア大陸の真ん中の「ハートランド」にそれぞれ位置する二つの大国は、世界を制する地政学的優位を確保することになる。

ブレジンスキー元国家安全保障担当補佐官は、アメリカにとって地政学上の最大の目標はユーラシア大陸であると述べる。過去五〇〇年にわたり、ユーラシアの国家は地域覇権をめぐって闘争し、世界大国の地位を目指してきた。今までは域外の大国であるアメリカがユーラシア大陸でも圧倒的な影響力を行使し世界の覇者であった。しかし、もしアメリカがユーラシアでの優位性を確保できなければ覇者の地位は追われ、国際政治の安定が大きく崩れ世界は無秩序となる、と警鐘を鳴らしている。[26]

米ソ冷戦は、ソ連のランド・パワー対米国のシー・パワーの争いと揶揄された。しかしランド・パワーの中露は冷戦末期から今に至るまで「間合い」があり、一体化することはなかった。しかしながら、ウクライナと南シナ海・東シナ海での米国とその同盟国の中露に対する強硬な動きで、逆にこの両国を接近させることになってしまった。「米国は二つの大国を敵に回す外交上の愚行を犯す瀬戸際に立っている」とケートー研究所のテッド・カーペンター上級研究員は警鐘を鳴らす。[27] ヘンリー・キッシンジャーは米中接近で中露の分断を図り、ユーラシア同盟を戦略的に阻止した。その時、キッシンジャーは「米国は中露を接近させないよう、米国は中露を繋ぎ止めねばならない」との格言を残した。

プーチン大統領は五月二〇日、上海で習近平国家主席が議長を務めるアジア第四回信頼醸成措置会議（CICA）

に出席した。ＣＩＣＡには中国（議長国）、ロシア、キルギス、イラン、イラク、インド、パキスタン、韓国、ベトナム、トルコ等、二六カ国が参加した。その他、潘基文国連事務総長も出席した。そして、習近平国家主席は「アジアの安全はアジアの国民で守らねばならない」とし、中露が結束してアジア各国と連携してユーラシア大陸の秩序形成を行うことを宣言した。

そして、中露は長年の懸案事項であった総額四〇〇〇億ドルに上る天然ガスの契約を締結した。ロシアは中国に今後三〇年間にわたり年間三八・八ｂｃｍ（三八八億立方メートル）のガスの供給を行う。この巨額のエネルギー契約交渉は約一〇年前からスタートしていたが、価格で合意に達せず持ち越していた。また、今回の合意には二五〇億ドルを中国が前払いするという特約も付随し、その戦略的意味合いは大きい。

同時に中露は東シナ海北部海空域で五月二〇〜二六日に「海上協力二〇一四」の軍事演習を行い、日米を牽制した。その後、二二日にはロシア版のダボス会議である国際経済フォーラムがサンクトペテルブルクで開催され、ここでプーチン大統領は「一極による世界秩序の時代は終わった」と述べ、アメリカ優位の時代の終焉を宣言し、昨年九月のオバマ大統領の「アメリカは世界の警察官から降りる」との宣言を確認する形となった。シー・パワー国家のアメリカが孤立主義に向かう中、ランド・パワーのロシアが復活し、中国とユーラシア連合を組む。まさに、地政学の復活である。

そして、ロシアは中国とともに二〇一五年、対日・独戦勝七〇周年式典を共催することを決めた。ロシアのプーチン大統領は、ウクライナ情勢で日本が対露制裁に同調したことにつき北方領土交渉に影響が出る可能性を示唆している。日本のユーラシア外交はどうなるのかが問われている。

5 エネルギー地政学――ユーラシア・パイプライン

ロシアの主な国家収入は石油や天然ガスの輸出であり、主な輸出先はヨーロッパである。そしてパイプラインがヨーロッパ諸国への天然ガスの主な供給手段であるが、供給量の半分以上はウクライナを経由する。そのため、今回のようにウクライナが政情不安になるとヨーロッパへのガス供給が不安定になり、ロシアもガスによる収入が減少し国家財政が厳しくなる。そこで、ロシアはウクライナを経由しないパイプラインの建設にヨーロッパと力を入れてきた。一つはロシア北部から北海を通ってドイツ北部へと通じる「ノードン・ストリーム」であり、このパイプラインによりドイツは安定的なガスの供給を受けることが可能となった。

さらに、黒海を横断してブルガリアからハンガリーなど東欧を経由してイタリア、オーストリアへと伸びる「サウス・ストリーム」の建設が進んでいる。ヨーロッパはさらにガスの供給先の多様化を模索し、アゼルバイジャンからトルコを経由しギリシャ、イタリアへと南ヨーロッパへ伸びる「アナトリア高原横断パイプライン（TANAP）」を計画している。

一方で、ロシアはヨーロッパに需要の大部分を依存してきたため輸出先の多様化に積極的で、プーチン大統領はシベリア開発により成長が見込まれるアジア諸国へのガスの輸出を狙っている。ロシアはシベリアに埋蔵する天然エネルギーを武器に、ユーラシア大陸にパイプラインを縦横無尽に走らせて地政学の利を活かしたパワー・ゲームを展開すると考えられる。さらに、地政学的な地殻変動の震源地はイランにも存在する。[28] 昨年九月以来のアメリカとイランの宥和路線は、中東情勢に大きな衝撃をもたらした。とくに長年の友好国であったサウジアラビアがアメリカの対イラン政策に不満を持ち、関係が険悪になって久しい。最近、サウジアラビアもイランとの関係改善に前向きな姿勢を示している。隣国パキスタンも、イランの天然ガスをパイプラインによって輸入する計画「ピースパイプライン（平和のパイプライン）」を持つ。パキスタン側の建設が遅れているが、このパイプラインはパキスタンを経てさらにインドのニューデリーを終点とするものである。

このようにロシア、中国、イランを中心にガスパイプラインによってユーラシア大陸の各国は縦横に繋がる。このように「地政学が復活」することとなり、ロシアの影響力が増大しつつある。

一方、アメリカはシェールガスの開発で二〇二〇年までには輸出量が輸入量を上回る試算が出されている。つまり、エネルギーで中東その他のユーラシア大陸とは隔絶されるということになる。これは、アメリカの外交政策にも大きく影響を与えている。アメリカもまた地政学的に自己完結への道を歩んでいるのである。アメリカは、エネルギーの外部への依存が減少すればするほど外部への関与が減少し、ますます孤立化へ向かう。

6　南シナ海と東シナ海における中国の挑発

「地政学の復活」の様相が色濃くなってきた現在、日本はどのような安全保障政策をとるのかが問われる。かつてはシー・パワーの旗頭であった米国が孤立主義に向かい、バランス・オブ・パワーの政策をとり始めた。自らがバランサーとなって世界の出来事に軍事力行使を行わず「関与」し、安定を図ろうという方針である。

そうなれば、世界は「無極化」へ向かい始める。その状況下での安全保障環境は複雑多岐となる。米外交評議会会長のリチャード・ハス（Richard Hass）によれば、「無極化」とは「数十のアクターが様々なパワーを持ち、それを行使することで規定される秩序」のことであり、それぞれのパワー・センターは経済的繁栄と政治的安定を国際システムに依存するため、大国間の紛争は起こりにくいが、一方、大国と中小国との間の紛争の機会は増えることが予想される。(29)

したがって、無極化時代の日米同盟は複雑多岐となる。米国は中国との紛争は回避するため、同盟の様相が変化する。つまり、中国が日米双方にとり軍事的「脅威」であったとしても、米国は中国との紛争を回避しようとする。一方、米国にとっての日米同盟は、中国に米国の国際規範（norm）を遵守させるため不可欠である。つまり、軍事的ヘッジのために日米同盟は不可欠であるし、米国の軍事費削減によりどうしても手薄になるアジア太平洋方面での米軍のパワーを自衛隊が補わねば（fillin）、軍事的に対中バランスは保てなくなる。

一方、中国からの三戦（世論戦、心理戦、法律戦）は増えることが予想され、当然、尖閣諸島および防空識別圏での挑戦は激しくなる。さっそく、五月二六日と六月一一日に日本の防空識別圏と中国の防空識別圏がオーバーラップする東シナ海の公海上空で、中国空軍の戦闘機が自衛隊機に異常接近した。今後このような事態は頻発する可能性が高く、いかにその事態に日本政府が対処するかが問われる。

問題は、オバマ政権が将来、南シナ海および東シナ海でアメリカの同盟国が中国との不測の事態に陥った場合、何ら軍事的行動をとらなかった場合である。そうであるならば、中国は、現状変革行動に出ることは間違いない。とすれば、日本にとり重要なのは、不測の事態に備えて自助努力をする一方、日米同盟を活用する仕組み作りをせねばならならない。日本には日米同盟に基づき米軍が駐留し、その戦略環境はウクライナとはまったく状況が異なる。また、南シナ海で中国と領有権争いをしているアジア諸国と比べ、日本は圧倒的な抑止力（在日米軍）を持つ。とくに日本には沖縄に極東最大規模のアメリカの嘉手納空軍基地がある。さらに、尖閣諸島での中国との確執を考えた場合、日米安全保障条約行使のためのトリップ・ワイヤーとなっている海兵隊が駐留する普天間基地も抱える。戦略的優位性を持つ日本が考えねばならないことは、在日米軍をいかに活用するかである。

そのためには米軍が関与する「日米同盟」の確実な行使が不可欠となり、その「仕組み」としてのアメリカの集団的自衛権の行使の確保が必要となる。

この観点から、集団的自衛権の行使容認は緊急な課題となっている。個別的自衛権や自衛隊法等の発動だけでは、公海上やグレー・ゾーンなどで軍事的紛争が生じた場合に米軍の支援は確実ではない。したがって、集団的自衛権の行使の容認は米軍を関与させるための手段となる。

尖閣諸島近海の公海上での紛争には、日米安全保障条約では対応ができない。そこでの紛争の時に、いかに米国からの支援がもらえるかが死活的に重要となる。米国から集団的自衛権の行使を得るため、国際法上での手続きとして日本が第三国から武力攻撃を受けたとの「宣言」に加え、米国に対する「要請」をしなければならない。しかしながら、米国はその要請を拒否もできる。また、緊急の場合には要請をする時間的余裕もない。そこで、そのような事態を見越して、一般の軍事同盟では予め協約書にその旨が詳細に書き込まれている。

たとえば、ＮＡＴＯ条約の第六条は、第五条（武力攻撃に対する共同防衛）の規定の適用上の範囲を第一項と第二項で定めている。第一項は「適応範囲（領域）」であり、「ヨーロッパ若しくは北アメリカにおけるいずれかの締約国の領域……トルコの領土又は北回帰線以北の北大西洋地域におけるいずれかの締約国の管轄下にある島」をその地域・領域を明確にしている。これを日米安保条約に照らし合わせた場合、第五条の「各締約国は、日本国の施政の下にある領域における……」と「日本国の施政下」を適応範囲としている。したがって、この領域をどこまで拡大する必要があるのか、もしくは、このままにするのかを検討をしなければならない。ちなみに、米韓相互防衛条約では、「太平洋地域」をその適応範囲としている。また、ＮＡＴＯ条約同第二項は「領域以外のもの」であり、「いずれかの締約国の軍隊、船舶又は航空機で、前述の地域……地中海若しくは北回帰線以北の北大西洋地域又はそれらの上空にあるもの」と定めている。このＮＡＴＯ条約第六条第二項が日米安全保障条約には抜けている。この項に相当するものを日米安全保障条約（おそらく第五条）に加筆すれば、集団的自衛権の事前の「要請」がされていることとなり、米軍の自衛隊に対する集団的自衛権の履行は確実となる。

7　集団的自衛権行使で何ができるのか

また、集団的自衛権行使の容認で日本は米国を守る義務が生じて米国の戦闘行動に「巻き込まれる」のではないかという論議がある。しかし、集団的自衛権を行使するかどうかは、あくまで政権が適宜判断していく問題であるのに加え、事案ごとにその程度や内容は米国との交渉が可能である。集団的自衛権は権利であって義務ではない。

たとえば、NATOは、二〇〇一年九月一一日の対米同時多発テロ（9・11テロ）を米国への武力攻撃とみなし、一九四九年の創設以来初めてNATO条約第五条の集団的自衛条項を発動した。NATOでは集団防衛発動を決定する時には加盟国の同意が必要とされている。NATOの最高意思決定機関は北大西洋理事会であり、そこでの全会一致が原則となっている。9・11テロの際には、米国がNATOに集団的自衛権の発動を求めてNATO加盟国の説得に努めた。米国はNATO加盟国を説得するために、9・11テロ直後にアーミテージ国務副長官とウォルフォウィッツ国防副長官をブリュッセルのNATO本部へ派遣した。当初、英、仏、スペインは支持、独、オランダ、ベルギー、ノルウェーは否定的で、ドイツはより明白な証拠の提示を米国に求めた。その結果、米国はNATOに具体的な軍事行動を求めず、コミットメントを求めることとなった。

つまり、集団的自衛権行使の程度は双方の国家の「協議」により決められるということがこの事例で理解できるのである。NATO条約は第九条で「実施に関する事項を審議する」取り決めを持っている。この条項は、日米安保条約は第四条にあり、「いずれか一方の締約国の要請により協議する」ことが定められている。

一方、日米安保条約の行使のメリットを論じねばならない。メリットを生じさせるためには、日米安全保障条約がNATO並みの「双務条約」となった時に初めて米軍と自衛隊との一体行動が可能となる。そのことは、尖閣諸島防衛など中国に対する強力な抑止力の手段として機能することになる。たとえば、日米共同訓練「ドーンブリッツ２０１３」（二〇一三年六月）では自衛艦「ひゅうが」に米海兵隊のＭＶ22Ｂ（オスプレイ）、ＡＨ64Ｄ、ＣＨ47ＪＡなどのヘリが離着陸した。今後、自衛艦が米軍ヘリを搭載し東シナ海のシーレーン防衛を行えば、尖閣諸島への抑止力となる。その他、航空自衛機から米軍機への空中給油、常時の多国間共同訓練、朝鮮半島等での有事の際の邦人救出、国連平和維持活動（ＰＫＯ）への参加、周辺事態における各種支援・協力活動、在外邦人等の輸送など数えればきりがないほどのメリットがある。また、集団的自衛権の行使により日米間での防衛協力が飛躍的に進展することになるので、このことはアジア地域の平和と安定に貢献することになる。

しかしながら、中国に対して宥和政策をとるオバマ政権は、中国を刺激するような日本との防衛政策は容易に進展させないであろう。このことは日中間の争いに「巻き込まれる」ことを懸念するオバマ政権、米国の抑止力を確保してアメリカを「巻き込もう」という日本政府との間に同盟のジレンマとして横たわる。今後は中国に対する日本とアメリカの脅威認識と政策の相違から、日米同盟は試練の時を迎えることとなろう。

注

（1）Kenneth Waltz, "Structural Realism after the Cold War," *International Security*, Vol. 25, No. 1 (Summer 2000), pp. 5-41.

（2）"U.S. Response to Crimea Worries Japan's Leaders," *The New York Times*, April 5, 2014 〈http://www.nytimes.com/2014/04/06/world/asia/us-response-to-crimea-worries-japanese-leaders.html〉.

（3）"Budapest Memorandums on Security Assurances, 1994," *Council on Foreign Relations*, December 5, 1994 〈http://www.cfr.org/armscontrol-disarmament-and-nonproliferation/budapest-memorandumssecurity-assurances-1994/p32484〉.

（4）"China Flexes Its Muscles in Dispute With Vietnam," *The New York Times*, May 8, 2014 〈http://www.nytimes.com/2014/05/09/world/asia/china-and-vietnam.html?_r=0〉.

(5) "Stop fueling maritime provocation, Beijing tells Washington," *China Daily com,* May 14, 2014 〈http://www.chinadaily.com.cn/china/2014-05/14/content_17505287.htm〉.

(6) "Obama wraps up Japan visit with security pledge but no trade deal," *REUTERS,* April 25, 2014 〈http://www.reuters.com/article/2014/04/25/us-japan-usa-idUSBREA3O03W20140425〉.

(7) Walter Russell Mead, "The Return of Geopolitics: The Revenge of the Revisionist Powers," *Foreign Affairs,* May/June2014Issue.

(8) Francis Fukuyama, *The End of History and the Last Man* (New York: Free Press, 1992).

(9) Elizabeth Economy and Michael Levi, "Rein in China in its dispute with Vietnam over energy resources," *The Washington Post,* May 15, 2014 〈http://www.washingtonpost.com/opinions/rein-in-–chinain-its-dispute-with-vietnam-over-energy-resources/2014/05/15/b853bbf0-d7b7-11e3-8a78-8fe50322a72c_story.html〉.

(10) G. John Ikenberry, "The Illusion of Geopolitics: The Enduring Power of the Liberal Order," *Foreign Affairs,* May/June 2014 Issue.

(11) Remarks by the President at the United States Military Academy Commencement Ceremony, The White House, Office of the Press Secretary, May 28, 2014 〈http://www.whitehouse.gov/the-press-office/2014/05/28/remarks-president-west-point-academy-commencement-ceremony〉.

(12) Henry A. Kissinger, *Diplomacy,* New York: Simon & Schuster Paperbacks, 1994, pp. 833–835.

(13) Hans Morgenthau, Kenneth Thompson, David Clinton, *Politics Among Nations* (USA: The McGraw–Hillcompanies, 1993).

(14) Department of Defense, Sustaining US Global Leadership: Priorities for 21st Century Defense, January 2012 〈http://www.defense.gov/news/defense_strategic_guidance.pdf#search='Department+of+States%2C+Sustaining+US+Global+Leadership'〉.

(15) Remarks by Tom Donilon, National Security Advisory to the President: *The United States and the Asia–Pacific in 2013* 〈http://asiasociety.org/new-york/events/thomas-donilon-national-securityadvisor-president-barack-obama〉.

(16) Memorandum from Secretary of Defense Chuck Hagel, *Strategic Choices and Management Review,* March 15,

2013 ⟨http://docs.house.gov/meetings/AS/AS00/20130801/101242/HHRG-113-AS00-Wstate-CarterA-20130801.pdf#search='Hagel+DOD+SCMR%28Strategic+Choices+and+Management+Review%29'⟩.

(17) "DoD Examines 3 Budget-Cut Scenarios Think Tanks Conducting Shadow Review," *Defense News,* May. 19, 2013 ⟨http://www.defensenews.com/article/20130519/DEFREG02/305190007/DoD-Examines-3-Budget-Cut-Scenarios⟩.

(18) Mackenzie Eaglen, American Enterprise Institute, "The Pentagons illusion of choice: Hagel's 2 options are really 1," August 01, 2013 ⟨http://www.aei.org/article/foreign-and-defense-policy/defense/thepentagons-illusion-of-choice-hagels-2-options-are-really-1/⟩.

(19) Department of Defense, *Quadrennial Defense Review 2014,* March 4, 2014 ⟨http://www.defense.gov/pubs/2014_Quadrennial_Defense_Review.pdf#search='QDR2014%28Quadrennial+Defense+ReviEw'⟩.

(20) Saunders, Paul J., "A New Obama Doctrine at West Point?" Tokyo Foundation, June 04, 2014 ⟨http://www.tokyofoundation.org/en/articles/2014/new-obama-doctrine⟩.

(21) Remarks by the President at the United States Military Academy Commencement Ceremony, The White House, Office of the Press Secretary, May 28, 2014 ⟨http://www.whitehouse.gov/the-press-office/2014/05/28/remarks-president-west-point-academy-commencement-ceremony⟩.

(22) Joint Press Conference with President Obama and Prime Minister Abe of Japan Akasaka Palace, Tokyo, Japan, April 24, 2014 ⟨http://www.whitehouse.gov/the-press-office/2014/04/24/joint-press-conference-president-obama-and-prime-minister-abe-japan⟩.

(23) Ian Bremmer, "Three Troubled Allies, One Superpower," *The Wall Street Journal,* January 11, 2013 ⟨http://online.wsj.com/news/articles/SB10001424127887323442804578231870322045866⟩.

(24) Michael Mandelbaum, *The Nuclear Revolution,* Cambridge: Cambridge University Press, 1981, pp. 151-152.

(25) "Shanghai deals form basis for new Eurasian Alliance," *Voice of Russia,* 23 May, 2014 ⟨http://voiceofrussia.com/radio_broadcast/25298789/272726833/⟩.

(26) Zbigniew Brezezinski, *The Grand Chessboard,* New York: Basic Books, 1997.

(27) Ted Galen Carpenter, "Washington's Biggest Strategic Mistake," *National Interest,* April 18, 2014 ⟨http://www.

cato.org/publications/commentary/washingtons-biggest-strategic-mistake〉.

(28) イランはロシアとの原油と物品の取引規模が最大二〇〇億ドルのバーター取引に向けた交渉を進めている。合意が成立すれば、イランは欧米の制裁に対抗して原油輸出を増やすことが可能となる。そしてロシアは日量最大五〇万バレルのイラン産原油を輸入し、その対価としてロシア製機器などをイランへ輸出する。

(29) Richard Hass, "The Age of Nonpolarity," *Foreign Affairs,* May/June 2008, Vol. 87, Number 3.

(初出:二〇一四年七月)

人名索引

ヤ・ラ・ワ行

事項索引

サ行

タ行

マ行

ヤ行

ラ・ワ行

〈著者紹介〉

川上高司（かわかみ　たかし）

1955年生まれ。大阪大学博士（国際公共政策）。
Institute for Foregin Policy Analysis（IFPA）研究員，（財）世界平和研究所研究員，防衛庁防衛研究所主任研究官，北陸大学法学部教授を経て，現在　拓殖大学大学院教授・同大学海外事情研究所所長
主な著書に『日米同盟とは何か』（中央公論社，2011年），『現代アジア事典』（文眞堂，2009年），『アメリカ世界を読む』（創成社，2009年），『アメリカ外交の諸潮流』（日本国際問題研究所，2007年），『グローバルガバナンス』（日本経済評論社，2006年），『米軍の前方展開と日米同盟』（同文舘，2004年），『米国の対日政統合』（東洋経済新報社，1995年）等多数。

「無極化」時代の日米同盟
——アメリカの対中宥和政策は日本の「危機の二〇年」の始まりか——

2015年7月15日　初版第1刷発行　〈検印省略〉

定価はカバーに
表示しています

著　者　川　上　高　司
発行者　杉　田　啓　三
印刷者　江　戸　宏　介

発行所　株式会社　ミネルヴァ書房
607-8494 京都市山科区日ノ岡堤谷町1
電話代表 (075)581-5191
振替口座 01020-0-8076

共同印刷工業・新生製本

ISBN978-4-623-07337-5
Printed in Japan